Christina Anna Korak
DEN JAGUAR DOLMETSCHEN

Gefördert von der Stadt Graz
und dem Land Steiermark

Bibliografische Information der Deutschen Bibliothek:
Die Deutsche Bibliothek verzeichnet diese Publikation in der Deutschen
Nationalbibliografie

© 2024 Promedia Druck- und Verlagsgesellschaft m. b. H., Wien
Alle Rechte vorbehalten
Lektorat: Vivianne Pärli

Druck: Custom Printing, Warszawa
Printed in Poland
ISBN: 978-3-85371-519-2

Promedia Verlag
E-Mail: promedia@mediashop.at
Internet: www.mediashop.at
            www.verlag-promedia.de

Christina Anna Korak

DEN JAGUAR DOLMETSCHEN

Sprachgebrauch und Rechte
der Waorani Ecuadors

edition kritische forschung

Die Autorin

Christina Anna Korak, geboren 1985 in Klagenfurt, ist Dolmetscherin für Migrant:innen und PostDoc-Forschende an der Universität Graz. Nach dem Diplomstudium Konferenzdolmetschen (Spanisch, Englisch) verbrachte sie zwischen 2012 und 2022 mehrere Monate im Territorium der Waorani.

In Erinnerung an Kemperi
El jaguar nunca muere
Meñe kowema kewegampa

Inhalt

Einleitung 7
Häufige Termini 15
Institutionen und Abkürzungen............................... 16

1. Waa ae bito awinka: Dolmetschen ist… 19
   1.1 Sozial beeinflusst und nicht-neutral 20
   1.2 Eine politische Handlung von Sprach- und
       Kulturmittler:innen ohne Ausbildung.................. 26
   1.3 In (neo-)koloniale Gesellschaften verstrickt.......... 30

2. Kolonialisierung von Land und Sprache 39
   2.1 Von der Erschließung eines Mythos zu
       gegenwärtigen Förderplänen 39
   2.2 Eine Repräsentation der Waorani – aber wie?.......... 49
   2.3 Geboren aus einer Anakonda,
       bedrängt von Menschenfresser:innen................... 51
   2.4 Botschaft Gottes:
       Zwangskontaktierung und Missionierung 56
   2.5 Brave New World:
       Erdöl, Abholzung und Siedlungen...................... 72
   2.6 ¡No al contacto forzado! 80

3. Tedikimpa Waoterero 89
   3.1 Sprache und Kosmovision.............................. 91
   3.2 Staatlicher Umgang mit
       Zwei- und Mehrsprachigkeit........................... 99

4. Feldstudie 111
   4.1 Einsatz von Dolmetscher:innen........................112
   4.2 Selbstreferenzialität und politische Intervention....113
   4.3 Quellenüberblick und Auswertung 115

5. Vielsprachigkeit und Translation in Comunidades 117
   5.1 Fluide Identitäten und Zwischenwelten 118
   5.2 Akteur:innen und Spannungsfelder 123
   5.3 Jäger:innen, Sammler:innen,
       zwei- und mehrsprachige Schüler:innen. 132
   5.4 Nicht dieselbe Sprache, nicht dieselben Welten. 136
   5.5 Zwischenbilanz. 144

6. Translation als Going-Between und Going-Against 145
   6.1 Spektra des Dolmetschens und Übersetzens 145
   6.2 (Don't) trust the messenger. 148
   6.3 Translation als Gegenfeuer 156
   6.4 Zwischenbilanz II 174

7. Den Jaguar dolmetschen 177
   7.1 Translation als Brücke ins Nirgendwo?. 184
   7.2 Was uns der Jaguar sagen will. 190

8. Des Jaguars Spuren 197

Literaturverzeichnis. 209
Verzeichnis der Tagebucheinträge 232
Verzeichnis der Interviews und Videos. 233
Verzeichnis der Abbildungen 234
Dank. 235

Einleitung

Dolmetschen und Übersetzen ist ein politisches Aushandeln inmitten oftmals disparater soziokultureller, sprachlicher und ökonomischer Einflussfaktoren und Akteur:innen mit unterschiedlichen Interessen. Die hieraus resultierende Vorstellung von Translation als keineswegs grundlegend neutraler und unschuldiger Vorgang ist in der Translationswissenschaft vor allem seit dem *Cultural Turn* der 1990er-Jahre fest verankert. Darüber hinaus – und bislang von der Disziplin wenig beachtet – werden über Translation aber auch unterschiedliche Arten und Weisen verhandelt, die Welt zu begreifen und in ihr tätig zu werden, in Folge bezeichnet als Kosmovisionen (vgl. Consejo Regional Indígena del Cauca 2004, 8). In (neo-)kolonialen Feldern dient Translation sowohl der Übervorteilung, Unterwerfung und Unterdrückung Indigener, wird zugleich aber auch – und darauf liegt der Hauptfokus meiner Forschung – von indigenen Einzelpersonen, Gemeinschaften oder Bewegungen widerständisch für politische Belange wie das Sicherstellen eines intakten Territoriums oder manipulativ gegenüber der eigenen Gemeinschaft eingesetzt. Vor diesem Hintergrund wird folgende zentrale Fragestellung ergründet: Wie beeinflussen staatliche Regelwerke zusammen mit gesellschaftlichen Praktiken der Zwei- und Mehrsprachigkeit Ecuadors und Akteur:innen mit unterschiedlichen Einflüssen, Interessen und Vorstellungen von Welt – einschließlich der Waorani selbst – konkrete Dolmetsch- und Übersetzungshandlungen, den Sprachgebrauch und auf übergeordneter Ebene die kollektiven Rechte der Waorani, mit Fokus auf ihren kulturellen, sprachlichen, und territorialen Rechten?

Die Jäger:innen und Sammler:innen der Waorani sind Indigene, die erst seit wenigen Jahrzehnten (1950er- bis 1980er-Jahre) in fortwährendem Kontakt zur Mehrheitsgesellschaft stehen. Ursprünglich lebten sie in erweiterten Familiengruppen, die seminomadisch ein weitläufiges Gebiet von etwa 20.000 km² im Amazonasregenwald durchstreiften, teils Allianzen eingingen und teils untereinander verfeindet waren. Koloniale Eroberungen und Expeditionen sowie der Kautschukboom und Goldrausch ab dem 19. Jahrhundert durchbrachen diese Art der Lebensführung. Evangelikale Missionar:innen des *Summer Institute of Linguistics* (SIL) erzwangen ab 1958 den Kontakt mehrerer Familien der Waorani mit der sogenannten westlichen Welt. Sprachkenntnisse in der indigenen Sprache Waoterero, die über die aus ihrer Gruppe geflohene Mittlerin Dayuma an die Missionar:innen vermittelt wurden, sowie Dolmetschen waren wesentlich für das Gelingen dieses Unterfangens. Die Einrichtung eines Reservats führte zu territorialer und kultureller Dezimierung in Form von Sedentarisierung der Waorani, einer Polioepidemie im Reservat und tiefgreifender Evangelisierungsprozesse. Für letztere waren Sprachgebrauch und Translation erneut entscheidend um wesentliche Figuren und Gebräuche der Kosmovision der Waorani zu erfragen und diese in christliche Entsprechungen in Bibelübersetzungen ins Waoterero umzuformen. SIL-Missionar:innen forcierten das Verbot von Praktiken wie Polygamie, traditionelle Feste aber auch von Tötungen, sowie die Einführung westlicher Kleidung und Gebräuche und letztlich eine Eingliederung der Waorani in ein kapitalistisches Wirtschaftssystem als »zivilisierte« und staatstreue neue Bürger:innen Ecuadors.

Massive Erdölförderung durch den Staat sowie multinationale Unternehmen setzte ab den 1970er-Jahren ein und brachte Holzhändler:innen, Siedler:innen, Vertreter:innen von Regierung und NGOs, Tourist:innen, Forscher:innen und andere Indigene in das Territorium. Die heute etwa 5.000 Waorani leben in mehr als 60 dauerhaft eingerichteten Dörfern (*Comunidades*). Mehrere in Abgeschiedenheit lebende Familiengruppen der Waorani, bezeichnet als Tagaeri-Taromenani, lehnen weiterhin einen fortwährenden Kontakt zur westlichen Welt ab. Ihre Kontaktierung ist angesichts der voranschreitenden Beschneidung des Territoriums ein realistisches Zukunftsszenario. Der strategische Einsatz von Dolmetsch- und Übersetzungshandlungen könnte neben eingeschleppten Krankheiten, Waffengewalt und der Zerstörung des Ökosystems ein wesentlicher Faktor in einem neuerlichen Ethnozid als Folge einer erzwungenen Kontaktierung sein. Die in diesem Buch thematisierten Zusammenhänge zwischen Translation,

Sprachgebrauch und Rechten der Waorani verstehen sich daher stets in einem gesellschaftspolitischen Spannungsverhältnis, welches geprägt wird durch die Bedürfnisse, Auslegung und Erwartungen indigener Selbstbestimmung einerseits und andererseits durch Druckfaktoren, welche auf die Lebensweise der Waorani, das Überleben der Tagaeri-Taromenani sowie die ökologische Stabilität des Territoriums einwirken. Hierzu gehören in erster Linie Erdölförderung, Abholzung, neokoloniale Siedlungen und Landnahme sowie Missionierung in indigenen Territorien.

Durch vermehrtes Spanischsprechen im Schulkontext wird Spanisch im Dorfalltag verankert und führt zu untersuchenden innergemeinschaftlichen Stratifizierungen rund um Zwei- und Mehrsprachigkeit. Zwei- und mehrsprachige Waorani dolmetschen und übersetzen selbst für einsprachige oder nur schlecht Spanisch sprechende Gemeinschaftsmitglieder zwischen Waoterero und Spanisch, sowie vereinzelt anderen indigenen Sprachen wie dem in Ecuador weit verbreiteten Kichwa. Vor allem monolinguale oder in indigenen Sprachen bilinguale Älteste sowie Waorani mit geringerer Schulbildung, mehrheitlich Frauen, sind auf Translation durch andere Waorani angewiesen. Nicht nur Dolmetschen und Übersetzen findet in den Comunidades der Waorani mitunter unter gänzlich anderen Voraussetzungen, mit anderen Zielen und zu einem anderen Zweck statt als im westlichen Umfeld, sondern auch der Akt des Sprechens. Um systematisch aufzuzeigen, wie translatorische Handlungskraft der dolmetschenden und übersetzenden Akteur:innen in diesem von mannigfaltigen Interessen gekennzeichneten Forschungsfeld in Translationshandlungen zu Tage tritt, ergibt sich somit die grundlegende Frage nach der Bedeutung von »Sprechen« und ihren Auswirkungen auf das Konzept »Dolmetschen«.

Zunächst ist daher relevant, für welche sozialen Praktiken welche Sprache in Comunidades der Waorani sowie von *Líderes:Líderas* als politische Vertreter:innen gegenüber der Mehrheitsgesellschaft verwendet wird. In welchen gesellschaftlichen Kontexten und zu welchen Anlässen wird also Spanisch gesprochen, in welchen Zusammenhängen gelangt Waoterero zur Anwendung? Was sind ausschlaggebende Gründe zu dolmetschen oder nicht zu dolmetschen und welche gemeinschaftsinternen Hierarchien aber auch widerständische Handlungen werden durch Sprache und Dolmetschen/Nicht-Dolmetschen geschaffen? Welche Akteur:innen mit welchen Interessen können den Sprachgebrauch beeinflussen und es folgt die Frage, ob oder ob nicht gedolmetscht wird? Welche Personen fungieren mit welchen Interessen als Sprach- und Kulturmittler:innen und welche Zuschreibungen erhalten diese von der Gemeinschaft? Inwiefern wird Translation schließlich als politisches Werkzeug in unterschiedlichen Spielarten für individuelle Interessen, gemeinschaftsinterne Interessen oder die Interessen von außenstehenden Einzelpersonen und Institutionen von als Dolmetscher:innen agierenden Waorani eingesetzt?

Sprache ist für indigene Gemeinschaften eng an das Territorium, darin ausgeübte Tätigkeiten, wie für die Waorani das Jagen und Sammeln, und ihre Kosmovision gekoppelt. Die transkulturelle Situiertheit der Waorani (vgl. Ortíz, 1940/2002) bietet indigenen Akteur:innen die Möglichkeit, die Verbindungen zwischen Kosmovision, Territorium und Sprache in ihrem Kampf um Wahrung ihrer Rechte in der Mehrheitsgesellschaft einzusetzen. Zugleich verliert kosmovisionsbasiertes Handeln in der Welt des tropischen Regenwaldes an Bedeutung und wird vor allem durch eine Extremform des Extraktivismus, der Erdölförderung im Territorium, zunehmend verunmöglicht. Translation als politisches Aushandeln im (neo-)kolonialen Ecuador ist somit untrennbar von Fragen des Sprachgebrauches und indigenen Rechten zu verstehen. Indigene Rechte werden in dieser Arbeit nebst dem supranationalen Rahmenwerk anhand der in der Verfassung Ecuadors ausgewiesenen kollektiven Rechte analysiert, insbesondere auf ihren Bezug hin zu Sprache und Translation und in Verschränkung mit dem auch strafrechtlich kodifiziertem Ethnozid als Verletzung der Unberührbarkeit der Territorien in Abgeschiedenheit lebender Indigener, des im *Código Orgánico de Organización Territorial, Autonomía y Descentralización* über Territoriale Organisation, Autonomie und Dezentralisierung ausgewiesenen Rechts auf Selbstbestimmung, sowie der Bestimmungen zu Sprachgebrauch und Kosmovision im *Ley Orgánica de Educación Intercultural* über die interkulturelle Bildung. Darüber hinaus findet sich eine detaillierte Analyse des rechtlichen Rahmens des Konsultationsverfahrens vor extraktiven Tätigkeiten in indigenen Territorien (*Consulta Previa, Libre e Informada*) in Korak/ Pichilingue, 2023. Als Translationswissenschaftlerin zeige ich aus einem transdisziplinären Blickwinkel politische Verquickungen von Translation und Rechten auf und erhebe nicht den Anspruch einer rechtswissenschaftlichen Studie.

Durch das Buch ziehen sich Analysen verschiedener Translationsszenarien zwischen den Waorani und Vertreter:innen von Erdölkonzernen, Regierung oder Missionsorganisationen. Meine Ergründungen kulminieren schließlich neben diesen für westliche Leser:innen eher konventionell anmutenden Dolmetsch- und Übersetzungshandlungen in der Beschreibung einer Dolmetschung, in der eine für die Kosmovision der Waorani wesentliche Mittlerfigur agiert: der Jaguar. In amazonischen Gemeinschaften wird Sprache nicht nur als Mittel zur Kommunikation zwischen Mensch und Mensch begriffen, sondern als Mittel zur Kommunikation zwischen Mensch und Welt. Kommuniziert wird also auch über wesentliche Figuren der Kosmovision indigener Gemeinschaften; über Mittler:innen, die grundlegend sind für die Vorstellungen von Welt und das Handeln darin und die ebenfalls als menschliche Akteur:innen gesehen werden (vgl. auch Reichel-Dolmatoff, 1976; Todorov, 1985: Descola, 1994; Viveiros de Castro, 1998; Vilaça, 2016). In der Kosmovision der Waorani ist der Jaguar (*Meñe*) ein Wesen mit der Seele verstorbener großer Krieger:innen oder Seher:innen und Heiler:innen (*Meñera*). Sterben Meñera, so die Waorani, wird ihr Geist zur Seele eines neu geborenen Jaguars. Dieser sucht sich später erneut eine:n Meñera als menschliche:n Ziehvater:mutter. In schamanischen Visionen nimmt der Jaguar den:die Meñera ein, um Botschaften zu überbringen und Geschehnisse vorauszusagen (High 2018, 66ff; Rival 1996, V;116, 222; ibid 2005, 296; ibid 2015, 147). Eine solche Vision beobachtete ich als Begleiterin eines Fernsehteams und eines Menschenrechtsexperten, das den Meñera Kemperi in der Waorani-Comunidad Baameno besuchte. Über den Körper und Sprache des Meñera einnehmenden Jaguar wurden Botschaften der in Abgeschiedenheit lebenden Gruppen der Tagaeri-Taromenani übermittelt. Diese dolmetschte der Enkel Kemperis ins Spanische. Zwei Jahre später ließ ich die auf Video aufgezeichnete Kommunikation durch einen jungen Wao erneut dolmetschen. Die zahlreichen Translationsprozesse, die im Dolmetschen des Jaguars versinnbildlicht werden, fordern westliche Konzeptionen von Translation wie Dialogizität oder geregeltes Turn-Taking heraus und zeigen wie Botschaften in für westliche Vorstellungen ungewöhnlichen Ausdrucksformen wie Gesängen oder kosmovisionsbedingten Transformationen in Tiere als Mittler:innengestalten und auf unterschiedlichen Weltenebenen vermittelt werden. Zugleich beinhaltet den Jaguar dolmetschen für die Waorani auch die politisierte Möglichkeit, Translation zur Vermittlung der grundlegenden Bedeutung eines intakten Territoriums für das Fortbestehen der Lebensführung der kontaktierten Waorani und der in Abgeschiedenheit lebenden Familien der Tagaeri-Taromenani zu nutzen.

Kapitel 1 leitet durch einen Abriss der translationswissenschaftlichen Forschung zu für die vorliegende Studie wesentlichen Konzepten und Kernfunktionen von Translation und weist diese Tätigkeit für die Waorani des Amazonasgebietes Ecuadors als nicht neutrale, sozial begründete, von nicht eigens dafür ausgebildeten Sprach- und Kulturmittler:innen in einem durch (neo-)koloniale Spannungsfaktoren und Akteur:innen mit divergierenden Interessen charakterisiertem Feld ausgeführte politische Handlung aus. Eine systematische Einbettung der Geschichte der Waorani in Kolonialisierung von Land und Sprache in Kapitel 2 führt von der Erschließung des von der Mehrheitsgesellschaft zunächst als Brachland betrachteten Amazoniens bis zur Konzeption dieses Habitats als auszubeutende Ressource, welche schlussendlich auch die Kontaktierung der Waorani bedingte. Kapitel 3 erschließt über die nationale und supranationale Rahmung die gesetzliche Regelung von Zwei- und Mehrsprachigkeit in Ecuador und zeigt durch die Verschränkung zwischen Sprache, Kosmovision

Einleitung

und Territorium, dass für die Waorani und umso mehr die in Abgeschiedenheit verbleibenden Tagaeri-Taromaneni als ökosystemische Gemeinschaften sprachliche und translationsbezogene Aspekte mit dem Recht auf Selbstbestimmung und Territorialrechten zu verknüpfen sind. Kapitel 4 führt durch das methodische Vorgehen, um Translationshandlungen während einer 14-monatigen Feldforschung (2012/2013), einer einmonatigen Feldforschung (2015) sowie zweier aktueller Forschungsaufenthalte (November 2022 bis Mai 2023; September 2023) in Comunidades der Waorani und Kichwa Amazoniens, sowie in den Städten Puyo, Quito und Coca zu ergründen. In Kapitel 5 weise ich neben Interviews und Feldbeobachtungen die Erkenntnisse einer Fragebogenerhebung zu Zwei- und Mehrsprachigkeit sowie Dolmetsch- und Übersetzungstätigkeiten mit 121 Waorani der Comunidad Toñampari aus. Ich gehe auf Fragen der innergemeinschaftlichen Hierarchisierung um Sprache und Translation aber auch durch Schulbildung und Exposition mit der Mehrheitsgesellschaft potenziell widerständisch nutzbare transkulturelle Identitäten ein. Kapitel 6 verdeutlicht auf Basis von Interviews und Feldeindrücken Translation als politisches *Going-Between* und illustriert translatorische Handlungskraft in Form von Weiterhin-Sprechen, Nicht-Sprechen und Nicht-Dolmetschen. Kapitel 7 widmet sich in einer dichten Beschreibung dem titelgebenden Dolmetschen des Jaguars, in dem dieser den Körper und die Fähigkeit des Meñera zu sprechen einnimmt, um Botschaften zur Wahrung der Rechte der in Abgeschiedenheit lebenden Tagaeri-Taromenani weiterzugeben. Kapitel 8 zeigt schlussendlich welche Spuren der Jaguars für künftige forscherische und aktivistische Bestrebungen hinterlässt.

Meine Selbstreferenzialität umfasst dezidiert aktivistisch-forscherisches Bestreben und eine daraus folgende politische und emotionale Involviertheit in das Feld. Hieraus und durch meinen unumgänglichen Hintergrund als westliche Forscherin und praktizierende Dolmetscherin und Übersetzerin, der auf die Beschreibung der Translationspraktiken bei den Waorani als eine durch mein Selbst gefärbte Übersetzung für ein westliches Zielpublikum einwirkt, tritt die u. a. in der Kulturanthropologie diskutierte Krise der Repräsentation hervor (Kapitel 2.2). Diese Eingebundenheit kann und soll nicht aufgelöst werden. Vielmehr erhalten Leser:innen jedoch eine nachvollziehbare Perspektivenvielfalt durch multiphone Darstellung und Methodentriangulation sowie vielfältige Auswertungs- und Deutungsprozesse. Den Jaguar für ein westliches Publikum zu dolmetschen, bedeutet somit auch, auf die schwierige Lage im Territorium der Waorani und der drohenden Kontaktierung der Tagaeri-Taromenani aufmerksam zu machen und uns angesichts der humanitären und klimatologischen Krisen des Anthropozäns zu fragen: Amazonien – Was soll uns bleiben?

Häufige Termini

Chicha: Gärgetrank aus gekochter *Yuca*
Comunidad: Bezeichnung für die Dörfer der Waorani. Widerspricht zwar ihrem hohen Individualisierungsgrad und ihrer ursprünglichen Organisation in Familiengruppen, spiegelt dennoch die nach dem Kontakt durch das SIL vorherrschende Realität im Territorium wider
Indigene: beruht auf geopolitischen Missverständnissen, wird aber dennoch als Selbstbezeichnung und zur Stärkung der Autonomie auch von den Gemeinschaften selbst verwendet
Kowore (auch: Kowori): Bezeichnung der Waorani für Außenstehende
Lateinamerika: beruht auf Missverständnissen und weist kolonialen Charakter auf, ist aber dennoch geläufiger als zB. Abya Yala
Nanicabo: traditioneller Zusammenschluss einer Waorani-Gruppe
Tagaeri-Taromenani: in Abgeschiedenheit lebende Gruppen der Waorani, auch bezeichnet als PIA (*Pueblos Indígenas en Situación de Aislamiento*) und mitunter als »Aislados« unter Anführungszeichen, da eine vollkommene Abgeschiedenheit nicht zutrifft
Pikenani: Älteste der Waorani
Plan de Medidades Cautelares: Staatliche Schutzmaßnahmen für die Tagaeri-Taromenani
Sogenannter Westen: übernommen von Prunč (2011a, 130), um die konfliktiven Standpunkte um die Definitionshoheit widerzuspiegeln, was »westlich« und was »nicht-westlich« ist.
Yuca: Maniokwurzel, wesentlicher Bestandteil vieler Mahlzeiten
Zona Intangible: »Unberührbare Zone«, in der extraktive Tätigkeiten verboten sind

Institutionen und Abkürzungen

Asociación de Mujeres Waorani de la Amazonía Ecuatoriana (Vereinigung der Waorani-Frauen des ecuadorianischen Amazonasgebietes): AMWAE

Confederación de Nacionalidades Indígenas de la Amazonía Ecuatoriana (Konföderation der indigenen Nacionalidades des ecuadorianischen Amazonasgebietes): CONFENIAE

Confederación de Nacionalidades Indígenas del Ecuador (Konföderation der indigenen Nacionalidades Ecuadors): CONAIE

Consejo de Desarrollo de las Nacionalidades y Pueblos del Ecuador (Entwicklungsrat der Nacionalidades und Pueblos Ecuadors): CODENPE

Instituto para el Ecodesarrollo Regional Amazónico (Institut für regionale ökologische Entwicklung Amazoniens): ECORAE

Ministerio de Justicia, Derechos Humanos y Cultos Ecuador: Justizministerium

Ministerio del Medioambiente: Umweltministerium

Ministerio de Recursos Naturales No Renovables: Ministerium für nicht-erneuerbare Energie

Nacionalidad Waorani del Ecuador (politische Organisation der *Nacionalidad* der Waorani Ecuadors): NAWE; früher: ONHAE

Secretaría de Hidrocarburos: Sekretariat für Kohlenwasserstoffe

Secretaría de Pueblos, Movimientos Sociales y Participación Ciudadana: Sekretariat für Völker, soziale Bewegungen und Bürger:innenbeteiligung

Summer Institute of Linguistics/Instituto Lingüístico de Verano: SIL/ILV

Nur ohnehin öffentlich präsente Waorani und jene, die dies ausdrücklich wünschten, werden namentlich erwähnt. Diese – ausdrücklich erwünschte – Sichtbarkeit ist demzufolge eine Anerkennung für das mit mir geteilte Wissen, die mit mir geteilten Erfahrungen und Interpretationen, die ich in diesem Werk – in deutscher Sprache – präsentieren darf. Die Namen anderer Interviewpartner:innen wurden geändert. Verschriftlichungen der oralen Sprache Waoterero der Waorani gingen vom SIL aus und weisen unterschiedliche Schreibweisen auf: So drücken in frühen Dokumenten des SIL häufig verwendete Umlaute für das Waoterero charakteristische Nasalisierungen aus. Als die Waorani begannen, selbst zu schreiben, entschieden sie sich vermehrt für eine phonemische anstelle einer phonetischen Schreibweise (Kelley 1988, 46–49; Rival 2015, 7f). Ebenso ist Einfluss der US-amerikanisch geprägten Ausdrucksweise der SIL-Missionar:innen im Waoterero spürbar, wodurch ein weich ausgesprochenes »r« oft als »d« geschrieben wird, beispielsweise »kidi«, Waoterero für »Katze«, das vermutlich auf »kitty« beruht. Ich verwende »r« statt »d« und »i« statt »e«, beispielsweise in Taromaneni. Mitunter verwende ich bewusst ausschließlich die männliche Form im Deutschen, wie beispielsweise bei spanischen Eroberern, um auf die männliche Dominanz in der Ausübung von Gewalt gegenüber Indigenen hinzuweisen.

1. Waa ae bito awinka: Dolmetschen ist...

Die Zusammenschau der Forschung fokussiert darauf, wie die gemeinhin als Dolmetschen bezeichnete Tätigkeit translationswissenschaftlich begriffen und konzeptualisiert wird. Die sich daraus ergebenden dringlichen Neubewertungen durch andere, lokal erforschte Translationsrealitäten treffen oftmals auf innerdisziplinäre Hierarchien und Stratifizierungsprozesse: An der Ausgangslage, dass die Translationswissenschaft in Lateinamerika vorwiegend für Europa oder US-Amerika relevante Themen behandelt und kaum eigenständige translationswissenschaftliche Institute bestehen, hat sich auch gegenwärtig nur wenig verändert. Immer noch werden vermehrt Modelle der europäischen und US-amerikanischen Translationswissenschaft übernommen, um lokale Problemstellungen zu erörtern (vgl. auch HERMANS 2003, 384; GENTZLER 2008, 6; BASTIN/ECHEVERRI/CAMPO, 2010).

Wie auch in anderen Disziplinen, nehmen die Publikationssprache wissenschaftlicher Arbeiten; die Medien, in denen publiziert wird und die Institutionen, denen Forscher:innen nahestehen, Einfluss auf Partizipationsmöglichkeiten. Außerhalb des dominanten Diskurses arbeitende Forscher:innen übersetzen Material in herrschende Paradigmen der Translationswissenschaft (SUSAM-SARAJEVA 2002, 194; 200; auch BAUMGARTEN/HOUSE/PROBST, 2004; BENNETT, 2015). MIGNOLO (2009, 176) betont, dass mit der Institutionalisierung von Wissen in Gesellschaften Institutionen folgende Aufgaben übernehmen: »training of new (epistemic obedient) members and control of who enters and what knowledge-making is allowed, disavowed, devalued or celebrated« [Herausbilden neuer (epistemisch gehorsamer) Mitglieder und Kontrolle darüber, wer eintritt und welche Wissensproduktion erlaubt, aberkannt, abgewertet oder gefeiert wird]. Eine tiefgehende Auseinandersetzung damit, welche Arten des Wissens wir in unserer eigenen Disziplin also für wissenswert erachten und vor allem, welches Wissen als übersetzenswert erachtet wird, scheint angezeigt (vgl. auch BACEVIC, 2019, SCHÖGLER, 2022 und PRICE, 2023). Diese ließe sich auch gut in gängige kritische Diskussionen zur unterschiedlichen Wertigkeit indigenen Wissens in der US-eurozentristischen Wissensproduktion einbetten.

MARAIS (2014, 4) bemerkt, dass translationswissenschaftliche Forschung zunehmend mit dem geopolitischen Aspekt zusammenfließt, *wo* geforscht wird. Damit meint er eine Reflexion darüber, was es bedeutet, in einem bestimmten Sprach- und Kulturraum zu dolmetschen und zu übersetzen, in einem bestimmten geographischen Gebiet Dolmetscher:in und/oder Übersetzer:in zu sein oder an einem bestimmten Ort Dolmetschen und Übersetzen zu studieren und zu erforschen. Es sollte also darüber nachgedacht werden, welchen Einfluss die persönliche wissenschaftliche Verortung und damit verbundene Spannungsfaktoren und Akteur:innen auf das Erforschen und Konzeptualisieren von Translationshandlungen haben. Der Autor sieht zudem eine gesellschaftspolitische Verantwortung der Translationswissenschaft in nicht-westlichen Ländern und setzt durch Eingliederung von Erkenntnissen aus Politik- und Wirtschaftswissenschaft sowie Soziologie das Phänomen Translation mit der Gesellschaft als Ganzes in Verbindung. CRONIN (2017, 2) prägt in diesem Zusammenhang den Begriff der »eco-translation« und unterstreicht eine Bandbreite an von Translationswissenschaftler:innen und Translator:innen aufzugreifenden Themen wie Ernährungs- und Trinkwassersicherheit, Klimagerechtigkeit, Verlust der Biodiversität und Aussterben von Sprachen, und mit Umweltkatastrophen zusammenhängende Migrationsströme.

1.1 Sozial beeinflusst und nicht-neutral

ANDERSON (1976/2002, 209) stellte Dolmetschhandlungen erstmals entschieden unter soziale Vorzeichen. Dies ist bemerkenswert für eine Zeit, in der sich die Forschungsagenda vorrangig der Analyse der (Konferenz-) Dolmetschpraxis ohne Rückführung in grundlegende theoretische Überlegungen und basierend auf Erfahrungen praktizierender Dolmetscher:innen verschrieb (KALINA 1998, 31ff). Eine soziale

Bedingtheit von Translation lenkt den Blick auf Translator:innen als Individuen mit ebenso sozial begründeten Haltungen und deren Auswirkungen auf das Verhalten in der Dolmetschsituation:

Should the interpreter be a mere echo, or should he be an advisor? Should he inform his client of whispered, off-the-record remarks made by the other party to the interaction, or should he stick to the text? (ANDERSON 1976/2002, 217) [Sollten Dolmetscher:innen nur ein Echo sein, oder Berater:innen? Sollten sie ihre Kund:innen über geflüsterte, inoffizielle Anmerkungen der anderen Partei informieren oder sich nur auf den Text beziehen?]

Dolmetscher:innen, resümiert der Autor, komme durch ihre Sprachkundigkeit, die eine Verständigung nur durch ihre Mitwirkung ermöglicht, sowie durch ihre unklar definierte Rolle im Kommunikationsprozess eine beträchtliche Machtposition zu (siehe auch aktuell OLOHAN 2021, 18 zu Translation als soziale Handlung).

Ungeachtet dieser frühen Erkenntnisse sollte es noch etwas dauern, bis sich in der Dolmetschwissenschaft allmählich ein ab den 1980er-Jahren von den Sozial- und Geisteswissenschaften ausgehender *Cultural Turn* bemerkbar machte (BASSNETT/LEFEVERE, 1990) und in detaillierte Analysen zur kulturellen Situiertheit von Translationshandlungen und Translator:innen mündete. Im Vergleich behandelte die Übersetzungswissenschaft weitaus früher als ihre Schwesterdisziplin Machtasymmetrien, Ideologie und Widerstand im (neo-)kolonialen Kontext (ÁLVAREZ/VIDAL, 1996a; TYMOCZKO/GENTZLER, 2002; BANDIA, 2008), legte den Grundstein für eine feministische Übersetzungswissenschaft (CHAMBERLAIN, 1998; VON FLOTOW, 1997), situierte Übersetzen in ein Spannungsfeld von Globalisierung und politischen Auseinandersetzungen (SALAMA-CARR, 2007; BIELSA/HUGHES, 2009), und positionierte im Zuge translationssoziologischer Ansätze Translator:innen innerhalb eines sozialen Systems (SIMEONI, 2005; WOLF, 2006a; WOLF/FUKARI, 2007; WOLF, 2012). Interdisziplinäre kulturwissenschaftliche Ansätze hinterfragen ebenso, was überhaupt unter »Übersetzen« verstanden wird (u. a. BUDEN, 2003; BERY, 2007; BUDEN/NOWOTNY, 2009; PRATT, 2010).

Ab den 1990er-Jahren wird die Tätigkeit Dolmetschen immer mehr in Bezug auf aktives Eingebundensein in die Kommunikationssituation konzeptualisiert. Roy (1993/2002, 347f) erteilt eine Absage an die Vorstellung von Dolmetscher:innen als analoger Sprachkanal (*conduit*), der Botschaften zwischen Sprecher:innen akkurat und ohne emotionale Voreingenommenheit hin- und hertransportiert. Wadensjö (1998) betont schließlich die aus einem Verständnis von Dolmetschen als sozial verankerte Handlung folgende Handlungsfähigkeit. Ihre Erkenntnisse aus authentischen Dolmetschsituationen beschränken die Aufgabe der Dolmetscher:innen nicht nur auf das Dolmetschen von Äußerungen, sondern lassen sie als potenziell aktiv eingreifende Personen hervortreten, um beispielsweise Missverständnisse im Gespräch zu vermeiden. So komme Dolmetscher:innen »a unique, and potentially a powerful, middle position« (Wadensjö 1993/2002, 368) [eine einzigartige und eine potenziell machtvolle Mittelposition] zu. Im Dolmetschen und Übersetzen für die Waorani, das durch mannigfaltige Spannungsfelder und Einflussfaktoren sowie divergierende Interessen der an Dolmetschsituationen beteiligten Personen gekennzeichnet ist, ist diese Möglichkeit zur Machtausübung durch Translation besonders in den Blick zu nehmen.

Diese Erkenntnisse zur sozialen Positionierung machten eine eingehende Thematisierung der sogenannten Neutralität von Dolmetscher:innen notwendig. Rudvin (2002), Angelelli (2003) und Bot (2003) beschreiben das Verhalten von Dolmetscher:innen als von Faktoren wie Herkunft, Geschlecht oder sozioökonomischen Status beeinflusst, aber auch durch das Dolmetschsetting – Gerichts-, Konferenz-, oder Kommunaldolmetschen. Nach Diriker (2004, 144; 148) sind Dolmetscher:innen, Sprecher:innen und Adressat:innen in Dolmetschhandlungen in ein Netz aus Beziehungen, Erwartungen und Spannungen eingeflochten, hervorgerufen durch den jeweiligen soziokulturellen und interaktionstechnischen Kontext. Bot (2003, 27; 34) spricht für die Psychotherapie vom Mythos der unbeteiligten Dolmetscher:innen. Rudvin (2002, 223; im Orig. mit Fußnote) stellt Analogien zu kulturanthropologischen Ansätzen her, die die reine

Präsenz von Forscher:innen bereits als Einfluss auf die Beobachteten und ihre Gestaltung der beobachteten Situation charakterisieren. Umgelegt auf Dolmetschsituationen könnten Translator:innen daher weder vollkommen neutral noch unsichtbar sein: »To become a »pane of glass« would mean denying his/her own personal experience, judgement and culture as well as the socio-cultural structural differences inherent in each language« [Zu einer »Glasscheibe« werden, käme dem Verleumden der eigenen persönlichen Erfahrungen, Urteilsvermögen, Kultur sowie der einer jeden Sprache inhärenten soziokulturellen strukturellen Unterschiede gleich].

Trotz des frühen wissenschaftlichen Abrückens von einem absoluten Neutralitätskonzept ist in der westlichen Dolmetschpraxis weiterhin ein Zwiespalt zwischen von Seiten der Institutionen gewünschter, aber schwer vollkommen umsetzbarer Neutralität und vor allem Unsichtbarkeit der Dolmetscher:innen spürbar (auch DAVIDSON 2000, 172). CÁCERES (2017, 4; 17f.) fasst zusammen, dass eine Anbindung von Dolmetscher:innen durch Umsetzung von Verhaltenskodizes und Protokollen sowie Schaffen von ideologischer Identifikation mit Institutionen erreicht wird. So würde das Handlungsspektrum von Dolmetscher:innen eingeschränkt, ein für die Institution kontrollierbarer Dolmetschrahmen und letztendlich größere Kontrolle über Dolmetschhandlungen geschaffen. Eine solche Institutionalisierung ist für den (neo-)kolonialen Kontext Ecuadors besonders in den Blick zu nehmen (vgl. die Analyse des Dolmetscher:innendienst des ECORAE in Kapitel 6.2).

Konzepte des Dolmetschens in nicht-westlichen Feldern weisen im Vergleich eine weitaus stärkere Komponente aktiven Handelns von Dolmetscher:innen auf. So sieht MANYONI (1999, 125) bereits vor fast 25 Jahren diese Hauptaufgaben für Dolmetsch- und Übersetzungsdienste im Wiederaufbau Südafrikas:

> [...] to promote multilingualism; to assist in providing equality of access to public service; to inculcate respect for linguistic and cultural diversity; to promote local economic

development; and to facilitate effective communication. [Förderung der Mehrsprachigkeit, Unterstützung um gleichberechtigten Zugang zu öffentlichen Dienstleistungen zu erhalten, Förderung der Achtung sprachlicher und kultureller Vielfalt, Förderung der lokalen wirtschaftlichen Entwicklung und Erleichterung effektiver Kommunikation.]

Sicherstellen von gegenseitigem Verstehen umfasst also weit mehr als nur eine rein sprachliche Ebene. An Dolmetscher:innen und Übersetzer:innen wird nach dem Schrecken der Apartheid der Anspruch gestellt, breitgefächerte politische Aufgaben zu bekleiden, wodurch die Neutralitätsfrage ihre Bedeutung verliert.

Im indigenen Kontext Lateinamerikas hat das Neutralitätskonzept vor allem durch gesellschaftlich verankerten Rassismus und Repression Indigener seitens staatlicher Akteur:innen ebenfalls geringe Relevanz. In ihrer Pionierarbeit erforscht FUCHS (2005, 1; 32) das Gerichts- und Behördendolmetschen, Dolmetschen im medizinischen und NGO-Bereich sowie eine in indigenen Sprachen gedolmetschte Konferenz im zwei- und mehrsprachigen Guatemala. Alle befragten indigenen Absolvent:innen eines Gerichtsdolmetschlehrganges sahen sich als Unterstützer:innen von Sprecher:innen indigener Sprachen, um ihre gesellschaftliche Partizipation und das Ansehen ihrer Sprachen und Kulturen zu erhöhen. Der Zielsetzung des Studienplans unterstreicht diese aktive Positionierung und sieht die Förderung der Rechtsstaatlichkeit und einen Beitrag zum Friedensprozess vor. Die Befragten erhoffen sich, durch ihre Tätigkeit die Verwendung von Maya-Sprachen zu steigern und auf Sprachpolitik Einfluss zu nehmen.

Im Zuge der Gerichtsverhandlung des ehemaligen Militärkommissars Cándido Noriega kam es jedoch zur Entführung und massiven Einschüchterung eines indigenen Dolmetschers, der *Amnesty International* beraten hatte (IBID, 15; 58; 61; 68). Als politische Berater:innen und eventuelle Informant:innen beziehen Dolmetscher:innen also willentlich oder unwillentlich, in jedem Fall aber deutlich Position. Ihre Tätigkeit ist fern von neutralen Sprachmittler:innen angesiedelt und wird von sozialen Faktoren beeinflusst. Dolmetschen in Kriegsgebieten ist ein weiterer Bereich, in dem aufgrund der Brisanz der Konflikte von Vorstellungen von Translator:innen als unbeteiligte Kommunikationsapparate abgegangen wird. Dolmetscher:innen, die für Mitarbeiter:innen der im Krieg zwischen Kroatien und Serbien (1991–1992) eingesetzten *European Community Monitor Mission* (ECMM) dolmetschten, meldeten sich vermehrt als ehrenamtliche Sprach- und Kulturmittler:innen, um Beobachter:innen dazu zu bewegen, Stellung für eine Konfliktpartei zu beziehen: »To translate here is to be at war, to be on a ›mission‹« (STAHULJAK 2010, 398; auch TRYUK, 2021) [Hier zu dolmetschen bedeutet, im Krieg zu sein, auf einer »Mission« zu sein].

Diese Nicht-Neutralität ist auch historisch gewachsen. Laut SANTOS (1996, 15) brachte der Kontakt im Zuge der Eroberung Lateinamerikas für Indigene einen Verlust politischer Autonomie mit sich. Gleichzeitig hatten (und haben) Führungspersönlichkeiten, die als Mittler:innen agierten, in Comunidades mitunter auch persönliche Vorteile. Dies beeinträchtigte zwar einerseits die gemeinschaftsinterne Balance, da Mittler:innen neue Funktionen in nach europäischem System auferlegten Hierarchien zuteilwurden. Später wurden jedoch oftmals genau diejenigen, die vereinnahmt worden waren, zu bedeutenden Kräften in der Organisation des Widerstandes (SANTOS 1992, 115f). Indigene Dolmetscher:innen, die heutzutage beispielsweise vor Gericht tätig sind, assoziieren diese Institution oftmals mit historischen und gegenwärtigen Ungerechtigkeiten, Kriminalisierung von widerständischen Akteur:innen und Zersplitterung der Gemeinschaften sowie rassistischen Einstellungen gegenüber Indigenen. Zusätzlich erschwert ihre Eingebundenheit in eine nach Solidarität verlangende Community und deren auf komplexen Verwandtschaftsbeziehungen basierende Sozialstruktur eine dezidiert neutrale Haltung (RUSHO 2023, 125ff).

Der Grazer Translationswissenschafter PRUNČ gibt zu denken, dass die Ansicht, Translator:innen würden "allolinguale Abbilder der Originale« (2011b, 132) schaffen, diese »in die Position von Un-Personen« (IBID) drängt. Als Un-Personen werden Translator:innen jedoch »ihrer ethischen und gesellschaftlichen Verantwortung für die Konstruktion von Sinnwelten, Wertesystemen und Kulturen entbunden« (IBID). Wie anhand der indigenen Gemeinschaft der Waorani des Amazonasgebietes Ecuadors zu zeigen sein wird, ist neutrales Handeln als Un-Personen vermutlich weder für die Dolmetschenden noch für die Beteiligten an der Dolmetschsituation erstrebenswert und wird auch nicht erwartet.

1.2 Eine politische Handlung von Sprach- und Kulturmittler:innen ohne Ausbildung

Unausgebildete Translator:innen, die günstiger oder kostenlos arbeiten, galten im westlichen Kontext meist als Bedrohung für den Arbeitsmarkt (PÉREZ-GONZÁLEZ/SUSAM-SARAEVA 2012, 151). Ihr translatorisches Handeln wurde abseits von Qualitätsvergleichen selten forscherisch ergründet und translationspraktisch meist unter dem Desiderat der Ausbildung gehandhabt. Dolmetschen und Übersetzen von nicht eigens dafür ausgebildeten Personen erfolgt jedoch tagtäglich und bereits seit jeher weltweit in einer Vielzahl von Situationen und durch unterschiedliche Sprach- und Kulturmittler:innen (ANTONINI/CIRILLO/ROSSATO/TORRESI, 2017, 2; BIELSA 2021, 9). Es ist somit bei weitem die häufigste Art von Translation. Die Erforschung dieser Tätigkeiten hat sich im letzten Jahrzehnt zu einem Boom entwickelt und umfasst Translation bei Katastropheneinsätzen (FEDERICI/O'BRIEN 2020), ehrenamtliche Translation als politischer Aktivismus (BOÉRI, 2008; 2012), Dolmetschen von Kindern (MEYER/PAWLACK/KLICHE, 2010), Dolmetschen im Gräuel der Konzentrationslager (TRYUK, 2010; WOLF, 2016) sowie Fansubs (ORREGO/LEE, 2017) und Translation in Online-Communities (ROGL, 2016).

Benennung und Definition dieser Dolmetschformen erweisen sich als schwierig und verweisen nicht nur auf sprachliche Feinheiten. In der Ausschreibung der zweiten Konferenz zum *Non-professional Interpreting and Translating* erfolgte eine Definition als unbezahlte Translationshandlung. Danach wurde festgehalten, dass »Non-professional«

jedoch nicht auf unzureichende Qualität oder Fähigkeiten von Translator:innen schließen lassen dürfe (JOHANNES GUTENBERG UNIVERSITÄT MAINZ, 2013). PÉREZ-GONZÁLEZ/SUSAM-SARAEVA (2012, 151) ergänzen das Attribut »ohne formale Ausbildung«. ANTONINI verwendet in Anlehnung an HARRIS (1973) die Bezeichnung »natural translator/interpreter« (2011, 102) und meint damit zweisprachige Personen, die als sprachliche und kulturelle Mittler:innen sowohl in formellen als auch informellen Settings handeln. RUDVIN (2007, 48) betont, dass Auffassungen von »Professionalität« stark an kulturelle Konventionen und Konzeptionen gebunden sind und folglich Ehrenkodizes, Rollenverständnis, Auswahl von Dolmetscher:innen sowie die jeweils angewandten Dolmetschstrategien mitbestimmen. Die Vorsilbe »Non« vermittelt zudem den Eindruck, es handle sich hierbei um weniger bedeutende Translation/Translator:innen (auch ANTONINI/CIRILLO/ROSSATO/TORRESI 2017, 6ff). Auch CHESTERMANS (2001, 146) Differenzierung in Personen, die Translator:innen sind, und in jene, die (manchmal) auch übersetzen und dolmetschen, hat in indigenen Kontexten wenig Relevanz. Translation ist in plurikulturellen Gesellschaften eine Alltäglichkeit – eine Tatsache, die im Übrigen auch auf den sogenannten Westen zutrifft (vgl. BLUMCZYNSKI, 2016).

Zusätzlich zur Eingebundenheit der Dolmetscher:innen in ihr soziales Umfeld, ihren sozialen Hintergrund und der dadurch nur schwer zu erreichenden Neutralität, wurden Dolmetschhandlungen im Community Interpreting ab den 1990er-Jahren nach dem Konzept der Professionalität beurteilt. Sprach- und Kulturmittlung von Translator:innen ohne Ausbildung wurde hierbei meist schlecht bewertet (PÖCHHACKER 1997, 223f) und Gefahren oder Schwierigkeiten wurden betont (CARR 1997, 272). Zahlreiche Publikationen behandeln das Ziel der Professionalisierung von Dolmetscher:innen durch Ausbildung und Akkreditierung – auch für Sprecher:innen indigener Sprachen in Ländern wie Kanada (SAMMONS, 1993; PENNEY/SAMMONS, 1997; FIOLA, 2000) oder Südafrika (DU PLESSIS/WIEGAND, 1998; DRENNAN/SWARTZ, 1999; ERASMUS, 2002). Gerade im Kontext indigener Rechte und insbesondere im Dolmetschsetting Gericht dient die Existenz von

Ausbildungsprogrammen zumindest als Grundlage um durch den Einsatz indigener Dolmetscher:innen Verfahren fairer zu gestalten (vgl. BERG-SELIGSON, 2008 für Ecuador). Angesichts der weiterhin gängigen Praxis willkürlicher Festnahmen, von denen Indigene ganz besonders betroffen sind, steigt durch das Vorhandensein ausgebildeter Dolmetscher:innen zumindest die theoretische Chance, sprachlich gleichberechtigter am Verfahren teilzunehmen (vgl. HOWARD/DE PEDRO/ANDRADE, 2018 zur Entwicklung von Sprachrechten in Lateinamerika und Ausbildung indigener Translator:innen durch das Kulturministerium in Peru).

MARAIS/FEINAUER (2017, 2) zeigen auf, dass translationswissenschaftliche Arbeiten sich meist an Translationshandlungen im formellen Sektor regulärer Erwerbstätigkeiten orientieren. Damit werde außer Acht gelassen, dass in nicht-westlichen Regionen ein beträchtlicher Teil der Erwerbsarbeit im informellen Sektor stattfindet. Eine institutionalisierte Translationspraxis mit einer dementsprechenden Ausbildung als Übersetzer:in/Dolmetscher:in widerspricht auch heute noch vielen indigenen Lebensrealitäten, im urbanen Raum und noch viel mehr in ländlichen Gemeinschaften. Wie HENITIUK/MAHIEU (2023, 3) für die Inuit Kanadas festhalten, sind Alphabetisierung und der Wandel von einem seminomadischen zu einem sesshaften Leben erst kürzlich erfolgt. Translation wird also vielerorts spontan und nicht institutionalisiert organisiert. Eine Ausübung des Dolmetschens als Beruf im westlichen Sinne kann somit keine Standardfolie für Dolmetschkonzepte sein.

Im erforschten Feld ist zu erwarten, dass Ausführende und Zielpublikum von Translation für die Waorani sich nicht am westlichen Verständnis von Professionalität orientieren. Westliche Konzeptionen von Professionalisierung gehen meist von Individuen aus, die sich im Ausüben ihrer Fähigkeiten einer bestimmten Gruppe anschließen, die Regeln für »professionelles« Verhalten festlegt. In nicht-westlichen Gesellschaften besteht eine geringere Ausrichtung am Individuum, wodurch sich Professionalität eher an Familien- oder spirituellen Regeln orientiert (RUDVIN 2007, 54), wobei durch Einflüsse von

Technologisierung und kapitalistischen Wirtschaftsformen eine Abkehr von diesen Strukturen im Gange ist.

Im Allgemeinen scheint das westliche Konzept eines *Non-professional Interpretings* als politische Handlung eine starke Entschlossenheit vorauszusetzen, globale machtpolitische Veränderungen voranzutreiben. Dolmetscher:innen des internationalen Netzwerkes ehrenamtlicher Sprach- und Kulturmittler:innen Babels positionieren sich als entschieden für politische Veränderungen eintretende Akteur:innen (Boéri 2008, 22; 32; ibid 2012, 273). Dabei sind sie Teil eines Kollektivs, das als eigene politische Vereinigung direkt an der Organisation des Weltsozialforums beteiligt ist, stellen sich gegen konzerngesteuerte Globalisierung und setzen sich für das Schaffen einer besseren Welt ein. Ein weiteres Merkmal ist der Fokus auf Horizontalität. Sowohl ausgebildete als auch nicht ausgebildete Dolmetscher:innen arbeiten zusammen, ein Mitwirken steht allen offen, die sich zu den Projektzielen bekennen (vgl. auch Cronin 2017, 14 zum subversiven Potenzial gemeinsam geschaffener aktivistischer Translate; de Manuel/López/Brander de la Iglesia, 2004 zum Kollektiv *ECOS*).

Dieses so wichtige Charakteristikum eines Kollektivs mit geeintem Grundziel und geeinter Ausrichtung (auch Bielsa/Aguilera, 2017; Doerr, 2018; 2021) trifft für Translation in Comunidades der Waorani nicht immer zu. Die Kulturanthropologin Rival (1994, 208; 288; vgl. auch Ausführungen zur Geschichte der Waorani in Kapitel 2) verdeutlichte bereits in ihrer Pionierstudie, es herrsche unter den Gruppen der Waorani keine einhellige Meinung darüber, welche Art von Gemeinschaft die Indigenen wünschen. Sie hält es somit für fraglich, dass die Waorani mit einer Stimme agieren werden. Vielmehr sei es wichtig, gleichberechtigte Beziehungen innerhalb der Familien und Balance zwischen einzelnen Gruppen beizubehalten. Hierfür würden sie Allianzen mit Außenstehenden eher auf Basis ihrer jeweiligen regionalen Interessen als im Hinblick auf die Stärkung der gesamten Ethnie eingehen. Zudem bringe die Erdölindustrie ihnen sowohl Vor- als auch Nachteile, was ihre Position unbeständig mache und Entscheidungen über ihre gewünschte Lebensführung erschwere.

Dolmetschen in der indigenen Gemeinschaft der Waorani stellt somit keine klar destillierbare professionelle Aktivität dar. Es weist vielmehr eindeutige politische Konnotationen auf. Für das Erforschen des Dolmetschens für die Waorani ist daher das (neo-)koloniale Umfeld zu analysieren, in dem sich Translation abspielt.

1.3   In (neo-)koloniale Gesellschaften verstrickt

Translation schafft laut ÁLVAREZ/VIDALS (1996b, 5) vielzitiertem Artikel ein durch die Intervention von Translator:innen geprägtes Abbild der Wirklichkeit und dies vor allem für jene, die keinen Zugang zu dieser Wirklichkeit haben:

> This image can undoubtedly be very different from the truth, insofar as the translator can distort or manipulate reality, because he is under pressure from a series of constraints [...], typical of the culture to which he belongs. [Dieses Bild kann sich zweifellos stark von der Wahrheit unterscheiden, da Übersetzer:innen Realität verzerren oder manipulieren können, weil sie durch eine Reihe von Einschränkungen bedrängt werden [...], die typisch für die Kultur sind, der sie angehören.]

In einem (neo-) kolonialen Kontext gelesen, ergeben sich hieraus mehrere Fragen: Was sind die Gründe dafür, dass Menschen keinen Zugriff auf eine Wirklichkeit haben, die sich nur durch Translation erschließen kann? Bleibt ihnen der Eintritt in diese andere Welt aus sprachlichen Gründen verwehrt, da sie die Sprache der die Deutungshoheit innehabenden Mehrheitsgesellschaft nicht beherrschen? Sind politische Gründe ausschlaggebend, da es für die Staatsmacht nicht zweckdienlich ist, dass diese Menschen die Sprache der Mehrheitsgesellschaft beherrschen und Chancen auf gesellschaftliche Partizipation haben? Oder passiert dies aus bildungsspezifischen Gründen: die Sprache wird nicht beherrscht, da es für bestimmte Sphären der Bevölkerung nicht ausreichend Zugang zur Bildung gibt?

Die vorliegende Forschung stellt Möglichkeiten zur Dekonstruktion der Dichotomien Unterdrücker:innen versus Unterdrückte oder Macht versus Ohnmacht ins Zentrum der Überlegungen, jedoch ohne vorhandene ungleiche Machtkonstellationen auszublenden. Es wird vielmehr der Blick auf die Handlungsfähigkeit gelenkt, die trotz dieser Ausgangssituation besteht. Vor diesem Hintergrund könnte obiges Zitat auch eine alternative Leseart erfahren: Das Vorhandensein von Machtkonstellationen, Akteur:innen und Spannungsfeldern bedeutet nicht, dass eine Partei machtlos und die andere in einer übermächtigen Position verbleibt. Auch vermeintlich Machtlose haben gerade durch die soziale Verankerung der Dolmetschsituation Handlungsmöglichkeiten, durch die sie auf das sie umgebende System einwirken können. Welche Charakteristika erlangt das Dolmetschen somit innerhalb der Comunidades der Waorani, die durch Folgen von Missionierung, Erdölförderung, illegaler Abholzung und Siedlungen auf indigenem Land, einschließlich divergierender Interessen der jeweiligen Akteur:innen innerhalb dieser Spannungsfelder, gekennzeichnet sind?

MIGNOLO/SCHIWY (2003) analysieren von Seiten der Kulturwissenschaften das Zusammenspiel von Translations- und Transkulturationsprozessen als grundlegend für eine Neuformierung des Begriffspaars Modernität/Kolonialismus und beziehen sich hierfür auf erstarkte indigene Bewegungen des lateinamerikanischen Kontinents im Kampf gegen neoliberale Einflüsse, die unter anderem mit Evo Morales als erstem indigenen Präsidenten (2006) oder dem Einschluss des indigenen Prinzips des *Sumak Kawsay* in die Verfassungen Boliviens und Ecuadors auch auf internationaler Ebene in Erscheinung traten (vgl. Kapitel 3.1). Der Autor und die Autorin (2003) verbinden Translation in der zapatistischen Bewegung im mexikanischen Chiapas mit dem von ORTÍZ (1940/2002) entwickelten Konzept »Transkulturation«, welches dieser ursprünglich für eine ethnographische Beschreibung des Afrokubanismus entwickelte. Transkulturation beinhalte einen Verlust, eine partielle Deskulturation, aber auch la consiguiente creación de nuevos fenómenos culturales que pudieran denominarse de neoculturación. (IBID, 260) [eine darauffolgende Schaffung neuer kultureller Phänomene, was als Neokulturation bezeichnet werden kann.]

Der Begriff der Transkulturation kehrt also das wechselseitige Einwirken von Kulturen im Kontakt hervor und sieht von einer einseitigen Überlagerung im Sinne einer Akkulturation ab. Ich teile die Meinung von GUZMÁN (2008, 255), dass Transkulturation einen Blick auf Translation vor dem Hintergrund indigener Selbstbestimmung ermöglicht (auch WOLF, 2008). So dient auch im erforschten Feld Dolmetschen und Übersetzen für nicht mehr, wie in Zeiten der Kontaktierung durch Anfertigung von Bibelübersetzungen (Kapitel 2.4), ausschließlich dazu, eine Innensicht auf die Waorani zu erlangen und diese in der Folge kulturell umzuformen, was ORTÍZ (1940/2002) mit Akkulturation gleichsetzen würde. Die Waorani selbst verwenden Dolmetschen und Übersetzen als Instrumentarium, um Menschenrechtsverletzungen und politische Anliegen zu transportieren. Ein Beispiel sind Videobotschaften der *Pikenani*, die in Waoterero erfolgen und untertitelt werden. Darin fordern die Ältesten auf, der Zerstörung ihres Territoriums Einhalt zu gebieten (OME YASUNI, 2011). Als aktiv und bewusst Handelnde brechen sie starre Vorstellungen von Akkulturierten versus Akkulturierenden, Unterdrückten versus Mächtigen auf. Auf diese Weise entwickeln sie eine nicht zu unterschätzende translatorische Kraft, die als ein transkulturelles »Gegenfeuer« (Anleihe von BOURDIEU, 1998) aus Amazonien nach außen reichen kann.

RIVAL greift auf ähnliche Gedanken zurück, um die Waorani und ihren Umgang mit Fremdbeeinflussungen zu charakterisieren. So hätten die Waorani bewiesen, keine unsichtbaren Opfer zu sein und als Teil einer »clase inferior, marginalizada y golpeada por la pobreza« [untergeordneten, marginalisierten, von Armut gebeutelten Klasse] (2015, 11) unweigerlich früher oder später von der Mehrheitsgesellschaft assimiliert zu werden. Ganz im Gegenteil hätten sie ihre eigene Form der sozialen Solidarität beibehalten und hätten, ähnlich wie andere

Gruppierungen, ihre kulturelle Basis und Kosmovision verwendet, um ihren Forderungen nach einem Territorium und Ressourcennutzung im Sinne einer fairen Partizipation politischen und wirtschaftlichen Nachdruck zu verleihen (vgl. Kapitel 6). Für dynamische Translationsbegriffe, die auf ähnliche Prämissen beruhen, empfehlen sich WOLF (1997, 13ff; 2008) und VIEIRA (1997) zum *Movimento Antropofágico* im Brasilien der 1920er-Jahre, als Schriftsteller:innen und Filmemacher:innen kannibalistische Konzeptionen zum Kunstschaffen hervorbrachten. WOLF (1997, 13) erklärt das Vorgehen dieser Bewegung als »›Verschlingen‹ der kulturellen Werte der Industrieländer […], die kulturelle Einverleibung des Fremden, um sich gegen die Kolonisierung zu behaupten.«

Fest steht jedoch trotz nicht zu unterschätzender Widerstandskraft, dass Indigene auf sprachlicher, kultureller, politischer, sozialer und wirtschaftlicher Ebene in Zeiten des akzentuierten Neoliberalismus einen steten Kampf um ihr Fortbestehen führen. Obgleich die Waorani mit derzeit etwa 5.000 Sprecher:innen seit ihrer Kontaktierung ab 1958, als es etwa 500 Waorani gab (YOST 1981, 5), starken Zuwachs verzeichneten, besteht gemeinsam mit der steten Bedrohung des kulturellen Niederganges die unterschwellige Gefahr des Aussterbens indigener Sprachen und ihrer Bedeutungszusammenhänge. MIGNOLO/SCHIWY (2003, 15) sehen hierbei eine gewichtige Rolle von Translation: »For the Zapatistas, the translation of Amerindian knowledge becomes a matter of urgency, both for physical survival and for the survival of revolutionary potential« [Die Übersetzung des indigenen Wissens der Amerikas gewinnt für die Zapatistas an Dringlichkeit, was sowohl das physische Überleben als auch das Fortbestehen revolutionären Potenzials betrifft]. Das neoliberale Wirtschaftssystem könne zwar nicht mit dem Christentum gleichgesetzt werden, beinhalte in seiner Logik aber sehr wohl eine verborgene Konvertierung. So gehe es im heutigen Neoliberalismus um ein Bekenntnis zu globalen Marktbeziehungen und Konsumdenken ohne Platz für Alternativen.

Widerstand gegen dieses System orten MIGNOLO/SCHIWY vor allem durch den Beitrag der Zapatist:innen zu einer Theorie der Translation/

Transkulturation und thematisieren dies als »double translation« [doppelte Übersetzung]: Die Zapatistas hätten aus einer Perspektive des Widerstandes gegen die globale Weltordnung von unten nach oben zunächst Ideen aus dem Marxismus und Feminismus in ihre Kosmologie übersetzt. Zudem würde die Bewegung Translation dazu verwenden, um sich gegen den neoliberalen Diskurs Mexikos zur Wehr zu setzen. Dieses Konzept der doppelten Übersetzung wird in einer Rede einer der ersten Militärführerinnen der Zapatistas, Mayor Ana María, am *Primer Encuentro Intercontinental por la Humanidad y contra el Neoliberalismo* (Erstes Interkontinentales Treffen für Menschlichkeit und gegen Neoliberalismus; 1996) illustriert. Diese endet im spanischen Original mit einem Satz, der grammatikalisch keinen eindeutigen Sinn ergibt und dem Tojolabal entspringt. Durch das – vielleicht bewusste – Spiel mit Alterität übersetzt Ana María indigene Kosmologie in die Sprache der Beherrschenden. Spanischsprechenden fällt auf, dass dieser Satz aus einer anderen Sprache stammen muss und Reflexionsprozesse können ausgelöst werden (IBID, 6–10, 15; PRATT 1991, 34F; 37 für ähnliche Strategien in den Chroniken des Indigenen Guaman Poma im Peru des 17. Jahrhunderts). Dieser Übersetzungsvorgang verankert die Indigenen im Hier und Jetzt einer globalisierten Welt. Sie schreiben sich in den »Westen« ein, genauso wie sich »Westen« in sie einschreibt:

> [T]he question of translation/transculturation is no longer one of dualism. We are no longer facing the question of »the West and the Rest«, but »the Rest in the West« as well as »the West in the Rest«. MIGNOLO/SCHIWY 2003, 8) [Translation/Transkulturation ist nicht länger eine Frage des Dualismus. Wir stehen nicht mehr vor der Frage »der Westen und der Rest«, sondern »der Rest im Westen« sowie »der Westen im Rest«.]

BANDIA (2008, 3) geht im afrikanischen Kontext ähnlich auf diese Umkehr ein und spricht von der Nutzung von Translation als Element der »transgression, displacement, transportation, or movement« [Transgression, Verdrängung, Beförderung oder Bewegung]. Transkulturelles Schreiben und Übersetzen sieht der Autor somit als »inverse movement of representation of the Self in the language of the Other« [Verschiebung der Repräsentation zu einer Darstellung des Selbst in der Sprache des Anderen]. Dieses nicht-binäre Verständnis ist gemeinsam mit der durch Transkulturalität zum Tragen kommenden Handlungsfähigkeit von Bedeutung. Mignolo/Schiwy (2003,10, 12, 17) betonen, postkoloniale Ansätze würden insofern zu kurz greifen, als dass sie den Eindruck vermitteln, die Entwicklung einer eigenen und multiperspektivischen Denkweise könne erst erfolgen, nachdem der Westen selbst die Kolonialherrschaft dekonstruiert hätte. Im Falle der Zapatistas, so drückt es Subcomandante Marcos aus, finde eine Transkuluration jedoch zu den Bedingungen der Indigenen selbst statt. Sie sind es, die die Richtung von Translation umkehren und durch Verwendung und Aneignung der Nationalsprache Spanisch indigene Sprachen und Kosmovision verbreiten und damit die Kontrolle über Sinnzusammenhänge, Bedeutungsschaffung und Ausmaß von Translation übernehmen. Abgesehen davon, dass der Kolonialismus nicht vorüber ist, könnten westliche Vorstellungen die Realität der Zapatistischen Armee der nationalen Befreiung (EZLN) gar nicht erst erfassen. Aus der Perspektive der Zapatistas übersteigt der Widerstand schon längst die Grenzen eines Nationalstaates. So übersetzen die Zapatistas im Sinne einer Transkuluration westliche Sprachen in indigene Wissensgebilde und richten sich mit diesem Wissen in der Form englisch-, deutsch- und spanischsprachiger Übersetzungen an ein globales Publikum. Sie lösen verknotete Gegensatzpaare aus ihrer Perspektive von unten aus, indem sie diese kritisch hinterfragen und anfechten. Translation/Transkuluration dient somit als Vehikel um das Zentrum der Macht von der Peripherie aus herauszufordern und mit diesem in einen Aushandlungsprozess an seinen Innen- und Außengrenzen zu treten.

In ihrer umfassenden Analyse der Sprech- und Translationsstrategien von politischen Vertreter:innen der Yanomami, Waiãpi,

Kayapó und Xavante (und ihrer Dolmetscher:innen) beobachtet GRAHAM (2003, 204) eine ähnliche politische Nutzung von Sprache und Translation. Indem der Yanomami-Vertreter Davi für den Westen relevante Konzepte wie Geist (*espirito*) im Portugiesischen in politische Reden einflechtet, die zugleich bewusst gesetzte Marker für indigene Authentizität sind, werden Grenzen zwischen westlichen und indigenen Kosmovisionen überschritten. Zugleich wird ein westliches Publikum für die fundamentale Bedeutung des Territoriums als Ort, an dem Geister leben, und damit verbundene Territorialrechte sensibilisiert. GRAHAM verweist auf ALBERT (1995, 7; zit. nach GRAHAM 2003, 204), der diese wirkungsvolle transkulturelle kosmovisionsbasierte Beziehungsarbeit als »double articulation« bezeichnet und betont, der dadurch entstehende Diskurs schaffe nicht zwangsläufig eine Trennung zwischen alter und moderner politischer Führung.

Die Literaturwissenschafterin CARCELEN-ESTRADA (2010, 65) geht in ihrer Forschung zu Strategien und Ideologien der Bibelübersetzung ins Waoterero ebenso nicht von einer fest verankerten Gegensätzlichkeit aus:

> [T]he relationship between the Huaorani and other groups is not merely a top-down power relationship. Rather there is a two-way flow; herein lies a hidden form of translational resistance taking the form of silence and invisibility. (IBID, 77) [Die Beziehung zwischen den Waorani und anderen Gruppen ist nicht nur eine Machtbeziehung von oben nach unten. Vielmehr gibt es einen wechselseitigen Fluss; darin liegt eine verborgene Form des translatorischen Widerstands, der die Form von Schweigen und Unsichtbarkeit annimmt.]

Anders als MIGNOLO/SCHIWY (2003) betont sie jedoch, dass es sich um stille Opposition handle, da über Geheimnisse der Gemeinschaft vor Außenseiter:innen Stillschweigen gewahrt wird, was in indigenen Bewegungen der südamerikanischen Andenländer Widerhall findet (vgl. BRANDTS, 1977 grundlegenden Artikel zu »indigenous secrecy« sowie KOLOWRATNIK, 2022 zu Dilemmata um »secrecy« in der Beweisführung in Gerichtsverfahren). RIVAL (2015, 31) hält fest, dass die Waorani eher nach Übersetzungen fremdsprachiger Ideen und Konzepte ins Waoterero suchen als ihrerseits Elemente ihrer Kosmovision auf Spanisch verständlich zu machen. CARCELEN-ESTRADA (2010, 78) schlussfolgert, dass sich die Waorani zwar im Sinne einer *overt ideology* an westliche Einflüsse anpassen, indem sie beispielsweise Kleidung und Geschenke annehmen, dass sie jedoch verdeckt (*covert*) ihr eigenes inneres Wertesystem weiterverfolgen. Sie übersetzen sich also nur scheinbar als kulturelle Performanz auf der Ebene körperlicher Merkmale wie Gewandung:

> [They] […] know that by wearing their necklaces of jaguar teeth, their string bags, and their reed tubes filled with blowgun darts, they can move closer to the center of the layered cultural system that marginalizes them and thus win power. (IBID, 79) [Sie […] wissen, dass sie durch das Tragen ihrer Halsketten aus Jaguarzähnen, ihrer Taschen aus Palmfasern und ihrer mit Blasrohrpfeilen gefüllten Süßgräserrohre näher an das Zentrum des geschichteten kulturellen Systems heranrücken können, das sie an den Rand drängt, und so Macht gewinnen.]

Von dieser Position aus manipulieren die Waorani die Handlungen Außenstehender und können sich, so die Autorin, unübersetzte kulturelle Elemente bewahren. Umweltprobleme durch die Erdölförderung üben jedoch zunehmend Druck auf die Indigenen aus und ihre politischen Organisationen sind stark zersplittert, was gemeinsamen Widerstand gegen den Verlust ihres Territoriums erschwert (IBID, 81, 86).

Es ist zusammenfassend festzuhalten, dass im Erforschen von Dolmetschen und Übersetzen in Comunidades der Waorani von einer starren Gegenüberstellung Dominierter und Dominierender abzusehen ist. Die erörterte soziopolitische und kulturelle Verankerung von Translationshandlungen, die Translator:innen zu aktiv und sichtbar in den Kommunikationsakt eingebundenen Personen macht, sowie die sich hieraus womöglich ergebenden Möglichkeiten zum aktiven Handeln lassen ein auf einer wie auch immer auszulegenden Neutralität basierendes Translationskonzept in weite Ferne rücken. Die hier ebenfalls implizierte Unmöglichkeit eines weitgehend geeinten Agierens der an Translationshandlungen Beteiligten und die von einem westlichen Verständnis gänzlich abweichende Auffassung einer Non-professional Translation stellten sich als weitere gewichtige Ausgangspunkte heraus.

2. Kolonialisierung von Land und Sprache

Die mannigfaltigen Interessen an den unter dem Dickicht des Regenwaldes verborgenen Ressourcen riefen stets schwerwiegende Auseinandersetzungen und Spannungen sowie forcierte kulturelle Assimilierungs- und Wandlungsprozesse hervor, die sich bis in die Gegenwart fortsetzen. Auch die Geschichte der Waorani ist durch Fremdinteressen an den in ihrem Territorium befindlichen Rohstoffen gekennzeichnet. Sie sind die Fortsetzung einer seit jeher auf dem Kontinent stattfindenden Ausbeutung und zeigen sich allerorts: In den lärmenden Straßen, die als brutale Schneisen in das fragile Ökosystem des Regenwaldes geschlagen werden und die für die in Abgeschiedenheit lebenden Tagaeri-Taromenani und für viele Wildtiere unüberwindliche Barrieren darstellen; in den Ölleitungen, die sich neben der Straße durch die Landschaft schlängeln und die von den Bewohner:innen Amazoniens ironisch »Spaghetti« genannt werden; in den die Nacht erhellenden Flammen der Hochfackeln, wo die als Nebenprodukte der Rohölförderung entstehenden Gase abgefackelt werden und schließlich im leisen Verschwinden ganzer Kulturen durch Ethnozid, Krankheiten und Armut.

2.1 Von der Erschließung eines Mythos zu gegenwärtigen Förderplänen

Das abgeschiedene immergrüne Amazonien, sagenumwobenes *País de la canela* (Land der Zimtbäume) wurde zur Zeit der *Conquista* und des Aufbaus der Kolonialreiche (1492–1570; RINKE 2010, 22–37) als Quelle unversiegbaren Reichtums mystifiziert. Erzählungen über ein im Amazonasbecken verborgenes und von den Spaniern *El Dorado* genanntes Königreich, dessen Herrscher sich mit Gold bestäubte, befeuerten die Expeditionen von de Añasco und de Tapia von Quito aus ins südliche Kolumbien. Diese kehrten jedoch ermüdet und enttäuscht ob der Unauffindbarkeit der erwarteten Schätze zurück (CUESTA 1999, 33; GARCÍA 1999, 11). De Pineda unternahm 1538 mit

130 Spaniern und indigener Dienerschaft die erste große Expedition im heutigen Ecuador, musste jedoch ebenfalls umkehren. Orellana, der im Zuge einer von Pizarro mit 300 Männern sowie 4.000 indigenen Dienern organisierten Expedition 1541 von Quito aufgebrochen war, erreichte 1542 über den Río Napo den Amazonas und nach einer Reise von etwa 5.500 km im heutigen Venezuela den Atlantischen Ozean (IBID, 12; 14f). Spracherwerb und Translation spielten in erzwungenen Kontakten und Unterwerfungen Indigener eine wesentliche Rolle. GREENBLATT (1998, 183–227) analysiert Kultur- und Sprachmittler:innen wie Malintzin oder Jerónimo Aguilar, Dolmetscher:innen des Hernán Cortés.

Mit dem Aufbau der Kolonialreiche nahm der Einfluss des Klerus zu: Franziskaner-, Mercedarier-, Dominikaner-, Augustiner- und Jesuitenorden bestimmten Staatsapparat und Bildungswesen. DE LAS CASAS, der 1493 die ersten von Kolumbus geraubten Indigenen gesehen hatte, reiste 1502 in die eroberten Gebiete und wurde zum wortgewaltigen Verteidiger indigener Rechte (HUERGA 1998, 327f). Mit der sukzessiven Eroberung und Gründung neuer Siedlungen begannen Missionare ihre Tätigkeit auch unter den Indigenen Amazoniens. Sie vereinten zuvor weitgehend getrennt oder in Feindschaft lebende Völker und nutzten Kichwa als Verkehrs- und Kommunikationssprache. Während davon ausgegangen wird, dass es zu Beginn der Missionstätigkeit etwa 40 aktiv gesprochene indigene Sprachen in Ecuadors Amazonasregion gab, haben lediglich zehn überlebt (KLÉBER 2001, 22). Zudem wurde, obgleich auch vor der Eroberung interethnische Fehden auftraten, das Ausmaß an Gewalt gegenüber Indigenen Amazoniens und zwischen Gemeinschaften u. a. durch Zugang zu Technologie wie Feuerwaffen größer (ROBARCHEK/ROBARCHEK 1992, 197).

Widerstand gegen den Raubbau am Territorium erfolgte durch Verweigerung von Volkszählungen, Aufstände und Viehdiebstahl (ORTÍZ 2010, 464). Zudem erschwerte die Geographie Amazoniens Langzeiteinfälle (ROBARCHEK/ROBARCHEK 1992, 197). Mit der Vertreibung der Jesuiten (1767) und der Unabhängigkeit Ecuadors (1822) nahmen die ohnehin sporadischen Kontrollen des Adels weiter ab. Unter der 1830 konstituierten Regierung der Republik bis zum Wiederaufleben der Missionstätigkeiten im Jahre 1870 wurde Amazonien von Soldaten, Händlern und einigen Priestern aufgesucht, die weitgehend unkontrolliert agierten. Das Staatsinteresse beschränkte sich auf Einhebung von Tributzahlungen, die Indigene in Gold leisten mussten (MURATORIO 1998, 123).

Ab 1850 begann bedingt durch den Bedarf der Industrie in Europa und den USA der Kautschukboom in Amazonien. Gesetze förderten die europäische Einwanderung in die Region, die als verlassenes Gebiet galt und deren indigenen Bewohner:innen die Zentralregierung jegliches Mensch-Sein absprach (CHIRIF 2012, 23). Ecuadors Amazonasindigene wurden von Abenteurern und Händlern zur Kautschuksuche herangezogen; Chinarinde, Gold, Zuckerrohr und Felle vermarktet:

> From the late 1800s through the 1920s native peoples of the Upper Amazon experienced war and atrocity; they were pitted against one another and removed from their territories. Many fled to the refuge zones beyond control of the rubber Barons and their guerilla enslavement squads. (WHITTEN 1978, 49)
> [Vom Ende des 19. Jahrhunderts bis in die 1920er Jahre erlebten die angestammten Bewohner:innen des oberen Amazonasgebietes Krieg und Gräueltaten; sie wurden gegeneinander ausgespielt und aus ihren Territorien vertrieben. Viele flohen in Zufluchtsgebiete, die sich der Kontrolle der Kautschukbarone und ihrer Guerilla-Versklavungstruppen entzogen.]

Diese widrigen Lebensumstände riefen in den Folgejahrzehnten indigene Aufstände hervor, wie die Rebellion gegen die Fremdbeeinflussung durch die Jesuiten in Tena-Archidona (1892). Scheinbare Ergebenheit erwies sich Indigenen als Widerstandtaktik gegen weiße Bevormundung (MURATORIO 1998, 143; 145ff; TRUJILLO 2001, 22).

Ab den 1920er-Jahren begannen evangelische Missionare und die katholische *Misión Josefina* ihre Arbeit in Amazonien (CABODEVILLA 1994, 249). Eine Rezession als Folge der Weltwirtschaftskrise wirkte sich in den 1930er-Jahren negativ auf die auf Kakaoexport basierende Wirtschaft aus. Kaum hatte sich Amazonien vom Kautschukboom erholt, wurde es vom Goldfieber befallen und Indigene wurden als Arbeitskräfte missbraucht. Im Einflussgebiet der Waorani wurden nur geringe Goldfunde verzeichnet (Feser 2000, 46) und Expeditionen mitunter durch tödliche Attacken vereitelt (Cabodevilla 1994, 192f; 236). Mit der großen Nachfrage im Zweiten Weltkrieg gewann der Kautschukhandel erneut an Aufschwung (ibid, 225; Varea/Ortíz 1995, 76f). Zudem war Amazonien gegen Ende der 1930er-Jahre von Erdölexplorationen und einziehenden Siedler:innen aus verarmten Gebieten betroffen. 1941 fiel Peru über Flussrouten der Kautschukbarone ein und annektierte die Hälfte der Region (Whitten 1978, 49f).

Dem Interesse des Konzerns Shell entsprechend, war die Straße nach Puyo im Amazonastiefland bereits 1947 fertiggestellt worden (Muratorio 1998, 274). In den 1960er Jahren wurde die Entwicklung durch weiteren Ausbau des Straßennetzes, eine Agrarreform, Modernisierung des Staatsapparats sowie beginnende Industrialisierung gefördert (Cabodevilla 1994, 341). Die erste Konzession zur Ölförderung im Amazonasgebiet wurde in den 1930er-Jahren an das US-amerikanische Unternehmen *Shell Oil* vergeben. 1964 wurde eine Fläche von 1,43 Millionen Hektar an den Konzern Texaco-Gulf abgetreten, der 1967 in der Lagerstätte *Lago Agrio* mit der Erdölförderung begann (Stoll 1985, 421f; Narváez 2009a, 91). Ab den 1970er-Jahren wurde Ecuadors Wirtschaft und damit auch die Bewohner:innen zunehmend von kapitalistischen Strömungen beeinflusst (Narváez 1996, 14). Das in Amazonien entdeckte Erdöl löste die Banane als Hauptexportprodukt ab. Der Beitritt zur OPEC erfolgte. Eine Straße verband Quito mit der Erdölboomstadt Coca und die erste transecuadorianische Pipeline wurde gebaut, um Rohöl aus Amazonien über die Anden an die Pazifikküste zu pumpen und von dort zu verschiffen (Cabodevilla 1994, 341f; 383).

Mit der Förderung der Erdölreserven durch an das US-amerikanische Konsortium Texaco-Gulf (heute Chevron) vergebene Konzessionsverträge (1964–1990) wurde Amazonien zur strategisch bedeutsamsten Region für die nationale Wirtschaft. Ecuador konnte sich am internationalen Markt behaupten und gewann an Attraktivität für ausländische Investor:innen und Banken (ACOSTA 2003, 19; NARVÁEZ 2008, 260). Durch die boomende Erdölwirtschaft kletterte das Gesamtexportvolumen von 199 Millionen Dollar (1971) auf über zweieinhalb Milliarden Dollar (1981). In derselben Zeit stieg das Bruttoinlandsprodukt von etwa eineinhalb Milliarden Dollar auf fast 14 Milliarden Dollar (ACOSTA, 2003). Auch danach blieb die Abhängigkeit vom Erdöl bestehen und Exportprodukte wie Thunfisch, Shrimps oder Blumen, allesamt ebenfalls Rohmaterialien, bestimmten die Wirtschaft. Zudem importierte Ecuador mangels weiterverarbeitender Industrien raffiniertes Erdöl, um die Energieversorgung sicherzustellen, was sich ab 1971 als schwerwiegendes Problem herauskristallisierte. Der Energieverbrauch überstieg die geförderte und exportierte Rohölmenge, Abholzung und Umweltverschmutzung hatten stark zugenommen und es gab keine Gesetze für den Umweltschutz (GORDILLO 2004, 48f). Unter diesen Vorzeichen sind die Verstaatlichung und Gründung eines staatlichen Erdölunternehmens sowie die Anerkennung der dauerhaften Souveränität über die Bodenschätze in der UN-Resolution 1803 aus dem Jahre 1962 als Errungenschaften zu sehen (RUIZ 2013, 32f).

Mit dem Boom wandelte sich zunehmend das Bewusstsein des Staates gegenüber der Hinterhofregion Amazonien: »Ecuador fue, es y será un país amazónico« (FUNDACIÓN SINCHI SACHA 2007, 42) [Ecuador war, ist und bleibt ein amazonisches Land]. Die Mehrheit der Bürger:innen zogen jedoch kaum Vorteile aus dieser Gesinnungswandlung. Stattdessen waren die auf regionalökonomischer Ebene ausgegliederten indigenen Gemeinschaften gravierenden kapitalistischen Einflussfaktoren ausgesetzt, die der Staat kaum abfederte (IBID, 5). NARVÁEZ (1996, 14) führt die Machtposition von Missionen und später der Erdölunternehmen in den indigenen Gemeinschaften Amazoniens darauf zurück, dass die Integration der Region in den Nationalstaat bis in die 1950er-Jahre in geringem Ausmaß erfolgte. Amazonien galt als »tierra baldía« [Brachland] und »tierra de nadie« [Niemandsland] (IBID 2008, 274). So spielte der Staat durch strategische Politiken eine bedeutende Rolle in der Kolonialisierung Amazoniens zur Erschließung, Integration, Besiedlung und Ausbeutung, gab zugleich aber einen großen Teil der Verantwortung an Erdölunternehmen ab (Cuesta 1999, 36). Diese Abwesenheit und das Fehlen eines rechtlich-politischen Regelwerkes für die extraktiven Tätigkeiten führten zu drastischen Eingriffen in die Rechte und das Land der Indigenen Amazoniens (Narváez 2008, 261).

Mit den ersten indigenen Organisationen in den 1980er-Jahren, dem Einfluss ihrer Berater:innen, Geldgeber:innen und Vertreter:innen ökologischer Bewegungen sowie der katholischen Missionen und Siedler:innen stieg der Widerstand gegen die unkontrollierte Erdölförderung (Cabodevilla 2004, 80f). Dadurch veränderte sich der Blick auf die Indigenen und diese wurden von »seres invisibles« [unsichtbaren Wesen] zu »ciudadanos étnicos« [ethnisch begründeten Bürger:innen] (Trujillo 2001, 23) mit Territorien und politischer Macht. Mit dem Ende der 1990er-Jahre bewirkten der kontinuierliche Rückgang der Ölpreise und Infrastrukturschäden durch *El-Niño*-Phänomene eine schwere Wirtschaftsrezession. Die folgende Inflation führte im Jahre 2000 zur Einführung des US-Dollars. Nach der Dollarisierung weitete der Staat die Ölexporte durch direkte ausländische Investitionen aus, förderte neue Reserven im zentralamazonischen Tiefland, veranlasste den Bau einer neuen Schwerölpipeline sowie die Exploration weiterer unberührter Waldgebiete in der Region des Yasuní-Nationalparks und Biosphärenreservats im Territorium der Waorani (Rival 2012, 152f).

Der Regierungsantritt des Wirtschaftswissenschaftlers Correa im Jahr 2007 ließ auf ein neues Wirtschaftsparadigma und eine politische Umstrukturierung zu Lasten der privilegierten Oberschicht hoffen (Narváez 2009b, 6). Pástor, ehemaliger Minister für nicht-erneuerbare Energien und ehemaliger Botschafter Ecuadors in Österreich, verkündete jedoch 2011, die bestehende Ölproduktion durch Abgabe von Förderlizenzen des staatlichen Konzerns Petroecuador an ausländische Unternehmen ankurbeln zu wollen. Zudem wurden die marginalen Förderblöcke der *X Ronda de Negociaciones* und die Blöcke im südlichen Amazonastiefland Ecuadors im Rahmen der *XI Ronda* für Exploration und Ausbeutung ausgeschrieben (Iturralde 2013, 141f).

2. Kolonialisierung von Land und Sprache

Zusätzlich entwickelte sich ein Konflikt um die Ölfelder *Ishpingo-Tambococha-Tiputini* (ITT) im Block 43 im Yasuní-Nationalpark. Bereits in den 1990er-Jahren hatten zivilgesellschaftliche Bewegungen eine Idee entwickelt, die von der Regierung aufgegriffen und unter dem Namen *Iniciativa Yasuní-ITT* vorangetrieben wurde (RIVAL 2012, 152). Correa brachte 2007 vor der Generalversammlung der Vereinten Nationen den Vorschlag ein, dass Ecuador die erwiesenen Reserven in der Höhe von 846 Millionen Barrel Rohöl in den ITT-Feldern, 20 % der Gesamtreserven des Landes, unter der Erde belassen würde, wodurch 407 Millionen Tonnen CO_2-Emissionen eingespart werden könnten. Im Gegenzug sollte die internationale Gemeinschaft für die Hälfte der aus der Förderung dieses Öls zu erwirtschaftenden Einnahmen aufkommen und Ausgleichzahlungen in der Höhe von insgesamt 3,6 Milliarden Dollar in einen vom Entwicklungsprogramm der Vereinten Nationen (UNDP) verwalteten Treuhandfonds leisten. Die Unterstützungszahlungen blieben aus, sodass Correa im August 2013 das Ende der Initiative verkündete, um zur Förderung der Reserven überzugehen (CABELLOS, 2010; KORAK/PICHILINGUE 2014, 17). Correa beteuerte, keine neuen Straßen in den Wald zu schlagen, tatsächlich baute Petroamazonas aber bereits 2012 eine 19 km lange Zugangsstraße zum direkt neben dem Block 43 liegenden Block 31 (HILL, 2013). Zeitgleich zur Werbung für die Yasuní ITT-Initiative hatte die Correa-Regierung mit der chinesischen Entwicklungsbank um das Rohöl aus dem ITT verhandelt (HILL, 2014). Nachdem die Initiative zunächst damit warb, dass sich im Yasuní in Abgeschiedenheit lebende Indigene der Tagaeri-Taromenani befinden, veröffentlichte die Regierung im August 2013 eine Landkarte. Auf dieser waren die Kennzeichnungen für die Präsenz umherschweifender Tagaeri-Taromenani so modifiziert worden, dass sie sich nicht mehr mit den Erdölkonzessionen kreuzten. (PICHILINGUE, 2021).

Nach der Entscheidung zur Öffnung des ITT formierte sich das Kollektiv *YASunidos*, ein auch international aktiver Zusammenschluss aus Vertreter:innen der Zivilgesellschaft wie Schüler:innen, Studierenden oder Aktivist:innen. Es trat dafür ein, dass die gesamte

Bevölkerung Ecuadors über Förderung oder Nichtförderung per Volksbefragung entscheidet. Laut ecuadorianischem Gesetz sind dafür Unterschriften von 583.000 Wähler:innen zu sammeln. 756.623 Unterschriften auf Formularen – laut manchen Quellen sogar an die 900.000 Unterschriften – trafen bei der nationalen Wahlbehörde ein. Diese erklärte mehr als die Hälfte für ungültig und machte die Volksbefragung unmöglich (PICHILINGUE/KORAK 2015, 203). Bei der von mir organisierten Veranstaltungsreihe »Amazonien: Was soll uns bleiben?« wurde berichtet, dass Formulare für ungültig erklärt wurden, wenn sie Flecken aufwiesen oder weil mit schwarzem anstatt blauem Kugelschreiber unterschrieben worden war (MOSER, 2014; zu weiteren Rechtswidrigkeiten bei der Aberkennung, vgl. SARMIENTO, 2021). Im September 2022 entschied das *Tribunal Contencioso Electoral* zu Gunsten der YASunidos, dass das Recht auf ein ordnungsgemäßes Verfahren verletzt worden war (VARAS, 2022).

Am 07. September 2016 verkündete die ecuadorianische Regierung, 12 Schächte im Tiputini-Feld im Block 43 (ITT) zur Förderung zu öffnen (EL UNIVERSO, 2016). Im April 2017 wurde Moreno, der wie Correa der Partei *Alianza País* angehört, mit geringem Abstand vor dem rechtsgerichteten Lasso zum Präsidenten gewählt (GONZÁLEZ, 2017). Im Jänner 2018 begann Petroamazonas im Tambococha-Feld im Block 43 (ITT) Öl zu fördern (EL COMERCIO, 2018). Im April 2022 setzte die Förderung im Ishpingo-Feld ein. Der damalige Präsident Lasso benannte das Minsterium für Energie um in *Ministerio de Energía y Minas*, was ahnen lässt, dass die nächsten Schritte Richtung Bergbau gehen sollten (EL COMERCIO, 2022a). Lasso löste schließlich im Mai 2023 das Parlament auf, um einem Amtsenthebungsverfahren zu entgehen (SCHÜTZHOFER, 2023). Aus den durch diesen Schritt notwendigen Präsidentschaftswahlen ging im Oktober 2023 der liberal-konservative Daniel Noboa per Stichwahl als neuer Präsident hervor. Durch die Parlamentsauflösung wird er voraussichtlich nur bis zu den Wahlen im Mai 2025 im aktuell von einer schweren Wirtschaftskrise und dem drastischen Anstieg von Drogen- und Bandenkriminalität betroffenen Ecuador regieren (BRÜHWILLER, 2023).

2. Kolonialisierung von Land und Sprache

Inmitten schwerwiegender Krisen konnten die YASunidos dennoch am 09. Mai 2023 einen gewichtigen Sieg erzielen. Fast zehn Jahre nach der Abweisung der Volksabstimmung urteilte der Verfassungsgerichtshof, das staatliche Handeln habe die Ausübung des Rechts auf Partizipation verhindert und ordnete mit 20. August 2023 eine Volksabstimmung über den Verbleib des Erdöls im Block 43 im Boden an (Vega 2023, 6). In dieser stimmten schließlich 58,97 % der Ecuadorianer:innen dafür, das Erdöl im Block 43 (ITT) nicht zu fördern, womit dem Staat eine einjährige Frist gesetzt wurde, um bereits bestehende Förderung zu beenden. Diese Entwicklungen lassen auf politische Schritte in der Region in Richtung Post-Extraktivismus hoffen. Eine ähnliche Entscheidung für die an den Yasuní angrenzenden Gebiete auf peruanischer Seite, in denen wie im Yasuní in Abgeschiedenheit lebende Familiengruppen der Waorani leben, ist jedoch ausständig. Indigene Organisationen wie ORPIO oder AIDESEP regten diesbezüglich unterstützt durch die Allianz Cuencas Sagradas die Schaffung des binationalen Korridors *Reserva Napo-Tigre* an (benannt nach den jeweiligen Flüssen in Ecuador und Peru). Nach 20 Jahren hatte Peru 2022 zumindest die Existenz in Abgeschiedenheit lebender Indigener der zu den Waorani zählenden Tagaeri-Taromenani sowie der Aewa, Sapara und Taushiro in diesen Gebieten anerkannt (Pichilingue/Loayza, 2023).

Da die Erdölreserven in Ecuador zu Neige gehen, wird eine Suche nach alternativen Einkommensquellen umso dringlicher. Konkrete Vorschläge beinhaltete der von der Menschenrechtsorganisation CDES veröffentlichte Plan C, eine umsetzbare und realistische Alternative zur Förderung des ITT-Blockes. Dieser rechnet vor, dass mit einer äußerst geringen Anhebung von 1,5 % der Steuern und Abgabenlasten für die 110 größten multinationalen Unternehmen im Land um zwei Milliarden Dollar mehr Einnahmen erzielt werden könnten als durch die Förderung des ITT-Blockes (Centro de Derechos Económicos y Sociales, 2013; siehe auch Nuñez/Aguirre/Sánchez/Ibarra, 2023).

Im Allgemeinen ist der Norden des ecuadorianischen Amazoniens, in dem Gemeinschaften der Kichwa, Shuar und Waorani sowie das

Territorium der Cofán, Siona, Secoya liegen, seit den 1970er-Jahren von der Erdölförderung betroffen. Aufgrund der Marginalisierung indigener Gemeinschaften und da die politischen Organisationen zu diesem Zeitpunkt im Entstehen waren und, formierte sich erst nach der Entdeckung verheerender Umweltschäden Widerstand. Das SIL, das neben den Waorani auch die Cofanes für den neuen Glauben instrumentalisierte, wird als weiterer schwächender Faktor genannt. In Teilen des Südens in Ecuadors Amazonien begann die Erdölförderung erst in den 1990er-Jahren. Diese traf auf Widerstand durch bereits gesetztere indigene Bewegungen, wie jene der Shuar und Achuar. Die Organisationen der Shuar und Kichwa Nordamazoniens suchen aufgrund ihrer langjährigen Erfahrungen mit dem Ressourcenabbau einen Kurs der Vereinbarkeit von Förderung und indigenem Land, während die Kichwa-Indigenen der Gemeinschaft Sarayaku sowie die Shuar und Achuar Südamazoniens den Raubbau weiterhin vehement ablehnen, was u. a. Spaltungen innerhalb der Dachorganisationen CONFENIAE und COICA hervorrief (FELDT 2008, 44). Von den Aktionen gegen die Erdölförderung durch Indigene und Zivilgesellschaft sind u. a. der Widerstand der Sarayaku (GUALINGA, 2008) oder der langjährige Rechtsstreit gegen den Konzern Chevron (NORTH, 2015) hervorzuheben.

Inmitten der Manipulationen und Machtkämpfen in Ecuadors Amazonien kommt dem Staat eine zentrale Verantwortlichkeit in den sozialökologischen Konflikten zu:

> Through its property and usufruct rights to non-renewable resources; its custodian responsibilities to parks, protected areas and partially developed indigenous lands; and, finally its dependency on foreign and private enterprises to both generate fiscal revenues and organize the Oriente's economic and social development, the Ecuadorian state and its contradictory policies have led to serious tensions between groups of actors at various scales. (RIVAL 2012, 154) [Der ecuadorianische Staat und seine widersprüchliche Politik haben durch ihre Eigentums- und Nutzungsrechte an nicht erneuerbaren

Ressourcen; die Übernahme der Verantwortlichkeiten für Parks, Schutzgebiete und teilweise erschlossenes indigenes Land und schließlich die Abhängigkeit von ausländischen und privaten Unternehmen, die sowohl Steuereinnahmen generieren als auch die wirtschaftliche und soziale Entwicklung des *Oriente* organisieren, ernsthafte Spannungen zwischen Akteur:innen auf verschiedenen Ebenen hervorgerufen.]

Die hier skizzierte Schwierigkeit oder gar Unmöglichkeit der Vereinbarkeit der Erdölförderung mit der Wahrung von Biodiversität und indigenen Rechten kann auf die Entwicklungen im ganzen Amazonasgebiet Lateinamerikas umgelegt werden. Dieses Konfliktszenario bildet den Hintergrund meiner Analyse des Einwirkens von Akteur:innen mit vielschichtigen Interessen auf Sprach- und Kulturmittlungshandlungen in Comunidades der Waorani.

2.2 Eine Repräsentation der Waorani – aber wie?

Jeder Versuch einer ethnographischen Darstellung mündet unweigerlich in die *Writing Culture*-Debatte (u. a. CLIFFORD/MARCUS, 1986). Ethnographien als schriftliche Repräsentation, als Übersetzung von Kulturen (ASAD 1993, 300), bergen weit mehr als sprachliche Probleme:

>»Cultures« do not hold still for their portraits. Attempts to make them do so always involve simplification and exclusion, selection of a temporal focus, the construction of a particular self-other relationship, and the imposition or negotiation of a power relationship. (CLIFFORD 1986, 10) [»Kulturen« halten nicht still für Porträts. Jeder Versuch, sie zum Stillstand zu bringen, beinhaltet immer Vereinfachung und Ausschluss, die Wahl eines zeitlichen Schwerpunkts, die Konstruktion einer bestimmten Beziehung zwischen dem Selbst und dem Anderen und die Auferlegung oder Aushandlung eines Machtverhältnisses.]

TYLER (1993, 288f) begreift auf ähnliche Weise Repräsentationen als monologisches Sprechen von Kulturanthropolog:innen für erforschte Gemeinschaften und somit als Akte politischer Repression. Die asymmetrische Position zwischen Forschenden und Beforschten rückt also soziale und machtbedingte Aspekte in den Vordergrund (ASAD 1993, 311; 319). CRAPANZANO (1986, 74) folgert hieraus, es gäbe kein tiefes Verstehen aus Sicht der Erforschten: »There is only the constructed understanding of the constructed native's constructed point of view« [Es gibt nur das konstruierte Verstehen des konstruierten Standpunkts der konstruierten Einheimischen]. Wie kann also der Ursprung der Waorani mit ihrer Fülle an Kosmovision aus Sicht einer westlichen Wissenschaftlerin für westliches Publikum geschildert werden? Wird die Darstellung durch diese unumgehbare Perspektive nicht verkürzt, ernüchtert und gewaltsam auf fassbare Fakten, Zahlen und Daten beschränkt?

Bei jedweder Repräsentation der Waorani ist zusätzlich zu diesen Aspekten zu berücksichtigen, dass die Indigenen eine Vielzahl an Zuschreibungen in Filmen, Büchern und in der allgemeinen Wahrnehmung in und außerhalb Ecuadors erfahren. GONDECKIS (2015) Analyse medialer Repräsentationen der Waorani ergibt folgende Projektionen:

> Wilde Aucas und gewalttätige Krieger[,] zum Christentum bekehrte Wilde[,] heroische Widerstandskämpfer[,] edle Wilde und ökologische Indigene[,] Schützer und Hüter des Paradieses Yasuní[,] bedrohtes Volk und Opfer des Fortschritts[,] Überlebenskünstler und Survival-Experten[,] exotische Fremde und archaische Steinzeitmenschen. (IBID, 174–196)

Diese Zuschreibungen beruhen oftmals auf »Sensationalismus, Exotisierung, Dramatisierung, Essentialisierung, Stereotypisierung, Romantisierung, Ökologisierung, Idealisierung und Diskriminierung« (IBID). Bei einer geschichtlichen Erfassung der Waorani ist zu den Fragen der

Krise der Repräsentation zu bedenken, dass aufgrund unterschiedlicher Gepflogenheiten und Bräuche in den Familiengruppen der Waorani eine Generalisierung ihrer kulturellen Praktiken nicht möglich ist (CIPOLLETTI 2002, 121; CABODEVILLA 1994, 215).

Der Wao Fabian Ima gewährt in seinem dreisprachigen Werk zu den Geschichten der Waorani einen emischen Eindruck von den Ursprüngen der Waorani:

> Se cuenta que una vez la anaconda estaba recibiendo sol en una playa muy grande y que apareció un águila que la aprisionó entre sus garras. La anaconda entonces intentó escapar sin lograrlo. [E]l águila la destrozó partiéndola por la mitad. De la parte superior de la cabeza, salieron las mujeres y de la cola los hombres. [A]sí se formó el pueblo Wao. (IMA 2010, 24) [Die Geschichte besagt, dass sich die Anakonda einst an einem sehr großen Strand sonnte, als ein Adler auftauchte und sie mit seinen Krallen erfasste. Die Anakonda versuchte daraufhin zu entkommen, was ihr nicht gelang. Der Adler riss sie in zwei Hälften. Aus dem oberen Teil, dem Kopf, gingen die Frauen hervor und aus dem hinteren Teil die Männer. So entstanden die Waorani.]

Laut RIVAL (2015, 31) ist das Buch von IMA (2010) sowohl das erste von einem Wao geschriebene Buch als auch das erste Werk, das den Ursprung der Waorani aus einer indigenen Perspektive präsentiert. Wie das Forschungsfeld selbst ist jedoch auch die emische Darstellung der Waorani von zahlreichen Machtkonstellationen durchzogen, die zwar ins Bewusstsein gebracht, aber nicht aufgelöst werden können.

2.3 Geboren aus einer Anakonda, bedrängt von Menschenfresser:innen

Die Waorani, die in der von IMA (2010) verschriftlichten Erzählung aus einer Anakonda hervorgehen und die Erde bevölkern, werden in westlichen Beschreibungen als Gruppen von Familien bezeichnet, deren Sprache, Bauart ihrer Häuser, Fabrikation von Kriegs- und Jagdwerkzeugen und Ressourcennutzung sich von anderen indigenen Völkern unterscheidet (CHÁVEZ/MELO 2005, 107). Die Waorani bewegten sich in einem weitläufigen Territorium von etwa 2 Mio. Hektar zwischen den Flüssen Doroboro (Waoterero für Napo) und Ewengono (Waoterero für Curaray). Ihre Sprache Waoterero gilt als isolierte Sprache und weist keine nachgewiesenen Verbindungen zu anderen Sprachfamilien und Sprachen auf (ZERRIES 1983, 180; YOST 1991, 97; KAIRSKI 1998, 34; CIPOLLETTI 2002, 114; CHÁVEZ/MELO 2005, 106; FABRE 2005, 1). Laut PEEKE (1968, 8) existierten im Waoterero zur Zeit des Erstkontaktes nur zwei Lehnworte aus anderen Sprachen. Zudem betreiben die Waorani keinerlei Handel (RIVAL 1996, 24). Alicia Hueiya Kawiya berichtete mir jedoch, sie hätte auf einer Konferenz mit einer Indigenen aus Brasilien einige Worte wie die Bezeichnung für *Yuca* in ihren Sprachen wechseln können. Sprachlich-kulturelle Verbindungen zwischen Waoterero und anderen indigenen Sprachen Südamerikas könnten daher durchaus bestehen (Skypegespräch, 28.05.2015).

Mögliche Beziehungen zu anderen Sprachen sind im Hinblick auf die These (CIPOLLETTI 2002, 114f; auch ZERRIES 1983, 180; FESER 2000, 39) relevant, die Waorani seien aus Vermischung mehrerer umherschweifender Gruppen entstanden, die sich dem Einfluss der Missionen (wie den Jesuit:innen, die 1767 aus Ecuador vertrieben wurden) entzogen. Diese Gruppen suchten vor dem Einfluss der Ordensgemeinschaft in entlegenen Nischengebieten Amazoniens Schutz. Ihre Zurückgezogenheit und Gewaltbereitschaft sei auf ihre kontinuierliche Flucht und Verteidigung ihrer Gebiete gegenüber anderen Gruppen zurückzuführen. Die Waorani hätten sehr wohl vor dem Erstkontakt bereits erbeutete Dinge wie Messer, Macheten, Kanus oder Streichhölzer verwendet. Einige Objekte wurden als Trophäen aufbewahrt und die Verwendung westlicher Kleidung hatte symbolischen Wert. Zudem raubten sie mehrere Frauen. Die Idee einer vollkommenen biologischen und kulturellen Isolierung der Waorani ist demnach zu überdenken (IBID; COLLEONI 2016, 81). Durch die fortschreitende Erschließung Amazoniens kann weder für Indigene in Abgeschiedenheit noch für Indigene mit rezentem Kontakt wie die Waorani eine vollkommene Abgetrenntheit von Geschehnissen angenommen werden:

> [N]o existen pueblos que viven completamente al margen de dinámicas regionales; por el contrario saben lo que sucede a su alrededor y son precisamente las experiencias de contacto traumáticas que han tenido en el pasado y que afrontan ahora las nuevas generaciones las que explican su aislamiento. (HUERTAS 2010, 6) [Es gibt keine Völker, die vollkommen abseits regionaler Dynamiken leben; im Gegenteil, sie wissen, was um sie herum geschieht. So sind es vor allem die traumatischen Erfahrungen vergangener Kontakte und jene, die die neuen Generationen durchleben, die ihre Isolation erklären.]

Nach FESER (2000, 39) könnten die Waorani aufgrund der abgeschiedenen und interfluvialen Lebensweise erst Ende des 19. Jahrhunderts bis fast zur Mitte des 20. Jahrhundert in ihr derzeitiges Territorium gelangt sein und in der heutigen Yasuní-Region entlang der Flüsse Yasuní, Tiputini und Cononaco lebende Völker verdrängt haben (auch WHITTEN 1978, 42; CABODEVILLA 1994, 164f; 168–171). Laut FUNDACIÓN SINCHI SACHA (2007, 22) stammt der erste Bericht zu den Waorani aus 1605, als der Jesuit Rafael Ferrer die Abijirias kontaktierte; SANTOS (1996, 11) datiert die erste Reise der Jesuiten auf 1658. Die Waorani wurden aufgrund ihrer gedehnten Ohrlöcher auch für Koto-Indigene gehalten, *Orejones* im Spanischen (ZERRIES 1983, 182). Weitere Bezeichnungen sind *Sabela*, *Oas* und *Pucachaquis* (BAUMANN/ PATZELT 1983, 26f; CABODEVILLA 1994, 457f). Zudem wurden sie nach Flüssen benannt, in deren Nähe man sie antraf: *Shiripunos*, *Cononacos* (FESER 2000, 39) oder *Tivacunos* (CABODEVILLA 2010, 38). Verwechslungen mit den ausgestorbenen und vermutlich auch durch

Kriegszüge der Waorani getöteten Aushiri oder Abijiria traten auf (Feser 2000, 39; Blomberg 1996, 7; Cabodevilla 1994, 256; Rival 1994, 258; 266; Muratorio 1998, 202; Cipolletti 2002, 114).

Mit dem Kautschukboom entstanden Haciendas, Militärlager und Siedlungen, vor allem um Francisco de Orellana (Coca) am Río Napo (Rival 1994, 258; Ziegler-Otero 2004, 48). Kautschuksucher:innen und Arbeiter:innen drangen in die Region am rechten Napo-Ufer ein, vor der stets gewarnt wurde. Dort ansässige *Aucas* (»Wilde«, »Unzivilisierte«; Yost 1991, 97) – eine auch heute noch gebrauchte despektierliche Bezeichnung für die Waorani – würden Indigene oder Weiße mit Speeren angreifen und töten (Rivas/Lara 2001, 27). In der Forschungsliteratur und in Erzählungen setzte sich ab den 1960er-Jahren die Bezeichnung Waorani durch (Feser 2000, 34). Die Waorani bezeichnen all jene, die nicht zu ihnen zählen, als *Kowore* und glaubten, Kowore seien Nicht-Menschen oder Kannibal:innen. Hierzu gehörten Indigene wie Kichwa oder Záparos und Weiße, die sie zerstören würden, sofern sie nicht vernichtet werden (Yost 1991, 97; Trujillo 1999, 14), wobei sich diese Bedeutung mit zunehmenden Kontakten änderte (Rivas/Lara 2001, 96f). Das Ethnonym Waorani bedeutet »Menschen« (Yost 1981, 1; Stoll 1985, 402; Yost 1991, 97; Trujillo 1999, 14) bzw. »die ›echten‹ oder die ›wahren Menschen‹« (Feser 2000, 34) oder »personas o gente, especialmente los huaorani« (Peeke 1979, 13) [Personen oder Menschen, vor allem die Waorani] – eine Selbstbezeichnung, die auf die meisten Amazonasindigenen zutrifft, die jedoch wie Kowore auf gegenwärtige Gültigkeit zu überprüfen ist. Rival (2015, 250) konstatiert für die Waorani ein Leben unter der Bedrohung, von Kowore gefangen und verschlungen zu werden.

Traditionell bewohnten die autarken Gruppen zwei bis drei Langhäuser mit jeweils 30 bis 40 Personen, die sie vorwiegend auf Hügeln oder Anhöhen errichteten. Zwischen den Häusern lagen bis zu zwei Tagesmärsche. Ihre Bewohner:innen lebten vom Jagen in einem gemeinsamen Jagdgebiet und Sammeln, wenige Nutzpflanzen wurden angebaut (Rival 1996, 24). Die Familiengruppen praktizierten Endogamie, Eheschließungen außerhalb fanden etwa statt, wenn es zu wenige Frauen gab. Jede Gruppe (*Huamoni*) strebte nach interner Stabilität, Zeiten des Friedens und der Kriegsführung gegenüber anderen Gruppen (*Warani*) wechselten sich ab (RIVAL 1993, 637). Der soziale Zusammenschluss in einem gemeinsam bewohnten Haus wird von den Waorani als *Nanicabo* bezeichnet (RIVAL 1994, 260; RIVAL 1996, 132; YOST 1991, 101ff; 107f). Dies bedeutet »Gruppe« oder »Einheit« auf Waoterero und wird u. a. auf Bienenstämme angewandt. Um eine Gruppe zusammenlebender Waorani zu bezeichnen, ist der Name des Ältesten/der Ältesten hinzuzufügen. Der Nanicabo unter Ompure wird somit »Ompureiri« oder »Ompure nanicabo« genannt (RIVAL 1996, 138). Die Waorani richteten ihren ehelichen Wohnort uxorilokal aus, weshalb verheiratete Söhne meist den elterlichen Nanicabo verließen (RIVAL 1996, 138; 143; RIVAL 2015, 242–249; YOST 1991, 100; YETI/TOCARI 2012c, 354). NARVÁEZ (1996, 35) hebt hervor: »[E]l huaorani no era un pueblo ›unificado‹ ni disponía de una jefatura central que evidenciara la existencia de un orden político jerárquico«. [Die Waorani waren weder eine »geeinte« Ethnie noch wiesen sie eine zentrale Führung auf, was die Existenz einer hierarchischen politischen Ordnung bestätigen könnte]. Zudem hätte es nicht immer eine strikte Teilung in von Männern und von Frauen verrichteten Aufgaben gegeben. So jagten in manchen Gruppen Frauen oder sammelten Männer (NARVÁEZ 1996, 35). Die Waorani YETI und TOCARI (2012a, 247) merken an, dass die Zubereitung von Speisen nicht automatisch Aufgabe der Frauen sei.

Auseinandersetzungen zwischen Nanicaboiri drückten sich als Rachenehmen aus (ROBARCHEK/ROBARCHEK 1992, 194; 197; COLLEONI 2016, 81f). Nach einem Angriff verließen die Angreifer mit ihren Familien ihre Häuser und zogen sich in den Regenwald zurück, um Gegenangriffe auszuschließen. Laut CHÁVEZ (2003, 34) kann dieser Zyklus u. a. unterbrochen werden, wenn nicht erwähnt wird, wer getötet hat. BOSTER/YOST/PEEKE (2003, 478) betonen das oftmalige Fehlen eines eindeutigen Zusammenhanges zwischen dem Töten und der getöteten Person. YOST (1991, 111) hält fest, dass an *Kowore* Rache geübt wurde, wenn es keine Person gab, die beispielsweise für den

Tod eines Kindes und das damit ausgelöste Rachenehmen verantwortlich gemacht werden konnte. Erwähnenswert ist RIVALS (1994, 258) Beobachtung, die Waorani hätten kein Wort für Gewalt außer *pii*, was als *pii inte* »böse sein« bedeute und eine Breite an Emotionen von Wut, Hass aber auch Mut umfasse (GONDECKI 2015, 338f). So wird mit *pienguimamo* eine Person mit großer Lebensenergie bezeichnet (BRAVO 2021, 8).

Seit dem 19. Jahrhundert waren Kowore von Peru aus mit Kanus in das Territorium eingedrungen, wobei diese Zeit als langwieriger Krieg in das kollektive Gedächtnis der Waorani einging (CABODEVILLA 1994, 129; 131). Weitere gewaltvolle Einfälle von außen begannen ab 1938 mit dem Bau von Basislagern, dem Transport schwerer Maschinerie und Probebohrungen nach Erdöl auf dem Land der Waorani durch die *Royal Dutch Shell Company* (CABODEVILLA 1994, 285ff; MURATORIO 1998, 219–225). Ab 1947 hatte der Staat Ecuador gewaltvolle Kontakte mit den Waorani vorangetrieben. »Una guerra silenciosa« (TRUJILLO 1999, 24) [Ein stiller Krieg] zwischen Erdölunternehmen und den Indigenen begann, die Arbeiter nach Plünderungen der Camps angriffen und töteten. GONDECKIS (2015, 671f) Zusammenstellung der Gewaltausübungen von und auf die Waorani zeigt, dass es zu häufigen tödlichen Angriffen auf die Indigenen kam. Zusätzlich geschahen Zusammenstöße mit Siedler:innen (CIPOLLETTI 2002, 111). Schließlich zog sich der Konzern aus dem Territorium zurück (FRANCO 2013, 146).

2.4 Botschaft Gottes: Zwangskontaktierung und Missionierung

Die Strukturen der Waorani erleben mit der Zwangskontaktierung durch das US-amerikanische *Summer Institute of Linguistics* (SIL) und dem folgenden massiven Einzug der Erdölkonzerne in ihr Land einen tiefgreifenden Umbruch. 1930 wurden die *Wycliffe Bible Translators* ausgehend von der *Southern Baptist Convention* von William Cameron Townsend unter Mitwirkung von Richard Legster gegründet. Townsend hatte zunächst unter Indigenen Guatemalas die christliche

Doktrin durch spanischsprachige Bibeln zu verbreiten versucht (BARRIGA 1992, 45). Ab 1934 wurden Personen in einer Ranch in Arkansas dazu ausgebildet, Gruppierungen ohne Schriftsprache aufzusuchen und Teile des neuen Testamentes, Lieder und christliche Literatur in indigene Sprachen zu übersetzen. Ein paar Jahre später wurde die Organisation SIL gegründet, um der christlichen Vereinigung ein anderes äußeres Erscheinungsbild zu verleihen (CANO/NEUFELDT/SCHULZE/SCHULZE-VOGEL/GEORG/VAN DE LOO/MEENTZEN 1981, 21; 23). Das SIL erweckt den Anschein einer wissenschaftlichen Organisation, indem es Missionierung in vornehmlich linguistische Studien einbettet. Primär verfolgt die Missionsorganisation jedoch eine Politik der zweisprachigen Alphabetisierung und Evangelisierung durch Bibelübersetzungen und unterhielt in Ecuador zumindest in der Vergangenheit enge Beziehungen zu Ölkonzernen wie Texaco (CABODEVILLA 1994, 343). Im SIL-Journal *Translation* wird 1970 beschrieben, wie der konvertierte und später getötete Wao Toña per Helikopter in ein neues Gebiet gebracht wurde, um die letzten 250 »savage aucas« [wilden Aucas] zu kontaktieren: »Pray for his safety and for rapid pacification of these Indians. Within 6 months oil exploration crews will crisscross that area« (SUMMER INSTITUTE OF LINGUISTICS 1970, 12) [Betet für seine Sicherheit und die schnelle Befriedung dieser Indianer. Innerhalb von sechs Monaten werden Arbeiter für die Ölexploration dieses Gebiet durchkreuzen]. Auch TRUJILLO (1999, 13f), ZIEGLER-OTERO (2004, 5; 98), PERKINS (2004, 142), NARVÁEZ (2008, 269), VITERI (2008, 19) und MONTALUISA (2012, 269f) unterstreichen Verbindungen zwischen Staat, Erdölunternehmen und dem SIL in Ecuador. Das Agieren des SIL ermöglichte vielerorts schleichende Einführung und Anpassung Indigener an den Kapitalismus:

> Organizaciones como el ILV realizan, entonces, la parte más sutil del proceso de dominación y norteamericanización de las sociedades »subdesarrolladas«. Su prédica religiosa conservadora y la transmisión de pautas y valores propias de los Estados Unidos, han ido modelando la conciencia de los

distintos grupos indígenas, para facilitar la introducción del capitalismo, cuando no directamente, de las transnacionales. (AGENCE LATINO-AMERICAINE D'INFORMATION 1978, 122) [Organisationen wie das SIL führen den subtilsten Part in der Beherrschung und Nordamerikanisierung vermeintlich »unterentwickelter« Gesellschaften aus. Ihre konservative religiöse Predigt und die Vermittlung US-amerikanischer Normen und Werte formen das Bewusstsein indigener Gruppen, um den Einzug des Kapitalismus zu erleichtern, wenn nicht direkt jenen der transnationalen Konzerne.]

In Lateinamerika übte das SIL in den 1980er-Jahren mit in 360 Sprachen tätigen Missionar:innen, einem Flugunternehmen, einem Radiosender (Jungle Aviation and Radio Service; JAARS) sowie der Unterstützung der Regierungen immensen Einfluss aus (STOLL 1985, 18f; ZIEGLER-OTERO 2004, 52). Zahlen aus dem letzten Tätigkeitsbericht illustrieren das weltweite Agieren: im März 2022 beschäftigte SIL 4.262 Mitarbeiter:innen in 98 Ländern. Das Gros der von SIL durchgeführten »language programs« wird in Afrika umgesetzt (568), gefolgt von Asien (395), der Pazifikregion (269) und den Amerikas (195). 124 Programme bestehen in Eurasien und 62 widmen sich der internationalen Gebärdensprache (SIL INTERNATIONAL, 2022). UNESCO erteilte SIL ab 1992 konsultativen Status (WILNER 2022, 17).

Seine Aktivitäten in Ecuador beschreibt das SIL als »desarrollo comunitario« (INSTITUTO LINGÜÍSTICO DE VERANO 1990, 2) [community development] und gibt an, die Studien unter Wahrung der Identität der Indigenen durchzuführen. Zudem würde es Gemeinschaften durch Gesundheitsversorgung, Transport- und Kommunikationsmittel sowie bei der Fabrikation von Kunsthandwerk unterstützen (IBID). Diese Aktivitäten erfolgen weiterhin in den von mir besuchten Comunidades, sind aber im Hinblick auf die Umwälzungen zu hinterfragen, die im Zuge des Kontaktes erfolgten: »Through the process of conversion to Christianity itself, the missionaries are destroying a holistic world view and spiritual system that has proved itself capable of sustaining the society« (ZIEGLER-OTERO 2004, 57) [Durch den Prozess der Bekehrung zum Christentum zerstören die Missionar:innen eine ganzheitliche Weltsicht und ein spirituelles System, das sich als fähig erwiesen hat, die Gesellschaft zu erhalten]. Das SIL nutzt auch neue Medien zur Evangelisierung und lässt indigene Sprecher:innen Videos in Waoterero besprechen, wie von mehreren Interviewpartner:innen bestätigt wurde. Ausgewählte junge Einzelpersonen werden weiterhin in Mitad del Mundo nördlich von Quito vom SIL in Missionsarbeit ausgebildet. 2019 stellte das in Nordkenia die Übersetzung des neuen Testaments in die indigene Sprache Maa der Samburu fertig. Zusätzlich zur Buchversion gibt es die Bibel als Audiofile auf portablen SD-Karten (KENYA NEWS AGENCY, 2019). Eine Samburu berichtete mir von gravierenden soziokulturellen Veränderungen durch die Missionar:innen im Dorf Naiborkeju: So wurden Frauen angehalten, den traditionellen bunten Perlenschmuck nicht mehr anzufertigen, da dieser verführerisch auf Männer wirke. Zudem wurde der heilige Berg der Gemeinschaft als Ort der Götzenverehrung gebrandmarkt, was u. a. dazu führte, dass Tote nicht mehr in Richtung dieser Stätte schauend begraben werden (persönliche Kommunikation, 02. 03. 2022).

SCHIEFFELIN (2014, 229ff; 233f) beschreibt auf Basis ihrer 20-jährigen Forschung, wie fundamentalistische Evangelikale der *Asia Pacific Christian Mission* (APCM; vormals *Unevangelized Field Mission*; UFM) durch Bibelübersetzungen drastische Veränderungen in alltäglichen Sozial- und Sprachstrukturen und Handlungen der Bosavi in Papua Neuguinea hervorriefen. Das Beschreiben des Regenwalds als dunkler unheilvoller von Geistern bewohnter Ort, der gerodet und zugänglich gemacht werden müsse, veränderte grundlegende Beziehungen zum Territorium. Über den Gebrauch der indigenen Sprache für die Verbreitung neuer christlicher Werte und Lebensformen schufen die Missionar:innen starke Differenzierungen zwischen konvertierten Christ:innen, die christliche Handlungen lebten und Ansichten propagierten, und Heid:innen, die auf »Satans Seite« standen. Veränderungen in der Kosmovision wurden durch das Positionieren von Gott und Jesus hoch oben im Himmel erzielt. Vor der Kontaktierung sahen die Bosavi den Himmel als einen von den Geistern der Toten in Gestalt von Vögeln bewohnten Ort, der keine Sonderstellung einnahm, wodurch diese Neupositionierung auf ein untergebenes Aufschauen der Menschen abzielte. Apokalyptische Endzeitnarrative kennzeichneten die Erde zudem als Ort des Chaos und durch indigene Pastor:innen wurde Ablehnung gegenüber den Praktiken der Vorfahren erzeugt. Regierungsbeamte und Missionar:innen trieben in den 1960er Jahren unter Berufung auf Hygienemaßnahmen Verkleinerung der Wohnstätten der Familien und die Unterteilung in separate Räume voran. In christlichen Haushalten sollte zudem leise gesprochen, gebetet oder Kirchenlieder gesungen werden.

Seit den 1970-Jahren gibt es laute Kritik am SIL und ähnlichen Organisationen wie *New Tribes Mission*: Zahlreiche anthropologische Studien und die u. a. vom österreichischen Anthropologen Grünberg initiierte erste Deklaration von Barbados (BARTOLOMÉ/AREVELO/BONFIL/MOSONYI/BONILLA/RIVEIRO/DA SILVA/CHASE-SARDI/ROBINSON/COELHO/VÁRESE, STEFANO/MOREIRA/GRÜNBERG, 1971; HART, 1973; COMITÉ DE PROFESORES DE ANTROPOLOGÍA DE LA UNIVERSIDAD NACIONAL, 1975; COLÉGIO DE ETNÓLOGOS Y ANTROPÓLOGOS SOCIALES A. C., 1979; HVALKOF/AABY, 1981; DRUMOND, 2004; KRYSIŃSKA-KAŁUŻNA, 2016; CAPUTO-JAFFE, 2017; KUPPE, 2021) sprechen sich gegen Praktiken der Missionar:innen auf indigenem Land aus. Die Verfasser:innen der Barbados-Deklaration charakterisierten Missionstätigkeiten als koloniales Unterfangen im Einklang mit imperialistischen Interessen und stellten u. a. folgende Forderungen:

> Poner fin al robo de propiedades indígenas por parte de misiones religiosas que se apropian de su trabajo, tierras y demás recursos naturales, y a su indiferencia frente a la constante expropiación de que son objeto por parte de terceros. […] Suspender inmediatamente toda práctica de desplazamiento o concentración de poblaciones indígenas con fines de catequización o asimilación, prácticas que se reflejan en el inmediato aumento de la morbilidad, la mortalidad y la

descomposición familiar de las comunidades indígenas. (Bartolomé/Arevelo/Bonfil/Mosonyi/Bonilla/Riveiro/da Silva/Chase-Sardi/Robinson/Coelho/Várese, Stefano/Moreira/Grünberg, 1971, 3) [Schluss mit dem Diebstahl indigenen Eigentums durch religiöse Missionen, die sich ihre Arbeitskraft, ihr Land und andere natürliche Ressourcen zu eigen machen, und mit ihrer Gleichgültigkeit gegenüber der ständigen Enteignung durch Dritte. […] Sofortige Beendigung aller Praktiken der Vertreibung oder Konzentration der indigenen Bevölkerung zum Zwecke der Katechisierung oder Assimilierung; Praktiken, die sich in einem unmittelbaren Anstieg der Morbidität, Mortalität und Zersplitterung der Familien in den indigenen Gemeinschaften niederschlagen.]

Proteste und gesellschaftlicher Druck führten u. a. in Mexiko zur Auflösung der Staatsverträge mit dem SIL (1979), 1981 wies Präsident Roldos das SIL aus Ecuador aus.

Die Translationswissenschaft scheinen diese Entwicklungen nur wenig tangiert zu haben. So werden etwa die langjährigen Verbindungen von Eugene Nida, einem der Gründerväter der Disziplin, mit dem SIL kaum thematisiert. Nach dem frühen Beitritt ins Missionarscamp und seiner Tätigkeit als Bibelübersetzer unter den Rarámuri (Tarahumara) Mexikos (Nida 2009, 17f), wurde Nida 1943 zu »SIL's second PhD« (Aldridge/Simons, 2018) und bekleidete Führungspositionen als Vorstandsmitglied (1942–1953) sowie als Direktor für Translation (1946–1984) in der Schwesterorganisation *American Bible Society* (American Bible Society, 2022). Seine Handbücher zur Ausbildung von Missionar:innen-Translator:innen sowie seine Translationstheorie der dynamischen Äquivalenz dienten dem SIL und nahestehenden Organisationen wie der zuvor erwähnten APCM als maßgebliche Orientierung in ihrem Nutzen von Sprache und Translation zur Evangelisierung (Schieffelin 2014, 231).

Aufgrund der drastischen Auswirkungen der Evangelisierung des SIL auf Leben und Selbstbestimmung Indigener ist eine eingehende

Reflexion zur vorbehaltlosen Kanonisierung Nidas durch die translationswissenschaftliche *Scientific Community* angezeigt. CRONIN (2006, 148) bezeichnet das SIL gar als »faith-based NGO with a particular interest in the protection and promotion of minority languages« [glaubensbasierte NGO mit einem besonderen Interesse an dem Schutz und der Förderung von Minderheitensprachen.] Lediglich VENUTI (1995, 22) kritisiert, Nida würde die einem jeden Translationsprozess innewohnende »ethnocentric violence« [ethnozentrische Gewalt] nicht berücksichtigen. In der Folge bezeichnet er Nidas Modell der dynamischen Äquivalenz als »egregious ephemism for the domesticating translation method and the cultural political agendas it conceals« [ungeheuerlichen Euphemismus für die domestizierende Übersetzungsmethode und die kulturpolitischen Agenden, die sie verbirgt] (IBID, 118) und hält fest, seine Arbeit sei von Kulturelitismus und christlichem Evangelismus geprägt. PYM (2009, 326f) kritisiert Venuti scharf, da seiner Meinung nach von Evangelikalen nicht erwartet werden könne, nicht evangelikal zu handeln und rechtfertigt Bibelübersetzungen aus der Perspektive missionarisch tätiger Translator:innen mit der »Rettung« der Gemeinschaften (wobei nicht spezifiziert wird, wovor diese denn gerettet werden müssten), Förderung von Alphabetisierung und Standardisierung von Sprachen. Venutis Kritik ist in *The Translator's Invisibility* (2018) nicht mehr enthalten. SIMON (1987) veröffentlicht bereits in den 1980er Jahren viele für die Disziplin wissenswerte Details über den Missionar Nida, sein Engagement für das SIL und in Folge die Anerkennung und Rechtfertigung der missionarischen Übersetzung als eine akzeptable Tätigkeit. Sie sieht die gesellschaftspolitischen Dimensionen von Nidas Handeln deutlich mit seinen Translationstheorien verbunden. Wie »postkolonial« kann die Disziplin behaupten zu sein, wenn weiterhin Summer Schools Nidas Namen tragen und missionarische »Wissenschaftstraditionen« aus der bequemen Position heraus, doch nur eine Übersetzungstheorie zu verbreiten, unkommentiert Eingang in translationswissenschaftliche Standardwerke finden? Rafael Schögler und ich hinterfragen im Forschungsprojekt *Towards a Cosmovision Turn: Challenging*

2. Kolonialisierung von Land und Sprache

Basic Translation Theory (TAI 599, 1000-Ideen-Programm des FWF; 2022–2024) die Beschränkung von Nidas Rezeption in der Translationswissenschaft auf seine praktischen Bibelübersetzungsstrategien sowie die historischen und aktuellen Beweggründe für indigene Translation, die in unserer Disziplin weitgehend unerwähnt bleiben.

Auf Gesuch des Präsidenten Galo Plaza Lasso US-amerikanischer Herkunft gelangten 1953 Mitglieder des SIL nach Ecuador und unterzeichneten ein Regierungsabkommen, um anthropologische und linguistische Studien zur Kultur und Sprache der Waorani zu betreiben (INSTITUTO LINGÜÍSTICO DE VERANO 1990, 1; NARVÁEZ 1996, 17). 1947 war die Waorani Dayuma vor Fehden im Zuge einer Attacke des Kriegers Moipa auf Dayumas Gruppe geflohen. Sie wurde mit der Wao Umi und der Kichwa Api nach etwa fünf Monaten bei einer Kichwafamilie von indigenen Arbeitern des Großgrundbesitzers Carlos Sevilla aufgegriffen. Sevilla wirkte an Expeditionen zur Kontaktierung der Waorani mit und unterhielt Verbindungen zum Konzern Shell, für den er Pfade in den Regenwald schlagen und eine Landebahn bauen ließ. In seiner Hacienda Ila lebten zur Kontaktaufnahme des SIL mit Sevilla (1955) neben Dayuma, Umi und Api die Wao-Frauen Huiñami und Uminía (CABODEVILLA 1994, 236ff; 344; BLOMBERG 1996, 127–132). Die Frauen arbeiteten unter sklav:innenähnlichen Bedingungen als Dienstmädchen, erlitten Gewalt und erfuhren durch sprachliche und kulturelle Dominanz der Kichwa Akkulturationsprozesse (DALL' ALBA 1992, 96ff; CABODEVILLA 1994, 237; 344). Laut einer anderen Variante raubte Sevilla Dayuma nach einem Angriff (FRANCO 2013, 172).

1955 nahmen die SIL-Missionarinnen Catherine Peeke und Rachel Saint, Schwester des 1956 schließlich von den Waorani getöteten Nate Saint, den Kontakt zu Dayuma auf, um die Sprache und Kultur der Waorani zu erlernen und Zugang zu ihrer Gemeinschaft zu finden. Dayuma sprach durch ihre lange Abwesenheit aus ihrer Gemeinschaft vor allem Spanisch und Kichwa. Sie erlangte erst schrittweise durch das Insistieren von Saint ihre Sprache wieder und erläuterte dieser Gebräuche, Geschichten und Familienbeziehungen der Waorani (SAINT/PIKE 1959, 103; CABODEVILLA 1994, 345). Daraufhin versuchten

1956 fünf Missionare des SIL im Zuge der *Operación Auca* die Waorani zu kontaktieren. Zu dieser Zeit lebten die Waorani in vier, in ihrem weitläufigen Territorium verstreuten, zum größten Teil endogamen regionalen Gruppierungen mit geringen dialektalen Unterschieden (ROBARCHEK/ROBARCHEK 1992, 194f). Es handelte sich hierbei um die Piyemoiri-Nihuairi, Guikitairi, Baihuairi und Wepeiri (FRANCO 2013, 150), wobei neuere Erkenntnisse von den Imairi als fünfte mögliche Gruppierung ausgehen. Nachdem die Missionare bereits in den drei Monaten zuvor immer wieder »Geschenke« wie Töpfe, Kleidung, Süßigkeiten, Salz und Werkzeug aus Flugzeugen abgeworfen und von den Guikitairi mit Federn geschmückte Haarreifen oder gekochten Fisch erhalten hatten, landeten sie mit einem Kleinflugzeug auf einem Flussstrand am Curaray (Ewengono). Nach einer direkten Kontaktaufnahme wurden die Missionare jedoch von den Indigenen getötet. Obgleich die Missionare sich mit Feuerwaffen gegen die Waorani verteidigten wurden die Todesfälle in Folge als Martyrium dargestellt (KINGSLAND 1980, 95; STOLL 1985, 401; 410; RIVAL 1994, 264; ZIEGLER-OTERO 2004, 61). Das Tagebuch des an der Operación Auca teilnehmenden Jimmy Elliot gibt Aufschluss über die sprachliche Herangehensweise der Missionare, um die Waorani zu kontaktieren. So kreisten sie über den Häusern der Indigenen und wiederholten die Sätze auf Waoterero, die ihnen Dayuma beigebracht hatte: »Tauscht uns einen Speer gegen eine Machete. Wir sind eure Freunde« (ELLIOT 2003, 261). In einem Brief an seine Eltern wird Elliots (IBID, 275) Sicht auf die Waorani als barbarische und heidnische Menschen ersichtlich:

> Ihr wisst ja, daß es völlig unzivilisierte, nackte Wilde sind (die erste Spur von Bekleidung sah ich letzte Woche – einen fingerbreiten Lendenschurz), und mit Weißen sind sie bisher nur in der Form in Kontakt getreten, daß sie sie umgebracht haben. Sie haben keine Feuerwaffen, sondern lange Hartholz-speere; sie kennen kein anderes Mittel zum Feuermachen als durch Reiben von Holzstäben auf trockenem Moos; sie tragen ihre kleinen Kinder in Basttüchern auf dem Rücken, schlafen

in Hängematten, rauben Äxte und Buschmesser, wenn sie unsere Indianer töten; sie haben kein Wort für Gott in ihrer Sprache, nur für Dämonen und böse Geister.

1957 wurde Dayuma vom SIL in die USA gebracht, wo sie mit Saint in der Fernsehshow *This is your life* vorgeführt und 1958 getauft wurde. Zudem erkrankte sie an der asiatischen Grippe und überlebte nur knapp. Dieses für eine rezent kontaktierte Indigene potenziell fatale Leiden beschreibt KINGSLAND (1980, 101) lapidar als Erkrankung »that killed many Americans« [Krankheit, an der viele Amerikaner:innen starben]. CABODEVILLA (1994, 345) bezeichnet diese Reise als Propagandamaßnahme für das SIL, das sich durch den Auftritt Dayuma als zivilisierte Wilde monetäre und personelle Unterstützung erhoffte. Währenddessen waren Dayumas Tanten Mengamo und Mintaka in das SIL-Basislager in Limoncocha gekommen. Über Tonbänder erfuhr Dayuma vom Tod des Kriegers Moipas und ihres Bruders Huahue. Nach ihrer Rückkehr traf sie auf ihre Tanten, welche berichteten, dass ihre Familie fast gänzlich getötet worden war, was einen schweren Zusammenbruch auslöste und in Saint die Hoffnung weckte, zu Dayumas Familiengruppe zu gelangen (IBID, 344ff; 348).

Im September 1958 nahmen Maengamo, Mintaka und Dayuma, die sich vehement gegen dieses von Saint vorangetriebene Unterfangen gewehrt hatte, den Kontakt zu ihrer Gruppe auf. Laut STOLL (1985, 416) wird Dayumas Rückkehr in Werken von SIL-Mitgliedern als Wiederkehr der verloren geglaubten und vermissten Tochter dargestellt (u. a. WALLIS 1973, 12f). Ihre Verwandten hätten Dayuma jedoch für tot gehalten und sie hätte in ihrer westlichen Kleidung zunächst vor allem als Fremde gegolten. KINGSLAND (1980, 112f) hingegen beschreibt das Aufeinandertreffen als spannungsfreie Familienzusammenkunft, die es Dayuma ermöglichte, zügig Landepisten freischlagen zu lassen.

So kam es, dass Saint und Elliot nach drei mehrwöchigen Aufenthalten, während derer sie von bewaffneten Kichwas begleitet wurden, für längere Zeit alleine bei den Guikitairi blieben (CABODEVILLA 1994, 349f). ELLIOT (2003, 141; 265; 267ff; 271) schildert die Herangehensweise der Missionar:innen durch Befragungen von Gewährspersonen, Übersetzungen und Transformationen von Gesängen. 1958 wurde die erste evangelikale Mission am Ufer des Flusses Tiweno gegründet und 1968 das Reservat Tiweno in einem Abkommen zwischen der Regierung Ecuadors und dem SIL offizialisiert, wohin die Verwandten Dayumas und in Folge drei weitere Gruppen der Waorani gelangten (Whitten 1978, 43; Stoll 1985, 420).

Zur Zeit des Kontaktes lebten in etwa 500 Waorani auf einem Gebiet von rund 20.000 km². Dies entspricht 40 km² pro Person und einer Bevölkerungsdichte von 0,025 Personen pro km² (Yost 1991, 99). Das Reservat Tiweno umfasste im Vergleich lediglich etwa 1.605 km² (ibid 1981, 5). Die mit dem Verbleib in Tiweno erstmals dauerhafte Sesshaftigkeit bedeutete einen drastischen Wandel für die Jäger:innen und Sammler:innen und veränderte ihre Sozialstruktur und Subsistenzwirtschaft. Im beschönigt Protektorat genannten Tiweno wurden einst mitunter verfeindete Gruppen durch monogame Eheschließungen und Aufsplitten in kleinere Haushalte miteinander vereint (Rival 1996, 20;24; Rivas/Lara 2001, 29; Ziegler-Otero 2004, 37). Etwa 50 vor internen Auseinandersetzungen geflohene Piyemoiri schlossen sich kurz nach der Gründung Tiwenos den Guikitairi an, mehr als 100 weitere Piyemoiri folgten 1968, nachdem sie von Flugzeugen aus erspäht worden waren. 1969 wurden die Baihuairi ausfindig gemacht, die auf dieselbe Weise kontaktiert wurden und ins Reservat gelangten, in dem bereits 300 Personen lebten und eine verheerende Polio-Epidemie ausgebrochen war. 1970 wurden Funkgeräte von Flugzeugen aus über den Huepeiri abgeworfen, die in den Folgejahren von 1971 bis 1976 in Tiweno eintrafen (Yost 1981, 5f; Stoll 1985, 429). Für Whitten (1978, 41) ist die Missionierung eine »well-publicized, highly financed campaign [...] to make the Evangelical missionaries self- and government appointed guardians of the Huaorani people« [öffentlichkeitswirksame, hochfinanzierte Kampagne [...], um die evangelikalen Missionare zu selbsternannten und von der Regierung eingesetzten Vormündern der Waorani zu machen].

Die Praktiken der Waorani wie Feste, traditionelle Eheschließungen oder Töten von Feind:innen waren im Reservat Tiweno verboten, stattdessen wurden christliche Wertvorstellungen und Handlungen wie regelmäßiges Beten und monogame Beziehungsführung propagiert. Zudem wurden neue Nutzpflanzen und westliche Medizin eingeführt; es gab intensiven Flugverkehr und Kommunikation über Funkradios. Durch die Sesshaftwerdung gingen die Jagdbestände im Umland drastisch zurück (RIVAL 1996, 20f; RIVAS/LARA 2001, 34). Von den Missionar:innen zur Verfügung gestellte Güter wie Aluminiumkochtöpfe, Außenbordmotoren, Macheten und Äxte waren unter den Waorani sehr gefragt, da sie eine wesentliche Erleichterung von Alltagspraktiken schufen (ZIEGLER-OTERO 2004, 65). Obgleich die Aktivitäten der Missionar:innen des SIL stark kritisiert werden und diese ohne intensive Auseinandersetzung mit der kulturellen Bedeutung der Gebräuche der Waorani geschahen, führten diese Maßnahmen dazu, dass die Tötungen aufhörten und die Waorani zahlenmäßig wachsen konnten (CABODEVILLA 1994, 350f; BOSTER/ YOST/PEEKE 2003, 482). Bei dieser Interpretation ist jedoch Cabodevillas Hintergrund als Vertreter der katholischen Kapuzinermission des *Vicariato de Aguarico* zu berücksichtigen, die einer Missionierung der Waorani grundsätzlich positiv gegenübersteht, sowie Boster, Yost und Peekes Position als Vertreter:innen des SIL. HIGH (2013, 196) warnt vor der Generalisierung der Zeit vor dem Kontakt als Zeit der Gewalt und jener nach dem Kontakt als Zeit des Friedens. Der Líder Ehenguime Enqueri aus der Comunidad Bataboro beschreibt in einem Interview die Vorgehensweise des SIL in Tiweno eindrücklich, wodurch auch die wesentliche Rolle von Translation in den Evangelisierungsmaßnahmen zum Vorschein kommt:

> El Instituto lingüístico de verano lo primero que hizo cuando llevó a la mayoría de waoranis a Tiweno fue aprender el idioma bien y comenzar a crear una escritura waorani, para hacer la Biblia, y comenzar a evangelizar y hablar de Dios, ellos dieron la escritura que tenemos, antes el waorani no

tenía escritura ni sabía de Dios, con los del ILV se conoció de Dios y nuestras costumbres no eran bien vistas por los del ILV, nos implantaron suavemente todo lo que ellos querían, todo lo que ellos pensaban que era lo correcto, nos comenzaron a dominar en todo, qué tenemos que comer, qué tenemos que decir, qué tenemos que hablar, qué tenemos que sentir y esconder, qué es lo bueno, qué es lo malo, nos metieron su vida y nos enfermaron, nunca hubo como tú dices un encuentro de su cultura y de nuestra cultura, no hubo respeto, nos dejaron que enfermemos a la voluntad de los cowodis. (ENQUERI, 2020, zit. nach MONTENEGRO 2021, 23). [Das erste, was das Summer Institute of Linguistics machte, als sie die Mehrheit der Waorani nach Tiweno brachten, war die Sprache gut zu lernen und eine Waorani-Schrift zu schaffen, um die Bibel zu schreiben und damit zu evangelisieren und über Gott zu sprechen. Sie gaben uns die Schrift, die wir heute haben, vorher hatten die Waorani keine Schrift und wussten auch nichts über Gott. Über die Personen vom SIL erfuhren wir von Gott und unsere Gebräuche wurden vom SIL nicht gut gesehen. Sie begannen uns leise, alles einzupflanzen, was sie wollten; alles von dem sie glaubten, was korrekt ist, sie begannen uns in allem zu dominieren: was wir zu essen haben, was wir zu sagen haben, worüber wir zu sprechen haben, was wir zu fühlen und zu verbergen haben, was gut und was schlecht ist, sie impften uns ihr Leben ein und machten uns krank, es gab nie, wie du sagst, eine Begegnung zwischen ihrer Kultur und unserer Kultur, es gab keinen Respekt, die Kowore ließen willentlich zu, dass wir krank werden.]

Leben und Besuche von außen unterstanden in Tiweno strenger Kontrolle, meist durch Saint selbst, die die Waorani bevormundend behandelte und beeinflusste. Sie warnte vor dem Kontakt zwischen den »gläubigen« Waorani in Tiweno und den Gruppierungen außerhalb, Besuche bedurften ihrer Zustimmung und Auflehnung im Reservat konnte zum Ausschluss führen (CABODEVILLA 1994, 398; KINGSLAND 1980, 97, ZIEGLER-OTERO 2004, 65). Zudem bekleidete Dayuma eine besondere Rolle. YOST (1981, 29) erläutert, dass ihre Kenntnisse über die Kowore sowie ihre guten Beziehungen in die »Außenwelt« Dayuma noch nie dagewesenen Einfluss verschafften: »Como poseedora del conocimiento de los cohuori, ella llegó a ser el enlace crítico, o intermediario cultural, entre los huaorani y los cohouri«. [Als Trägerin des Kowore-Wissens wurde sie zum entscheidenden Bindeglied bzw. zur kulturellen Vermittlerin zwischen den Waorani und den Kowore]. Gemeinsam mit Saint regelte Dayuma die familiären Beziehungen in Tiweno und trieb Eheschließungen mit Kichwas voran. Zudem verloren die Waorani ihre Scheu vor dem Kontakt mit Kowore und begannen Handelsbeziehungen. Die beträchtliche Einflussnahme zweier Einzelpersonen schlug sich auf die gemeinschaftsinternen egalitären Strukturen nieder (CABODEVILLA 1994, 398; YOST 1981, 29; ZIEGLER-OTERO 2004, 76). FESER (2000, 90) räumt für meine Konzeptualisierung von Dolmetschtätigkeiten unter den Waorani bedeutende Aspekte ein:

> Sicher gab es auch in früheren Zeiten bestimmte Personen, die sowohl aufgrund charismatischer Fähigkeiten als auch persönlicher Qualitäten, z. B. als geschickte Jäger, Krieger oder *begabte Sprecher*, Prestige genossen und von ihren Gruppenmitgliedern in den Stand eines »Primus inter pares« gehoben wurden, ohne daß diese Hierarchisierung formell anerkannt worden wäre. (IBID; meine Hervorh.)

Diese gesteigerte Machtposition von Individuen entstehe meist aus wirtschaftlicher und politischer Not und trat vor Dayuma als Mittlerin nur vorübergehend auf (IBID). Eine Erklärung, weshalb sich die Waorani den Evangelisierungsmaßnahmen nicht widersetzten, könnte die egalitäre Gesellschaftsstruktur der Familiengruppen sein, die individuellen Entscheidungen und Autonomie großen Stellenwert einräumte (vgl. auch SCHIEFFELIN 2014, 233 zur widerstandlosen

Evangelisierung der Bosavi in Papua Neuguinea durch die *Asia Pacific Christian Mission*).

Die Fernsehshow, die Dayuma als Teil eines »in der Steinzeit« lebenden Stammes porträtiert (BURNS, 2012), blieb nicht die einzige Vorführung der Waorani vor großem Publikum (vgl. GONDECKI 2015, 641–654 zu Filmen, Liedern, Hörspielen und Videos). Zehn Jahre nach der Kontaktierung wurden die Waorani Kome und Kimo mit Saint 1966 zum Weltkongress für Evangelisierung nach Berlin gebracht. WALLIS (1973, 52f) beschreibt groteske Szenen, wobei auch auf eine Dolmetschung Bezug genommen wird:

> Ever since the five missionaries were martyred by Aucas, Christians around the world had prayed for the savage tribe. A decade later, the two Auca representatives standing poised and fearless before twelve hundred delegates [...] told with simple force of the impact of the gospel on their tribe. George Cowan, president of the Wycliffe Bible Translators, interviewed them with Rachel interpreting. Kimo told the congress that his forefathers »just spoke a little about God then they ›went of the trail‹. [...] »Dayuma taught us God's Carving«, he said. »She taught us that we should live with one wife, not with many, as our ancestors did. Now happily, I live with my wife, Dawa.« Kimo emphasized his call to his savage kinsmen, and was assured of the prayer of many more friends. [Seit die fünf Missionare den Märtyrertod durch die Aucas starben, hatten Christen in aller Welt für den wilden Stamm gebetet. Ein Jahrzehnt später standen die beiden Auca-Vertreter bereitwillig und furchtlos vor zwölfhundert Delegierten [...] und erzählten mit einfacher Kraft von der Wirkung des Evangeliums auf ihren Stamm. George Cowan, Vorsitzender der *Wycliffe Bible Translators*, interviewte sie während Rachel dolmetschte. Kimo erzählte dem Kongress, dass seine Vorfahren ›nur wenig über Gott sprachen und dann ›vom Weg abkamen‹. [...] »Dayuma

lehrte uns das Schnitzwerk Gottes«, sagte er. »Sie lehrte uns, dass wir mit einer Frau leben sollten, nicht mit vielen, wie es unsere Vorfahren taten. Jetzt lebe ich glücklich mit meiner Frau Dawa.« Kimo betonte seinen Aufruf an seine wilden Verwandten und war sich des Gebets vieler weiterer Freunde sicher.]

Rivas und Lara finden deutliche Worte für die Auswirkungen der Zwangskontaktierung durch das SIL: »Las acciones emprendidas por el ILV al respecto de los huaorani, bien podrían enmarcarse en el concepto de etnocidio« [Die Maßnahmen des SIL gegenüber den Waorani fallen durchaus unter den Begriff Ethnozid] (2001, 33; im Orig. mit Fußnote). Die UNESCO-Erklärung von San José (1981) ist das erste internationale Rechtsdokument, welches das Prinzip der indigenen Selbstbestimmung beinhaltet. »Ethnozid« wird darin zu einer massiven Menschenrechtsverletzung erklärt, im Speziellen des Rechts auf den Respekt der kulturellen Identität ethnischer Gruppen, als Verletzung des Völkerrechts einem Genozid gleichgestellt und folgenderweise definiert:

> Ethnocide means that an ethnic group is denied the right to enjoy, develop and transmit its own culture and its own language, whether collectively or individually. (UNESCO 1981, 1). Ethnozid bedeutet, dass einer ethnischen Gruppe das Recht verwehrt wird, ihre eigene Kultur und ihre eigene Sprache zu pflegen, zu entwickeln und weiterzugeben, sei dies kollektiv oder individuell.

Dieser Ethnozid als »pure destruction, the eradication of a people« (Ziegler-Otero 2004, 59) [reine Zerstörung, Auslöschen einer Gemeinschaft] wurde unter den Waorani erst allmählich durch die Auswirkungen des Kontaktes und der Sesshaftwerdung spürbar. Er zeigte sich im Zuge des demografischen Bevölkerungswachstums in Tiweno u. a. durch Ansteckungen mit Zivilisationskrankheiten und Todesfälle. Die Waorani weisen die häufigste Hepatitis-B-Rate in Ecuadors Amazonien mit mitunter tödlichen Folgerscheinungen wie Lebererkrankungen auf (QUIZHPE/ÑAUTA/CÓRDOBA-DOÑA/ TERAN, 2016). Zudem wurden tiefgreifende kulturelle Veränderungen durch Sedentarisierung und Beschränkung einer an große Mobilität gewohnten Gemeinschaft auf ein reduziertes Territorium und ihre Anpassung an ein Leben in der Nähe der großen Flüsse hervorgerufen. In der Folge kam es zu einer Verschärfung gemeinschaftsinterner Spannungen und gewaltreichen Auseinandersetzungen durch den permanenten Kontakt zwischen an Fehden gewohnten Gruppierungen sowie zur Schaffung von Abhängigkeiten von fremden Gütern wie Geld oder Flügen (ZIEGLER-OTERO 2004, 59).

In den 1970er-Jahren nahm zusätzlich zum SIL der Einfluss der katholischen Kapuzinermission unter Alejandro Labaka zu (RIVAS/ LARA 2001, 47). Nach Erstkontakten, Spähflügen und Expeditionen wurden Alejandro Labaka und die Ordensschwester Inés Arango 1987 von den Tagaeri getötet (TRUJILLO 1999, 19; CABODEVILLA 2010, 118). Der Einfluss des SIL wurde bis zum Beginn der 1980er-Jahre aufrechterhalten. Den Waorani wurden von der Mission – und dies im Gegensatz zur Mehrheit der anderen Indigenen Amazoniens – jegliche Art materieller Güter zur Verfügung gestellt, ohne dass sie dafür Handel treiben oder arbeiten mussten. Mit der Eingliederung der Baihuairi wurde der Bevölkerungsdruck in Tiweno in den 1970er-Jahren immer größer: Zusätzlich zur erwähnten Polio-Epidemie belasteten Erkältungskrankheiten und Nahrungsmittelknappheit die Waorani. Die Indigenen standen nach dem Rückzug des SIL vor sozialen und ökologischen Problemen durch die Reduktion ihres Territoriums (RIVAL 1996, 22f).

2.5 Brave New World: Erdöl, Abholzung und Siedlungen

Die Waorani verließen gegen Ende der 1970er- und Beginn der 1980er-Jahre zunehmend Tiweno, gründeten Dörfer oder siedelten sich in Gruppen an (RIVAS/LARA 2001, 47f). Vor allem die Comunidades in der Provinz Pastaza, in der Tiweno liegt, sind rund um die in dieser Zeit eingerichteten staatlichen Schulen aufgebaut (RIVAL 1996, 27). Der Kontakt hatte zusätzlich zur durch das SIL hervorgerufenen politischen Vereinnahmung (IBID, 23) Abhängigkeiten von Gütern oder Leistungen der Außenwelt zur Folge (RIVAS/LARA 2001, 48). Nach der Ausweisung des SIL wurden vor allem der US-amerikanische Konzern Maxus und das staatliche Unternehmen *Corporación Estatal Petrolera Ecuatoriana* (CEPE, später Petroecuador) zu Hauptansprechpartnern (CHÁVEZ/MELO 2005, 118). Die Konzerne stellten Autos zur Verfügung oder schenkten einzelnen führenden Persönlichkeiten elektrische Gerätschaften. Strom wurde jedoch nur bereitgestellt, wenn diese die Unterstützung der Comunidad für das Agieren der Konzerne gewährleisteten (KORAK/PICHILINGUE 2013, 22). So wurden die Waorani wie die Kichwa, Shuar oder Seyoca zu Bittsteller:innen gegenüber der Erdölindustrie degradiert (GOLDÁRAZ 2004, 29).

Die Siedlungen mestizischer Binnenmigrant:innen in Amazonien erlangten dramatischen Aufschwung; CABODEVILLA (1994, 385) spricht von einem Anstieg des demographischen Bevölkerungswachstum von 155,4 % in der Zeit von 1962 bis 1974. Die Indigenen Amazoniens, vor allem zahlenmäßig geringe Gemeinschaften wie die Waorani, wurden durch aus den wirtschaftlich ärmsten Regionen des Landes zugezogene Siedler:innen zunehmend in ihren Lebensräumen bedrängt. Vor allem *Texaco-Gulf* griff in Zusammenschluss mit CEPE durch Straßenbau, Legen von Ölleitungen und Förderstationen massiv in die Region ein. In den 1980er-Jahren erleichterte der Bau der *Vía Auca* am Ufer des Napo von Coca aus verlaufend den Zuzug von Siedler:innen und Indigenen der Kichwa und Shuar, was zu gewaltvollen Auseinandersetzungen führte.

Bis Ende der 1980er-Jahre war die Erdölpolitik Ecuadors von einer Abwesenheit des Staates gekennzeichnet, die Konzernen im Territorium in ökologischer und sozialer Sicht unkontrolliertes Agieren erleichterte (NARVÁEZ 1996, 39). Zudem eröffneten sich Betätigungsfelder für Holzhändler und Tourismusunternehmen, und auch NGOs arbeiteten zunehmend in der Region (OILWATCH 2005, 3).

Die staatliche Erdölpolitik räumte dem Faktor der Wirtschaftlichkeit Vorzug ein, ohne Gewinne aus der Förderung in die Entwicklung Amazoniens fließen zu lassen (RIVAS/LARA 2001, 49). Militarisierung von Erdölfeldern und Repressionen verschärften die Situation (MARTÍNEZ-DOMÍNGUEZ 2008, 10). Gegen Ende der 1980er-Jahre trat CEPE das Erbe der von den multinationalen Unternehmen mit dem Wissen der Regierungen hinterlassenen sozioambientalen Probleme an. Mittels einiger weniger Infrastrukturprojekte wurde Schadenswiedergutmachung versucht, diese entsprach jedoch weder einer an kulturelle Bedürfnisse angepassten Sozialpolitik noch einem ganzheitlichen Entwicklungsplan (NARVÁEZ 1996, 39f; CABODEVILLA 2004, 81).

Obgleich nicht die zahlreichen widerständischen Auseinandersetzungen vergessen werden sollen, auf die GONDECKI (2015, 340–344) eingeht, stellt sich die Frage, weshalb die Erdölkonzerne in diesem Ausmaß im Territorium kriegerischer Jäger:innen und Sammler:innen agieren konnten. RIVAL (2002, 68) erklärt dies mit den Beziehungen im Wald: Die Nahrungsbeschaffung der Waorani erfolge »disinvested from future concerns« [frei von Zukunftssorgen], da »natural abundance« (IBID, 88) [natürlicher Überfluss] den Regenwald zu einer unerschöpflichen Ressource mache. In der Kosmovision der Waorani bewirkt die Subsistenzwirtschaft ihrer Vorfahren in Amazonien, dass der Wald diesen Überfluss an Nahrungsmitteln für sie bereithält, wobei ihre Aktivitäten im Wald wiederum ein ähnliches Leben in Zukunft ermöglichen (IBID, 68; 90). Vor diesem Hintergrund begriffen die Waorani die Konzerne als eine weitere Ressourcenquelle; als neue Bäume, deren Früchte zum Verzehr bereitstehen (FUNDACIÓN SINCHI SACHA 2007, 43; BRACKELAIRE 2006, 37). Nach NARVÁEZ (2008, 269ff) komme das Tolerieren der Konzerne im Territorium trotz Annahme ihrer »Zivilisationsgaben« nicht einer Zustimmung zur Erdölförderung gleich. Es bräuchte ein tiefgehendes Verständnis dafür, was die Aktivitäten der Konzerne für die Zukunft der Waorani bedeuten und eine reale ausführliche Konsultation über geplante Förderaktivitäten.

In die späten 1970er und 1980er fallen auch Autonomieerfolge indigener Völker, vor allem der Shuar und Kichwa, als Reaktion auf die sozioökologischen und kulturellen Probleme durch die Erdölförderung. 1961 wird die *Federación Shuar* (Föderation der Shuar), 1977 die FECIP (*Federación de Comunidades Indígenas de Pastaza*; Föderation der indigenen Gemeinschaften Pastazas; später: *Organización de Pueblos Indígenas de Pastaza*; Organisation der indigenen Völker Pastazas; OPIP), 1980 die CONFENIAE (*Confederación de Nacionalidades Indígenas de la Amazonía Ecuatoriana;* Konföderation der indigenen *Nacionalidades* des ecuadorianischen Amazonasgebietes) und 1986 die CONAIE (*Confederación de Nacionalidades Indígenas del Ecuador;* Konföderation der indigenen *Nacionalidades* Ecuadors) gegründet (Barrera 2001, 105; 139; Frank/Cisneros 2009, 3; Ortíz 2010, 475). Durch Allianzen mit sozialistischen Bewegungen und Arbeiter:innenbewegungen gewann eine auf gemeinsame Interessen aufbauende indigene Bewegung an Bedeutung. Dies gipfelte im Zusammenschluss mit der demokratisch-sozialistischen Partei *Nuevo País* und der Gründung der indigenen sozialistischen Partei *Pachakutik* (1996), eine von Beginn an wichtige oppositionelle Kraft in der Parteienlandschaft (Ziegler-Otero 2004, 5).

1990 wird die ONHAE (*Organización de la Nacionalidad Huaorani de la Amazonía Ecuatoriana*; Organisation der Nationalität Huaorani des ecuadorianischen Amazonasgebietes) als Repräsentationsorgan von jungen spanischsprachigen Waorani ins Leben gerufen (ibid, 1). Die Gründung erfolgte jedoch mit organisatorischer und finanzieller Unterstützung des Konzern Maxus, um durch Abkommen mit den Waorani sein Agieren auf ihrem Land zu erleichtern. Durch diesen strategischen Ursprung und dadurch, dass die Ausdehnung des Territoriums die Vertretung aller Waoranifamilien maßgeblich erschwert, stellt die ONHAE (heute: NAWE; *Nacionalidad Waorani del Ecuador;* politische Organisation der *Nacionalidad* der Waorani Ecuadors) lediglich eine schwache externe Vertretung gegenüber den Konzernen und dem Staat dar. Die interne Repräsentation in den Dörfern erfolgt weiterhin durch lokale Führungspersönlichkeiten. So werden Übereinkünfte nicht nur zwischen NAWE und Konzernen, sondern auch zwischen Konzernen und einzelnen einflussreichen

Personen im Dorf ausgehandelt, die Produkte, Werkzeuge oder Geld erhalten (CHÁVEZ/MELO 2005, 118). Dies ist auf den erwähnten Aspekt zurückzuführen, dass die kriegerischen Wurzeln der Waorani die Entwicklung einer gemeinsamen ethnischen Identität erschweren. Zudem verfügt die NAWE nicht selbst über die Zahlungen der Konzerne als »Gegenleistung« für ihre Tätigkeit. Die vertraglich zugesicherten Gelder werden von Subunternehmen der Konzerne wie Entrix (im Falle von Repsol), Azúl, Cantárida oder Omeway nach hartnäckigen Forderungen ausgezahlt (NARVÁEZ 2013, 46; GONDECKI 2015, 387).

NARVÁEZ (2008, 270f; meine Hervorh.) beschreibt große soziopolitische Veränderungen durch den Einfluss von Maxus auf die Gründung und Funktionsweise der ONHAE:

> Si tradicionalmente los líderes comunitarios eran los ancianos y las decisiones las tomaba la comunidad en su conjunto, en la nueva modalidad organizativa impuesta en la ONHAE participan jóvenes que *hablan español y con más propensión a las negociaciones* dado su mayor entendimiento con los/las relacionadores/as empresariales. [Während traditionell die Ältesten die führenden Kräfte waren und die Entscheidungen von der Gemeinschaft als Ganzes getroffen wurden, sind mit der neu durch die ONHAE eingeführten Organisationsform junge Leute am Zug, die *Spanisch sprechen und* aufgrund ihres besseren Verhältnisses zu Konzernmitarbeitern *eher zu Verhandlungen* bereit sind.]

Die ONHAE wurde gegründet, um unter Ausschluss anderer Akteur:innen direkte Beziehungen zu den Waorani zu ermöglichen, um den von Maxus angestrebten *Plan de Relacionamiento Comunitario* (Plan für Gemeinschaftsbeziehungen) umzusetzen. Der umfassendste Plan in ganz Lateinamerika diente keineswegs dazu, Bedürfnisse der Waorani zu befriedigen, sondern schuf vom Konzern kontrollierte Vermittlungsinstanzen mit dem Ziel soziokultureller, politischer und wirtschaftlicher Übervorteilung, um ohne Widerstand

Ressourcenausbeutung zu betreiben. Ein aus 45 Anthropolog:innen, Soziolog:innen, Philosoph:innen und Anwält:innen bestehendes Team kooptierte 15 Waorani und setzte diese als Führungskräfte der ONHAE ein. Dieses Modell wurde in Folge von allen von im Yasuní operierenden multinationalen Konzernen übernommen (IBID, 276). Über das *Acuerdo de amistad, respeto y apoyo mutuo entre las comunidades Huaorani y Maxus EcuadorINC* (Abkommen zur gegenseitigen Freundschaft, Respekt und Unterstützung zwischen Comunidades der Waorani und Maxus, 1993) weitete der Konzern seinen Einfluss so weit aus, dass Maxus-Personal die Statuten der ONHAE ausarbeitete, die ins Englisch und Waoterero übersetzt wurden (TRUJILLO 2001, 208).

Trotzdem bedeuten diese Einflussfaktoren nicht, dass die politische Führung keine Verantwortlichkeit gegenüber den Comunidades empfinden würde (GONDECKI 2015, 384f, 101). ZIEGLER-OTERO (2004, 17) sieht Potenzial in einer Angliederung an die Mobilisierungskraft von CONAIE und CONFENIAE für die NAWE. Mit Alicia Kawiya als gegenwärtige Verantwortliche für Frauen und Familie der CONAIE scheint dies gelungen zu sein. Die Basis der Waorani ist sich der Tatsache, dass die Konzerne die Gemeinschaft spalten, zunehmend bewusst (NARVÁEZ 2008, 271; 275). Ihre gegenfeuernde Einflussnahme durch Kenntnisse der Sprache und Kultur der Kowore in konkreten Sprach- und Kulturmittlungshandlungen spielt eine zentrale Rolle für meine Analysen. Die Unzufriedenheit mancher Gemeinschaftsmitglieder mit der Vertretung durch die NAWE und politische Splitterprozesse führten u. a. zur Gründung der AMWAE (*Asociación de Mujeres Waorani de la Amazonía Ecuatoriana*; Vereinigung der Waorani-Frauen des ecuadorianischen Amazonasgebietes) mit Alicia Kawiya als erster Präsidentin ab dem Jahr 2005 und zur Schaffung der ONWO (*Organización de la Nacionalidad Waorani de Orellana*; Organisation der Nacionalidad der Waorani der Provinz Orellana) sowie der ONWAN (*Organización de la Nacionalidad Waorani de Napo*; Organisation der Nacionalidad der Waorani der Provinz Napo). Zudem riefen einzelne lokale Gruppen Bündnisse ins Leben, um ihre Territorialrechte geltend zu machen. (GONDECKI 2015, 384).

Ein großer Teil des angestammten Territoriums der Waorani (678.000 Hektar) wurde 1979 aufgrund besonders hoher Biodiversität von der Regierung zum Nationalpark Yasuní erklärt (VILLAVERDE/ MARCIAL/HORMAZA/JORGENSON 2004, 35; PICHILINGUE 2010, 68; FRANCO 2013, 154). 1989 wurde das UNESCO Biossphärenreservat Yasuní eingerichtet (NARVÁEZ 2008, 262). Den Waorani wurde 1990 nach Druck der indigenen Bewegungen und NGOs ein offizielles Territorium zugestanden (VILLAVERDE/ORMAZA/MARCIAL/JORGENSON 2004, 84), doch gab es hierbei strategische Hintergedanken:

> Si bien se trataba – como aparecía en los medios – de devolver territorio a los Waorani, que habían sido reducidos a un área pequeña en las partes altas de lo que antiguamente había sido su territorio, la intención principal era facilitar los trabajos de la industria petrolera pues en el centro del Parque Nacional Yasuní se había encontrado petróleo. (PICHILINGUE 2010, 68)
> [Obwohl es – wie es in den Medien dargestellt wurde – um die Rückgabe von Territorium an die Waorani ging, die auf ein kleines Gebiet im oberen Teil ihres ehemaligen Territoriums reduziert worden waren, bestand die Hauptabsicht darin, der Ölindustrie die Arbeit zu erleichtern, da im Zentrum des Yasuní-Nationalparks Öl gefunden worden war.]

Mit der Vergabe eines Territoriums an die Waorani waren die Grenzen des Nationalparks Yasuní modifiziert worden und im Norden, Süden und Westen wurde eine zehn Kilometer breite *Zona de Amortiguamiento* (Pufferzone) eingerichtet. Nach Zuweisungen seit den 1970er-Jahren umfasst das offiziell anerkannte Territorium 809.339 Hektar in den Provinzen Napo, Orellana und Pastaza (CHÁVEZ/MELO 2005, 108). Es ist, obgleich es nicht einmal die Hälfte des angestammten Landes der Waorani ausmacht, die größte rechtliche Zuschreibung indigenen Territoriums in Ecuador (GONDECKI/IMA 2009, 7).

1999 wurde im südlichen Teil des Nationalparks Yasuní die *Zona Intangible Tagaeri-Taromenane* (Unberührbare Zone

Tagaeri-Taromenane; ZITT) geschaffen – wobei sich ihre Unberührbarkeit auf das Verbot von Extraktion natürlicher Ressourcen bezieht – und 2007 neu delimitiert (NARVÁEZ 2008, 262f). Nach RIVAL (2012, 155) und PICHILINGUE (2021) wurde die Einrichtung der ZITT als Erfolg für den Schutz in Abgeschiedenheit lebender Indigener gefeiert, diese alleine verhindert aber nicht das Eindringen illegaler Holzfäller:innen oder gewaltvolle Auseinandersetzungen zwischen kontaktierten Waorani und Tagaeri-Taromenani. Während Aktivist:innen darauf pochten, die Grenzziehung solle natürliche Barrieren wie Flüsse einbeziehen, betrieben Konzerne, deren Förderblöcke sich teils mit der ZITT überlappten, Lobbying, um minimale Überschneidung sicherzustellen. Mit dem Exekutivdekret 751 wurde die ZITT 2019 um rund 60.000 Hektar erweitert. Diese neue Zuweisung umfasst jedoch Gebiete, die Erdölkonzessionen nicht beeinträchtigen und in denen es ohnedies keine nennenswerten Druckfaktoren und Risiken für die Tagaeri-Taromenani gibt. Zugleich fielen mit dem Dekret Restriktionen für Ressourcenextraktion in der Pufferzone rund um die ZITT (PICHILINGUE, 2021). Im Februar 2022 erklärte der Verfassungsgerichtshof diesen letzten Schritt für verfassungswidrig (EL COMERCIO, 2022b).

Insgesamt zählen Waorani ungefähr 5000 Personen in annähernd 60 Dörfern und sind seit dem Kontakt also deutlich gewachsen. Die Lebensweise hat sich vor allem durch die erwähnte Sesshaftigkeit gewandelt: Vor dem Kontakt wechselten die Waorani regelmäßig ihren Standort und nahmen ausgedehnte Gebiete für Häuser und Nutzflächen in Anspruch, was eine Erholung der Anbaugebiete von Nutzpflanzen und der Jagdgründe sicherstellte. Neue Zyklen, die u. a. durch Dauer von Arbeitsverträgen mit Erdölkonzernen und häufigen Besuchen von Städten und anderen Dörfern bestimmt sind verändern auch komplementäre Beziehungen zwischen Männern und Frauen: Das traditionell von Frauen übernommene Fischen ersetzt nun oftmals das Jagen, und die Männer unterstützen diese beim Anlegen von Anbauflächen. Geerntete Produkte verdrängen zunehmend gesammelte Wildpflanzen (CHÁVEZ/MELO 2005, 122;

335). Die nach einem neoliberalen kapitalistischen System betriebene Ressourcenausbeutung bedingt Kriminalität, Prostitution, Alkohol- und Drogenmissbrauch, häusliche und innergemeinschaftliche Gewalt, Verarmung und illegalen Handel mit Holz, Tieren und Pflanzen (Narváez 2008, 269; 277; Muñoz/Vaca/Aldaz/Valladares/Yépez/ Herms 2010, 13).

2.6 ¡No al contacto forzado!

Die erwähnten Tagaeri-Taromenani sind Gruppen der Waorani, die den Kontakt zur Mehrheitsgesellschaft ablehnen. Zusätzlich gibt es Hinweise auf weitere in Abgeschiedenheit lebende Indigene im Yasuní, im Kichwa- und Sápara-Territorium in Südamazonien und im Gebiet der Flüsse Napo und Tigre in Peru (Pichilingue, 2021). In den Richtlinien zum Schutz in Abgeschiedenheit lebender Völker und Indigener mit anfänglichem Kontakt der Amazonasregion, des Gran Chaco und der östlichen Region Paraguays des Büro des Hohen Kommissars für Menschenrechte (UNHCR) werden in Abgeschiedenheit lebende Indigene (PIA) folgendermaßen definiert:

> Los pueblos en aislamiento son pueblos o segmentos de pueblos indígenas que no mantienen contactos regulares con la población mayoritaria, y que además suelen rehuir todo tipo de contacto con personas ajenas a su grupo. También pueden ser grupos pertenecientes a diversos pueblos ya contactados que tras una relación intermitente con las sociedades envolventes deciden volver a una situación de aislamiento como estrategia de supervivencia y rompen voluntariamente todas las relaciones que pudieran tener con dichas sociedades. En su mayoría, los pueblos aislados viven en bosques tropicales y/o zonas de difícil acceso no transitadas, lugares que muy a menudo cuentan con grandes recursos naturales. (ACNUDH 2012, 8) [PIA sind indigene Gemeinschaften oder Teile indigener Gemeinschaften, die keinen regelmäßigen

Kontakt zur Mehrheitsbevölkerung haben und für gewöhnlich auch jede Art Kontakt mit Personen außerhalb ihrer Gruppe meiden. Es kann sich auch um Gruppen handeln, die verschiedenen bereits kontaktierten Völkern angehören und nach Beziehungen zu den umliegenden Gesellschaften als Überlebensstrategie beschließen, in eine Situation der Isolation zurückzukehren und freiwillig alle Beziehungen zu diesen Gesellschaften abzubrechen, die sie möglicherweise hatten. PIA leben mehrheitlich in tropischen Wäldern und/oder in schwer zugänglichen und nicht erschlossenen Gebieten, die oft reich an natürlichen Ressourcen sind.]

In Ecuador sind die in Abgeschiedenheit lebenden Waorani unter der Sammelbezeichnung Tagaeri-Taromenani anerkannt. TRUJILLO (2001, 38) erwähnt die mögliche Existenz der Taromenga, Oña Menare und Wiñatare; nach PICHILINGUE (2021) und meinen Beobachtungen differenzieren die Waorani selbst auch noch die Dugakairi. Bei den Tagaeri handelt es sich um eine einst 12 bis 15 Personen umfassende Gruppe unter Taga, der nach internen Fehden 1968 den Kontakt mit dem SIL ablehnte und sich zurückzog (CABODEVILLA 1994, 417). 1986 wurde Taga bei einem Angriff auf ein Kanu des Konzerns CGG getötet (SMITH 1993, 87; TRUJILLO 2001, 38; VITERI 2008, 291–294). Über die Taromenani ist weitaus weniger bekannt. 2013 veröffentlichte Teleamazonas eine unter Mitwirkung von Pichilingue und mir gedrehte Reportage der Sendungsreihe *Día a Día*, in der Omatoke, die womöglich einzige kontaktierte Taromenani, durch eine Dolmetschung ihres Enkels Roberto zu Wort kam. Darin berichtet sie von einem Angriff und Tötungen der Taromenani durch die Gruppe der Imairi. Omatoke wurde geraubt und verheiratet und lebte im Waorani-Dorf Bataboro bevor sie 2023 verstarb. Laut Omatoke hatten die Taromenani im Gegensatz zu den Waorani keine perforierten Ohrlöcher und fertigten große Tontöpfe an. Sie hätten ihre Häuser stets gut verborgen und eine Vielzahl an Speeren darin gelagert, um für Angriffe gerüstet zu sein (CDESECUADOR, 2013).

2003 wurden zahlreiche Tagaeri-Taromenani – die Medien sprachen von 12, die Waorani selbst von 25 Toten – von kontaktierten Waorani getötet. Die Angreifer gaben an, sie wären von Vertreter:innen der Erdölkonzerne und Holzarbeitern aufgehetzt und mit Waffen versorgt worden. Bei Gegenangriffen der in Abgeschiedenheit lebenden Waorani kamen in den Folgejahren mehrere Holzarbeiter und Siedler:innen ums Leben (Korak/Pichilingue 2013, 22; auch Cabodevilla 2004, 15–52 und High 2013, 197ff; 205). Die Interamerikanische Kommission für Menschenrechte ordnete 2006 dem ecuadorianischen Staat Schutzmaßnahmen für die Tagaeri-Taromenani an (Rival 2012, 155). Das Agieren der Generalstaatsanwaltschaft Ecuadors war jedoch von Ignoranz geprägt. So verlautbarte diese, die Todesfälle könnten nicht untersucht werden, da die Tagaeri-Taromenani keine Personalausweise hätten, andere Beamt:innen negierten schlichtweg ihre Existenz (Chávez, 2003; Rivas, 2017, 134ff).

Zehn Jahre später, am 5. März 2013, wurden der Wao Ompure und seine Frau Buganey in der Nähe der Comunidad Yarentaro von in Abgeschiedenheit lebenden Taromenani mit Speeren getötet. Arbeiter:innen des unmittelbar in der Nähe agierenden Konzerns Repsol hatten zuvor unbekleidete, bemalte und muskulöse Männer mit geschulterten Speeren aus dem Wald kommen sehen und diese mit kontaktierten Waorani verwechselt. Am 30. März 2013 nahmen einige Waorani Rache und töteten mehrere in Abgeschiedenheit lebende Indigene, vor allem Frauen und Kinder (Cabodevilla 2013, 25; 29–32). Es wird von mindestens sechs Toten ausgegangen, zwei Taromenani-Schwestern wurden von den Waorani geraubt und später, nach langem Zögern und zweifelhaftem Vorgehen des Staates, getrennt in den Comunidades Dikaro und Baameno untergebracht. Das jüngere der beiden Mädchen lebt in Dikaro bei der Familie, die den Angriff gegen die Taromenani lancierte (Land is Life/Fundación Alejandro Labaka/Acción Ecológica 2017, 9). Fast 15 Jahre nach der Erstanklage, wurde der Fall »Pueblos Indígenas Tagaeri y Taromenane vs. Ecuador« (Fallnummer 12.979) im September 2020 durch die Interamerikanische Kommission für Menschenrechte als erstes

2. Kolonialisierung von Land und Sprache

Verfahren, das in Abgeschiedenheit lebende Indigene betrifft, vor den Interamerikanischen Gerichtshof für Menschenrechte gebracht. Dem Staat Ecuador werden die Durchführung von Projekten, die Territorien, natürliche Ressourcen und Lebensweise der Tagaeri-Taromenani beinträchtigen, die Verletzung ihrer Rechte in drei Fällen von gewaltsamem Tod (2003, 2006 und 2013) sowie das Fehlen angemessener Schutzmaßnahmen für die beiden Taromenani-Schwestern angelastet (CORTE INTERAMERICANA DE DERECHOS HUMANOS, 2022; PICHILINGUE, 2021).

Das Unverständnis des Staates steht auch mit der immer noch geringen Präsenz in der Amazonasregion in Zusammenhang. Obgleich seit der Präsidentschaft Correas (2007–2017) mehr staatliche Unternehmen angesiedelt, Infrastrukturprojekte und öffentliche Dienstleistungen verwirklicht wurden, übt der Staat keine großflächige Kontrolle aus. Staatspräsenz zeigt sich in Form von Straßenbau, Busbahnhöfen und Flughäfen, Krankenhäusern, Schulen und *Ciudades del Milenio* (»Milleniumsstädte«) genannten Betonbauten in Comunidades. Nahrungsmittel, Häuser, Werkzeuge, elektronische Geräte wie Musikanlagen oder Fernseher, Stipendien oder gering bezahlte Arbeiten, überdachte betonierte Versammlungsplätze, Gesundheitszentren oder Schulen werden teilweise immer noch von multinationalen oder staatlichen Erdölkonzernen und wurden während meiner Feldforschung durch die 2011 gegründete Staatsinstitution *Ecuador Estratégico* zur Verfügung gestellt. Wenngleich offiziell keine Direktzahlungen mehr erfolgen, werden Güter im Rahmen von »Projekten« vermittelt – meistens jedoch weiterhin nach Protesten und Forderungen für Ausgleichszahlungen durch von Erdölförderung betroffene Comunidades (DI MARCHI 2013, 16f; LU/SILVA 2015, 445).

Fortschreitende Besiedelung des Territoriums, in den Regenwald geschlagene Straßen, illegaler Holzschlag und -handel sowie illegale Jagd- und Fischaktivitäten üben großen Druck auf die Tagaeri-Taromenani aus, die in neue Gegenden gedrängt werden. Dadurch mehren sich gewaltvolle Auseinandersetzungen zwischen Indigenen, die ihr Territorium mit Speeren verteidigen und bewaffneten Holzfäller:innen sowie Angriffe auf kontaktierte Indigene und Siedler:innen. Das Risiko für die Tagaeri-Taromenani durch direkten oder indirekten Kontakt in Form von zurückgelassenem Müll oder Kleidungsstücken der Holzfäller:innen an Zivilisationskrankheiten zu erkranken, ist äußerst hoch. Zusätzlich gibt es immer wieder unregulierte touristische Fotosafaris, die sich auf die Suche nach den Tagaeri-Taromenani begeben (BRACKELAIRE 2006, 37; HIGH 2006, 208f; 211; PICHILINGUE 2010, 70; LAND IS LIFE/FUNDACIÓN ALEJANDRO LABAKA/ACCIÓN ECOLÓGICA 2017, 50).

Aktivitäten im Rahmen der illegalen Abholzung des Regenwaldes im Territorium der Waorani gibt es bereits seit den späten 1990er-Jahren. Die Regierung konnte diese erstmals 2008 erfolgreich zurückdrängen. Während der COVID-Pandemie wurde eine neue Welle illegalen Balsaschlags für den chinesischen Markt verzeichnet und eine mehrere Kilometer lange Straße in das Herz des Yasuní geschlagen. Um diesen Aktivitäten Einhalt zu gebieten und den Schutz der Menschenrechte der Tagaeri-Taromenani in ausreichendem Maße zu gewährleisten, bedarf es einer besseren interinstitutionalen Koordination in Ecuador sowie geeinten Handelns zwischen den Regierungen Ecuadors und Perus (PICHILINGUE 2010, 70; LAND IS LIFE/FUNDACIÓN ALEJANDRO LABAKA/ ACCIÓN ECOLÓGICA 2017, 5; 14–31, 43ff, 50–53; PICHILINGUE, 2021).

Diese Arbeit kann nicht detailliert auf die Beziehungen zwischen kontaktierten Waorani und Tagaeri-Taromenani eingehen. HIGH (2013, 197f) hält fest, die Waorani würden die Tagaeri-Taromenani jedoch als »fierce warriors reminiscent of their ancestors and kinsmen who became disconnected from other Waorani in the past« [erbitterte Krieger:innen, die an Ihre Vorfahren und Verwandten erinnern, die sich in der Vergangenheit von anderen Waorani getrennt haben] verstehen. Sie versinnbildlichen indigene Stärke und Unabhängigkeit. Zudem weisen gefundene Artefakte der Tagaeri-Taromenani wie in Palmfaserketten eingewebte Plastik-, Gummi- und Aluminiumstücke darauf hin, dass diese nicht so isoliert leben, wie die fälschlich verwendete Bezeichnung »Aislados« vermuten lässt. Wenn bedacht wird, dass die Waorani vor dem Kontakt für das Jagen und Sammeln oftmals zwischen 20 und 40 Kilometer zurücklegten, (RIVAL 1993, 644; EL UNIVERSO, 2017a), sind Zusammenstöße der Tagaeri-Taromenani mit der westlichen Gesellschaft nahezu unvermeidlich.

Der Interamerikanische Gerichtshof für Menschenrechte bezeichnete die Tagaeri-Taromenani kürzlich als "pueblos conocidos como ecosistémicos por vivir en estricta relación de dependencia con su entorno ecológico« (Corte IDH, 2020) [ökosystemorientierte Gemeinschaften aufgrund ihres Lebens in einer Beziehung der strikten Dependenz zu ihrer ökologischen Umgebung] und betonte die saisonale Mobilität dieser in Abgeschiedenheit lebenden Gruppen der Waorani in einem weitläufigen Territorium. Für die Tagaeri-Taromenani ist ein solches Territorium grundlegend, um zu jagen und zu sammeln sowie um die Orte aufzusuchen, die mit ihren Ahn:innen verbunden sind. Jede Veränderung in diesem natürlichen Habitat bezeichnet der Gerichtshof als potenzielle Beeinträchtigung für das physische Überleben der Gruppen. Art. 57 der Verfassung Ecuadors kennzeichnet Verstöße gegen die Unberührbarkeit ihres Territoriums als Ethnozid (ASAMBLEA CONSTITUYENTE 2008, 43). Ebenso befindet Art. 80 des Strafgesetzbuchs jede Person, die »de manera deliberada, generalizada o sistemática, destruya total o parcialmente la identidad cultural de pueblos en aislamiento voluntario« [vorsätzlich, auf allgemeine oder systematische Weise, die kulturelle Identität von PIA vollständig oder teilweise zerstört] schuldig des Ethnozids mit einem Strafmaß von 16 bis 19 Jahren Haft (REPÚBLICA DEL ECUADOR ASAMBLEA NACIONAL 2021, 38). Der im Art. 80 enthaltene Zusatz des Vorsatzes verhindert laut Auskunft eines erfahrenen ecuadorianischen Menschenrechtsanwalts signifikant tatsächliche Klagen und Verurteilungen (persönliche Kommunikation, 04.01.2023). Sowohl Art. 57 der Verfassung sowie Artikel 101 des *Código Orgánico de Organización Territorial, Autonomía y Descentralización* zeichnen den Staat dafür verantwortlich, das Leben der in Abgeschiedenheit lebenden Gruppen der Waorani, ihre Selbstbestimmung und ihren Willen, in Abgeschiedenheit zu verbleiben zu schützen und für die Einhaltung dieser Rechte zu sorgen (PRESIDENCIA DE LA REPÚBLICA DEL ECUADOR, 2015). Auf supranationaler Ebene verweist die *American Deklaration on the Rights of Indigenous Peoples* (Amerikanische Deklaration über die Rechte indigener Völker) in Art. III und Art. XXI. 1 auf das Recht auf Selbstbestimmung für alle indigenen Völker und in Art. XXVI.1 das Recht für PIA in Abgeschiedenheit zu verbleiben und ein freies Leben im Einklang mit ihren kulturellen Gebräuchen zu führen (OAS 2016, 8;24;30). Die *Declaration on the Rights of Indigenous Peoples* (UN-Deklaration der Rechte indigener Völker, UNDRIP enthält zwar in Art. 3 das Recht auf Selbstbestimmung aber keine explizit für PIA ausgewiesenen Rechte (OHCHR, 2007). Das aus dem nationalen und internationalen rechtlichen Rahmen abzuleitende Prinzip der Nicht-Kontaktierung und die Umsetzung der im gemeinsam von der Organisation Amerikanischer Staaten (OAS) und der Interamerikanischen Kommission für Menschenrechte (CIDH) empfohlenen Handlungsschritte sind von größter Bedeutung für das Überleben von Indigenen in Abgeschiedenheit (OAS/CIDH, 2013).

Sprache, Translation und indigene Rechte können nicht isoliert von ökonomischen und politischen Interessen in Amazonien und im Territorium der Waorani betrachtet werden. Zwar hat sich mit dem starken Auftreten indigener Bewegungen auch der mehrheitsgesellschaftliche Blick auf die Waorani verändert und sie gelten zumindest auf dem Papier als Bürger:innen mit dementsprechend verbrieften Rechten. Das staatliche Interesse an ihrem Territorium wandelte sich von Amazonien als Brachland jedoch zu einer im neoliberalen aggressiven Extraktivismus auszubeutenden Ressource, mit kurzen Lichtblicken durch die Geschehnisse im Rahmen der Yasuní-Initiative. Weiterhin wird der bedeutende Beitrag verkannt, den der Schutz indigener Territorien für die Lebensführung kontaktierter und in Abgeschiedenheit lebender Gemeinschaften – und im größeren Rahmen auch für das Weltklima – spielt.

Wie in Kapitel 2.4 mit dem SIL illustriert wurde, ist translationswissenschaftliche Aufmerksamkeit auf Dolmetsch- und Übersetzungshandlungen, die Eingriffe in indigene Selbstbestimmung erwirken, dringlich geboten. Hinsichtlich der fundamentalen Rolle, die Translation für erzwungene Kontaktierung und darauffolgende Evangelisierungsmaßnahmen beispielsweise durch Bibelübersetzungen spielt, erscheint es angezeigt, auch sprachliche Handlungen, die einen Ethnozid bewirken, in eine umfassendere strafrechtliche Charakterisierung einzuschließen. Ein sich hieraus ergebendes Recht auf Nicht-Translation ist als Erweiterung des Prinzips der Nicht-Kontaktierung zu diskutieren.

3. Tedikimpa Waoterero

Das Kapitel zeigt die Untrennbarkeit von Sprache und Translation in Amazonien als Bezugs- und Handlungsraum, der sowohl sprachlichen Ausdruck als auch sprachpolitische Handlungen rahmt. Wie für andere indigene Gemeinschaften ist ihre autochthone Sprache für die Waorani von grundlegender Bedeutung für Ausdruck, Vermittlung und Erhalt ihrer indigenen Identität, Kosmovision und Lebensweise. Das Sprechen von Waoterero dient als Abgrenzung gegenüber anderen indigenen Gemeinschaften und Mitgliedern der Mehrheitsgesellschaft und bewirkt gemeinschaftsinterne soziale Kohäsion (GONDECKI/IMA 2009, 8).

Laut Aussagen der Waorani hat sich ihre Sprache in den letzten 50 Jahren stark verändert. Neben dem syntaktischen Einfluss des Spanischen ist eine deutlich abgeschwächte Nasalierung in der Aussprache zu konstatieren. Es bestehen dialektale Unterschiede zwischen an den Flüssen Tivacuno, Shiripuno und Tiputini lebenden Waorani und den Tagaeri-Taromenani (RIVAL 2002, 7; RIVAL 2015, 7; 30). Linguistische Studien zum Waoterero wurden vor allem von Misionar:innen des SIL durchgeführt. Eine Ausnahme stellt die vom Wao YETI (2012) verfasste Grammatik dar, in der der Autor die Verwendung der Vokale a, e, i und o für das Waoterero unterscheidet, die jeweils kurz oder lang ausgesprochen werden und in der langen Variante eine Doppelschreibweise annehmen, also beispielsweise aa. Des Weiteren weist das Waoterero folgende 12 Konsonanten auf: b, d, g, k, m, n, ng, ñ, p, t, w und y (IBID, 19).

Die Betonung liegt im Waoterero meist auf der vorletzten Silbe (ORR/LEVINSOHN/PEEKE 1991, 20). Ausnahmen bilden die Singularform des Imperativs und der Plural für Substantive, die sich auf Gegenstände beziehen. Um einen Gedanken oder eine Person besonders zu betonen, wird die Betonung auf die letzte Silbe gelegt (YETI 2012, 47). YETI unterscheidet die grammatikalischen Zeiten Präsens, Präteritum und Futur für das Waoterero (IBID, 53f). Bei einer Analyse unterschiedlicher Partikel im Waoterero erscheinen die Ausdrücke »wa« (»Wer weiß?«) und das ausweichende »m« (»vielleicht«) interessant, die zurückhaltende Antworten auf eine Bitte ausdrücken. Obwohl diese aus westlicher Sicht keine definitiv negativen Antworten darstellen, wird im Waoterero damit ein Nein impliziert (ORR/LEVINSOHN/PEEKE 1991, 37; YETI 2012, 75 für weitere Ausdrücke des Zweifels). Im Gegensatz zum Waoterero beinhaltet ein »vielleicht« im Spanischen nicht zwangsläufig ein »Nein«, was zu kulturellen Missverständnissen führen kann. Vermutlich werden manche Bitten der Waorani zunächst mit einem »vielleicht« beantwortet, da Vertreter:innen staatlicher Organisationen beispielsweise vor definitiven Zusagen erst Rücksprache mit Vorgesetzten halten müssen.

Beobachtet man die Waorani beim Sprechen, fällt auf, dass das Waoterero von lebhafter Mimik und Gestik begleitet wird. Auch YETIS (2012, 73f) Hinweise zu Ausrufen im Waoterero, um Überraschung, Freude, Traurigkeit oder Wut auszudrücken, unterstreichen die Expressivität der Sprache der Waorani. Erzählungen von der Jagd werden mit Handbewegungen untermalt, um zu veranschaulichen, wie genau der Speer in das erlegte Wildschwein eindrang. Sehr oft werden diese langen Schilderungen mit Lauten verdeutlicht, um beispielsweise das Hinterherlaufen, um das Wildschwein zu töten, zu illustrieren (FELDTAGEBUCH 1, 16.02.2013). Solche in amazonischen Sprachen verbreitete Ideophone – also lautmalerische Verweise, die zugleich die Bedeutung der Äußerung abbilden – zeichnen sich dadurch aus, dass nicht nur Geräusche dadurch mitkommuniziert werden. Auch visuelle Aspekte (wie beispielsweise die Perspektive des Jägers, der auf das Tier blickt), Textur (wie die Beschaffenheit des Regenwaldbewuchs, durch den sich der Jäger kämpft) oder Verhaltensweisen der gejagten Tiere werden dadurch ausgedrückt. Ideophone, die also auf vielen unterschiedlichen Ästhetiken beruhen, sind für die Waorani besonders schwer ins Spanische zu übersetzen oder zu dolmetschen. Ältere Waorani scheinen zudem Ideophone eloquenter einzusetzen als jüngere Gemeinschaftsmitglieder (HIGH 2018, 71f).

PEEKE (1979, 13f; 27) hält weitere kulturelle und sprachliche Besonderheiten fest, die auch mir im Laufe der Feldforschung auffielen: So ist es bei den Waorani unüblich, einander formell zu begrüßen oder die Hand zu geben. Die Verabschiedung wird häufiger gepflegt und mit »gowopa« (»ich gehe«) oder »gomonipa« (»wir gehen«) ausgedrückt. Wie die Autorin zudem hervorhebt, gibt es im Waoterero viele Möglichkeiten, Ärger, Ungeduld oder Verachtung zu bekunden. Das Nichtverwenden dieser Ausdrücke drückt den Respekt des Gegenübers aus, ohne dass für das Waoterero unübliche Höflichkeitsfloskeln wie »bitte« oder »danke« angewandt werden müssen.

3.1 Sprache und Kosmovision

Ein wesentliches Charakteristikum des Waoterero ist der deutliche Konnex zwischen indigener Kosmovision und Sprache. Um die Art und Weise, wie die Waorani die Welt verstehen und in ihr handeln, mit der Frage, was Sprechen und in weiterer Folge Dolmetschen und Übersetzen umfasst, in Verbindung zu bringen, werden Werke einbezogen, die von den Indigenen selbst verfasst wurden. Exemplarisch erwähnt seien auf Waoterero, Spanisch und mitunter Englisch veröffentlichte Geschichten der Waorani (u. a. GONDECKI/IMA, 2009; IMA, 2010; MINICARO/OMACA/TAÑI/GANQUIMI/ENQUERI 2021), auf Spanisch und in Auszügen auf Waoterero publizierte Lebensgeschichten von Frauen der Waorani (AMWAE, 2009), spanischsprachige Kommuniqués verschiedener Comunidades an Vertreter:innen der Mehrheitsgesellschaft (u. a. AMWAE 2008; IMA 2012) sowie auf Spanisch und Waoterero verfasste Forschungsarbeiten einzelner Waorani (u. a. YETI/TOCARI, 2012a/b/c; BOYOTAI, 2014; ENQUERI/YETI, 2014; OMACA, 2014; TOCARI, 2014).

Bedeutsam für eine Erkundung der Verbindungen zwischen Kosmovision und Sprache sind ÁLVAREZ' (2012, 233–236) Hinweise zur Deutung von Träumen und Zeichen, die in engem Zusammenhang mit sprachlichen Handlungen stehen. So würden nach dem Erwachen Träume Familienmitgliedern geschildert und Verhaltens- bzw. Handlungsempfehlungen für die Jagd ausgesprochen. Anderen Jäger:innen werde geraten, in welche Richtung sie aufbrechen sollen oder wo die

Jagd glücken werde. Mache sich eine Flussbiene durch lautes Gesumme oder penetrantes Stören bemerkbar, bedeute dies, dass Besucher:innen viel sprechen. Auch die Deutung von Vorzeichen für drohendes Unheil und Gefahren spiele eine Rolle für die Waorani und erfolge vor allem durch die Pikenani: Das Umstürzen von großen Bäumen verweise auf bald eintretenden Tod. Tukane würden für Familien singen, die Todesfälle erlitten haben. Vögel zeigen zudem Jäger:innen Fährten an und kündigen, wenn sie in Häuser fliegen, nahenden Besuch an. HIGH (2018, 69) erwähnt die Häufigkeit ideophoner Bezeichnungen bei Vogelgesängen. Diese werden zuweilen als Botschaften mit Bezug zu kulturtypischen Erzählungen, als Indikatoren für eine erfolgreiche oder erfolglose Jagd oder als Vorzeichen für einen tödlichen Angriff oder Wetterumschwung interpretiert. Gespräche im Rahmen meiner Feldforschung, in denen Waorani mir mehrfach von Träumen erzählten, die wichtige Ereignisse offenbarten, zeugen von der nach wie vor wichtigen Rolle, die Träume in der Kosmovision der Waorani innehaben. Vor dem Tod des wichtigsten Schamanen Kemperi im Februar 2023 kam es zu heftigen Unwettern im Yasuní, was mehrere Waorani mit seinem Ableben in Verbindung brachten.

Von großer Relevanz sind zudem, so YETI/TOCARI (2012b, 305–309), die Namen, die die Eltern ihren neu geborenen Kindern geben, da diese mit der Natur Amazoniens und den Geschichten der Waorani in Zusammenhang stehende Bedeutungen haben, wobei aktuell zu beobachten ist, dass nicht mehr alle Kinder auch Namen in Waoterero haben. Die Bedeutung der Gesänge der Waorani, die zu Anlässen wie Kriegen, dem Zubereiten von *Chicha* oder als Schlaflieder intoniert wurden, kann nicht im Detail erschlossen worden. Einen guten Einblick bieten die von YETI/TOCARI (2012c, 357–360) veröffentlichten Übersetzungen von Gesängen ins Spanische. Alleine oder in Gemeinschaft angestimmten Gesängen liegt eine besondere Art des Sprechens im Sinne eines Stiftens von Gemeinschaft zugrunde (RIVAL 1996, 441f). Wie TODOROV (1985, 86f) betont und ich für die Analyse von Translationshandlungen mitreflektiere, liegt die Besonderheit des Zusammenhanges zwischen Kosmovision und Sprache darin,

3. Tedikimpa Waoterero

dass indigene Gemeinschaften Kommunikationsakte nicht nur als Kommunikation zwischen Mensch und Mensch, sondern auch als Kommunikation zwischen Mensch und Welt begreifen:

> Wir sind gewohnt, Kommunikation ausschließlich als zwischenmenschlich zu begreifen, da die »Welt« kein Subjekt ist und der Dialog mit ihr deshalb stark asymmetrisch verläuft (wenn überhaupt von Dialog die Rede sein kann). [...] Der Begriff wäre produktiver, wenn man ihn derart ausdehnte, daß er neben der Interaktion zwischen Individuum und Individuum auch die zwischen dem Menschen und seiner sozialen Gruppe, dem Menschen und der Natur, dem Menschen und dem religiösen Universum miteinschlösse.

Das Charakteristikum von Kommunikation als nicht rein zwischenmenschlicher Akt sowie die Wichtigkeit der Deutung von Naturereignissen ermöglichen Kommunikation mit der Umwelt, die eine interpretative Funktion beinhaltet: »La capacidad comunicativa del ser humano le convierte en un intérprete de la naturaleza« (Yeti/Tocari 2012c, 351) [Die Fähigkeit zu kommunizieren macht Menschen zu Interpret:innen der Natur]. Hieraus folgt, dass Waorani, die kultureigenes Wissen besitzen, eine potenziell kulturstiftende Funktion als Übermittler:innen und Übersetzer:innen dieses Wissens in die neokapitalistische Gesellschaft erfüllen. Zugleich heben das Sprechen von Waoterero und ihre Kommunikationsfähigkeit sie in die Position von Deuter:innen von Naturereignissen und Exeget:innen der Sprache des Waldes.

Die Kosmovision der Waorani beruht auf dem Fundament der Weisheiten ihrer Pikenani. Das Fortbestehen des Regenwaldes als Lebensraum hänge, so Yeti/Tocari (2012b, 314), davon ab, ob es gelingen werde, die Bräuche der Waorani weiter zu pflegen und so ihr Land zu schützen. Besonders wichtig sei hierfür das Anhören der Ratschläge der Ältesten, um die Kosmovision der Waorani, ihre Identität, Werte und Praktiken und schlussendlich ihre Sprache Waoterero fördern und erhalten zu können. Die Ältesten bekleiden als Träger:innen und Vermittler:innen der Kosmovision der Waorani und des kulturrelevanten Wissens eine wesentliche Rolle in der Gemeinschaft. Hierzu zählt das Wissen darüber, wie Häuser der Waorani gebaut werden, wie eine Familie organisiert wird, ein Garten angelegt wird, Krieg geführt wird, Kunsthandwerk angefertigt wird, wie Regenzeiten und Trockenperioden zu deuten sind, sowie das Wissen um die Weitergabe der Traditionen und wie bestimmte Orte im Regenwald aufgefunden werden können (YETI/TOCARI 2012c, 353). Die Fragen danach, wie dieses Wissen in transkulturellen Übersetzungsprozessen an jüngere Generationen weitergegeben werden kann, werden in diesem Zusammenhang virulent. In weiterer Folge wird daher eingehend thematisiert, welche gemeinschaftsinternen Veränderungen durch eine Zunahme des spanischen Sprachgebrauchs und der Übernahme kultureller Gepflogenheiten der Mehrheitsgesellschaft erfolgen und wie diese auf Translationshandlungen einwirken.

Für die Waorani haben aber nicht nur die Menschen eine wichtige Deutungsfunktion im Sinne einer Übersetzung der Phänomene und Geschehnisse der Umwelt in ihre Sprache und Deutungsstruktur. Es kommt unter anderem auch der Figur des Jaguars (*Meñe*) eine bedeutende Mittlerfunktion zu. Der Jaguar vermittelt zwischen Menschen und Natur (IBID). Translationsprozesse um die titelgebende Figur des Jaguars werden in Kapitel 7 analysiert. Vorausschickend sei an dieser Stelle nur die Gebundenheit von Sprache an Körperlichkeit erwähnt. HIGH (2018, 66ff) streicht diesbezüglich heraus, dass der Jaguar für die Waorani sprechen kann, insofern er in den Körper von Schaman:innen eintritt. Ebenso zeigt sich die Verbindung Sprache/Körper anhand der Bezeichnung *Kowore*, die Waorani für Außenstehende verwenden und die sie mit »Kannibal:innen« umschreiben. So seien sich die Waorani bei ersten Kontakten mit Missionar:innen beispielsweise nicht sicher gewesen, ob es sich bei diesen um Menschen handelte. Erst durch das Zusammenleben und den gemeinsamen Konsum von Nahrung wurde ein Verständnis der Kowore als Menschen für die Waorani und damit ein Beziehungsaufbau möglich. Wie auch der Autor beobachtete ich selbst, dass Waorani selbst bei geringen Waotererokenntnissen aber gemeinsam verrichteten Tätigkeiten und Nahrungsaufnahme Kowore als fähig ansahen, ihre Sprache zu sprechen. Bemerkenswert scheint zudem die Anmerkung, Kowore (geschrieben von HIGH als Kowori) wäre sprachlich mit der Bezeichnung für tote Menschen (*wori*) verwandt. Wie auch die Toten hätten die Kowore für die Waorani zunächst nicht denselben Körper besessen, der die Waorani ausmacht. Der Autor hält weiters fest, dass der Beziehungsabbruch zu Toten beinhalte, dass die Waorani für eine gewisse Zeit so sprechen und handeln, als hätten diese nicht existiert.

Kulturspezifische Deutungssysteme, wie die Art und Weise, wie Zeit und Raum verstanden werden oder kultureigene Zählweisen, »visualiza[n] la pluridad de construcciones imaginarias y las diversas interpretaciones de la vida y del cosmos« (MONTALUISA 2012, 268) [verdeutlichen die Vielfalt von Denkkonstruktionen und die unterschiedlichen Interpretationen des Lebens und Kosmos]. So werden Jahreszeiten von den Waorani nach Naturvorkommnissen eingeteilt – wie die Blütezeit der Baumwolle (RIVAL 1993, 642). Bäume wie die Chontapalme und Pflanzen wie *Yuca* haben große Bedeutung, die sich in sprachlichen Bezeichnungen widerspiegelt: Paare, die Feste organisieren, bei denen große Mengen des aus *Yuca* hergestellten Gärgetränkes *Chicha* getrunken werden, werden *Awene* genannt – »an expression which literally means of the tree« (IBID, 646) [ein Ausdruck, der wörtlich »vom Baum kommend« bedeutet]. Mit Awene werden große alleinstehende Bäume und Gruppenführer:innen bezeichnet. Diese zeichneten sich in der Vergangenheit durch enorme Großzügigkeit und Sicherstellen von Nahrungsmitteln im Überfluss aus, besaßen aber auch besondere Charakterzüge: »He/she is capable of maintaining large groups united and avoiding feuds, he/she is charismatic, a savior and a good orator« (COLLEONI 2016, 91) [Er:sie ist in der Lage, große Gruppen zusammenzuhalten und Fehden zu vermeiden, er:sie ist charismatisch, ein:e Heilsbringer:in und ein:e gute:r Redner:in]. Die Fähigkeit, ein:e gute:r Redner:in zu sein, ist vor allem für ein mögliches Zusammenfließens der Eigenschaften der Awenes und heutiger Charakteristika von Dolmetscher:innen bedeutend.

Das auch heute vielerort gehörte *durani o monito memeiri anobain duranibain* trägt die Bedeutung »in der Zeit, in der unsere Großeltern lebten«/»vor langer Zeit«. *Huarepo* bezieht sich auf Ereignisse, die mehrere Monate bis mehrere Jahre zurückliegen. *Dube* bedeutet »es geschah vor einiger Zeit« und wird für mehrere Wochen bis mehrere Monate zurückliegende Ereignisse verwendet. *Iimo* steht für gestern, ñuhone für jetzt oder die Gegenwart und *baane* für Morgen oder Zukünftiges. Diese Auffassungen von Zeit zeigen, dass für die Waorani auch heute das Vergehen der Zeit nicht immer quantifiziert wird und vor allem, dass Vergangenes keiner zeitlichen Präzision bedarf (RIVAL 1996, 365).

All diese Besonderheiten unterstreichen die Verflochtenheit des Waoterero mit der Kosmovision der Waorani und mit Amazonien als Lebensraum, in dem sich ihre Sprache entfaltet. Die Waorani YETI und TOCARI (2012b, 310) beschreiben das Konzept des Lebens als eng mit der Natur verbunden: »[S]in la madre naturaleza, sin la selva, el ser humano no podría existir. Por eso, para el waodani, vida digna equivale a conservar el medio ambiente« [Ohne Mutter Natur, ohne den Regenwald, könnte der Mensch nicht existieren. Deshalb bedeutet ein würdiges Leben für die Waorani, die Umwelt zu erhalten]. Laut RIVAL (1993, 647) sei Glücklichsein vor Zeiten des Kontaktes mit den Kowore vor allem in Zusammenhang mit Stabilität und Ruhe gestanden. In Zeiten, in denen interethnische Fehden abnahmen, konnten die Waorani längerfristige *Kewene* (Gärten) anlegen und der Zusammenhalt zwischen verschiedenen Häusern nahm zu.

Das Fehlen von präzisen Ausdrücken, um komplexe persönliche Beschreibungen und Wesenszüge wie »schüchtern« oder »intelligent« zu vermitteln, ist wie in anderen indigenen Sprachen ein weiteres Merkmal des Waoterero. Diese werden meist mit längeren Umschreibungen verbalisiert. In der ehemals nur wenige 100 Individuen umfassenden Gesellschaft der Waorani, die als Jäger:innen und Sammler:innen zudem in getrennten Familienverbänden in zum Teil weit voneinander entfernten Langhäusern lebten, gab es keinen Bedarf für die Hervorbringung von abstrakten Persönlichkeitsdeskriptoren, da soziale Interaktionen sich fast ausschließlich auf Familienmitglieder oder andere bekannte Personen beschränkten (Boster/Yost/Peeke 2003, 475f). Für Translationshandlungen kann erwartet werden, dass komplexe Beschreibungen von Individuen aus der Gemeinschaft nicht vonnöten sind, da Personen, über die gesprochen und für die gedolmetscht/übersetzt wird, allen bekannt sind. Erst wenn es darum geht, Äußerungen von Außenstehenden für die Comunidad zu dolmetschen, ist mitunter eine Differenzierung und Einschätzung notwendig.

In Bezug auf die Vereinnahmung durch das SIL ist wichtig, wie komplexe Konzepte in Translationshandlungen ausgedrückt werden, um Verhalten zu beeinflussen. Da die Missionarinnen Peeke und Jung, die die 1992 gedruckte Übersetzung des neuen Testamentes ins Waoterero anfertigten, eine Abkehr vom Zyklus des Rachenehmens bewirken wollten, musste auch für die Übersetzung eine dementsprechende wirkungsvolle Umschreibung der Termini »Rache« und »Vergeltung« gefunden werden (Boster/Yost/Peeke 2003, 475; 489). So wurde der Auszug »Mein ist die Rache; ich will vergelten« aus dem Römerbrief folgendermaßen übersetzt:

> Wenæ wenæ kædani adinke botö wenæ wenæ nani kædïnö beyäe ante në apænte pangenemo inte tomemo eyepäe wæætë godö kæbo wækædanimpa. Upon seeing people do bad things, I myself, who should be the one that judges and punishes on account of their bad seeds, shall, in turn, do enough to them that they will suffer. (Ibid, 475f) [Wenn ich sehe, dass die Menschen Schlechtes tun, werde ich selbst, der ich derjenige sein sollte, der sie wegen ihrer bösen Saat richtet und bestraft, ihnen im Gegenzug so viel antun, dass sie leiden werden.]

Um die Praxis des steten Rachenehmens verbieten zu können, musste also in der Kosmovision der Waorani eine abstrakte und allgemein verständliche Kategorie für dieses Verhalten geschaffen werden, was durch ausführliche Beschreibungen verbotenen Verhaltens erzielt wurde (IBID, 476). So ist es nicht verwunderlich, dass das neue Testament im Waoterero einen aufgrund der vielen in der Übersetzung beigefügten Erläuterungen beträchtlichen Umfang aufweist (SPEED THE NEED 1997, 36). Weitere Einblicke in die Bibelübersetzung unterstreichen das Fehlen konkreter Termini und damit einhergehende textuelle Strategien, die von Translator:innen gefunden werden mussten. Zudem wird die bedeutende Position von Personen deutlich, die mit kulturrelevantem Wissen der Außenwelt vertraut sind (auch Kapitel 6):

> [T]he Waorani had no words for buying, selling or specialised work like carpenter, fisherman, teacher or farmer. […] Dayuma, who had lived on the outside explained these things to her people and helped them to understand concepts new to them. For example, »disciple« became »one who lives following Jesus.« (IBID.) [Die Waorani hatten keine Worte für kaufen, verkaufen oder spezielle Berufe wie Tischler, Fischer, Lehrer oder Bauer. […] Dayuma, die in der Fremde gelebt hatte, erklärte ihrer Gemeinschaft diese Dinge und half ihnen, für sie neue Konzepte zu verstehen. Zum Beispiel wurde aus »Jünger« »jemand, der nach Jesu lebt«.]

Die Verflechtungen zwischen Kosmovision und sprachlichem Ausdruck stellen für die Indigenen weithin bekanntes kultureigenes Wissen dar – es sei denn, die Vermittlungskette des Wissens durch Älteste an jüngere Generationen wird unterbrochen, beispielsweise durch gemeinschaftsinterne Spaltungen oder die überproportionale Zunahme an anderen Wissensformen (z. B. durch Schule, Kirche oder andere soziale Konstellationen). Für die Waorani selbst besteht kein Bedarf, diese Kenntnisse in Kommunikations- oder Translationshandlungen zu explizieren. Wird jedoch aus dem Waoterero für Mitglieder der Mehrheitsgesellschaft übersetzt, bestünde dieser sehr wohl. Umgekehrt ist anzunehmen, dass Zusammenhänge, die Vertreter:innen der Mehrheitsgesellschaft, die in die Dörfer kommen, bekannt sind, den Waorani mitunter aufgrund der Besonderheiten ihrer Kosmovision und ihrer erst kürzlich erfolgten Kontaktierung nicht immer geläufig sind. Daher ist davon auszugehen, dass Aspekte, die diese nicht im Zuge ihrer Sozialisation mit der sie umgebenden Mehrheitsgesellschaft erlernt haben, in Translationshandlungen für die Ältesten oder Mitglieder der Gemeinschaft mit geringem Bezug zur westlichen Welt mitunter von Waorani, die als Dolmetscher:innen fungieren, explizit werden müssen.

HIGH (2018, 69f) thematisiert Sprache als kulturell objektiviertes Unterscheidungsmerkmal und geht von einer intrinsischen Verwobenheit mit rituellen Praktiken, religiösen Vorstellungen und Sozialkonstellationen aus. Zugleich ermöglicht das Mitwirken junger Waorani in linguistischen Projekten zur Sprachdokumentation aber auch, Sprache als symbolisches Unterscheidungsmerkmal zu sehen. Während der Autor am Potenzial von Sprache als kulturelle Ressource interessiert ist, die durch Sammeln, Dokumentieren und Speichern zu einem Kulturerbe für künftige Generationen wird, sprechen meine Analysen durch den Fokus auf Dolmetschhandlungen die Nutzung von Sprache und Kosmovision als politisches Unterscheidungsmerkmal an. Translation wird somit zu einem transkulturellen Werkzeug zum Entfalten politischer Handlungskraft, die Kosmovision vor dem Hintergrund (neo-)kolonialer Spannungsfaktoren vermittelt. Ein Überblick zum Umgang mit Zwei- und Mehrsprachigkeit und indigenen Gemeinschaften stellt die bislang erfolgten Betrachtungen zur Geschichte Amazoniens und der Waorani, ihrer Sprache und Kosmovision nun in einen nationalstaatlichen Bezugsrahmen, um auch diese Ebene der Einflussnahme auf Translationshandlungen beleuchten zu können.

3.2 Staatlicher Umgang mit Zwei- und Mehrsprachigkeit

In Ecuador werden 14 indigene *Nacionalidades*, 18 *Pueblos* und 13 indigene Sprachen unterschieden (HABOUD/ORTEGA 2023, 284;

CODENPE, 2013). Der Ausdruck Nacionalidades bezieht sich auf vor der Konstituierung des Staates bestehende Personengruppen, deren Charakteristika wie gemeinsame Geschichte, Sprache und Kultur sie vom Rest der Gesellschaft unterscheiden (INSTITUTO NACIONAL DE ESTADÍSTICA Y CENSOS 2012, 17). Pueblos bezeichnet Gruppen innerhalb der Nacionalidades, die sich in ihrer lokalen Zugehörigkeit und einer ihnen eigenen Art des Auslebens kultureller Gebräuche unterscheiden (HABOUD 2009, 333).

Die Bezeichnung Nacionalidad verleiht dem Kampf der Indigenen um Anerkennung und Wahrung ihrer Rechte eine moderne und politische Dimension gegenüber der Nation Ecuador. Von dieser fordern indigene Organisationen wie die CONAIE die völlige Abkehr vom seit der Kolonialzeit vorherrschenden ökonomischem, soziopolitischem, psychologischem und westlichen Ethnozentrismus zu Gunsten einer neuen wirtschaftlichen Ordnung unter einem tatsächlich plurinationalen Staat (CONAIE 1994, 6; ALMEIDA/ARROBO 2005, 18).

Die Bezeichnung »plurinational« verweist auf die Verfassung der Republik (2008), die Ecuador in Kapitel 1, Artikel 1 als interkulturellen und plurinationalen Staat definiert (ASAMBLEA CONSTITUYENTE 2008, 16). Diese Anerkennung kritisiert MONTALUISA (2012, 268) als allzu verspätet. Ecuador war stets plurinational. Ein gelingendes Zusammenwirken der indigenen Bevölkerung und der Mehrheitsgesellschaft wird neben soziokulturellen, (sprach-)politischen und ökonomischen Faktoren dadurch erschwert, dass es sich um unterschiedlich gewachsene Systeme handelt. Der Nationalstaat Ecuador ging, so ALMEIDA/ARROBO (2005, 25) aus kapitalistischen Prozessen hervor, die ihren Anfang in einem von Spanien begonnenen Kolonialismus nahmen, während indigene Gemeinschaften auf weitaus älteren Wirtschaftssystemen beruhen. Heute sind zudem kulturelle Veränderungen durch multinationale Einflüsse spürbar, die mestizisch geprägte und indigene Kulturen verdrängen. Für ein tatsächlich inklusives und plurinationales System braucht es daher die Umsetzung dementsprechender Politiken:

[L]a plurinacionalidad no implica solamente una declaratoria formal en el artículo primero de la constitución, sino un cambio en la estructura del Estado y del modelo económico, en el marco del reconocimiento [...] de autogobierno territorial y del manejo y protección de los recursos naturales, en el ejercicio de la autoridad sobre las instituciones que manejan asuntos de vital importancia como la educación y la salud, en el reconocimiento de la pluralidad jurídica, en la *oficialización de los idiomas indígenas* y la construcción de una verdadera interculturalidad sin imposiciones. (CONAIE 2007, 5; meine Hervorh.) [Plurinationalität bedeutet nicht nur eine formale Erklärung im ersten Artikel der Verfassung, sondern eine Veränderung der Staatsstruktur und des Wirtschaftsmodells, im Rahmen der Anerkennung territorialer Selbstverwaltung und des Verwaltens und Schutzes natürlicher Ressourcen, der Autorität über Institutionen, die lebenswichtige Angelegenheiten wie Bildung und Gesundheit verwalten, der Anerkennung von Rechtspluralismus, der *Offizialisierung der indigenen Sprachen* und den Aufbau einer echten Interkulturalität ohne Nötigung].

Wesentlich für das Verständnis des erforschten Feldes ist das Sumak Kawsay (in etwa: »Gutes Leben«). Diese Denkhaltung strebt eine alternative Art der Entwicklung oder auch Alternativen zu einer Entwicklung im westlichen Sinne an. Diese Denkfigur ist in der Verfassung Boliviens (2009) und in 99 Artikeln der Verfassung Ecuadors (2008) verankert (ACOSTA 2010, 6; 11). Die dem »Guten Leben« (*Sumak Kawsay*) zugrundeliegende Kosmovision von einem ganzheitlichen Blick auf die Verbesserung der Gesellschaft aus mit Wertvorstellungen wie »el reconocimiento social y cultural, los códigos de conducta éticas e incluso espirituales en la relación con la sociedad y la Naturaleza, los valores humanos [y] la visión de futuro« (IBID, 12) [soziale und kulturelle Anerkennung, ethische und auch spirituelle Verhaltenskodizes in der Beziehung zur Gesellschaft und zur Natur, zu menschlichen Werten [und] eine Zukunftsvision]. Um das Sumak Kawsay zu gewährleisten, brauche es daher kontinuierlichen Dialog zwischen angestammtem und neuestem Wissen mittels eines gesellschaftlichen Dekolonialisierungsprozesses (IBID, 11). Der mit dem Sumak Kawsay einhergehende Einschluss der Natur als Rechtsträgerin stellt einen Meilenstein und eine paradigmatische rechtliche, ethische und spirituelle Wende dar (MELO 2010, 42).

Das Konzept des »Guten Lebens« drückt sich in der Verfassung Ecuadors u. a. im Recht auf Zugang zu Wasser (Art. 12) und gesunde Lebensmittel aus (Art. 13) sowie auf Leben in einer gesunden und ökologisch ausgeglichenen Umwelt (Art. 14) durch Förderung alternativer Energien, Verbot von Nuklear-, Bio- und Chemiewaffen und schädlicher genetisch veränderter Lebensmittel (Art. 15). Sprachlich wird Indigenen in Art. 16 das Recht auf »comunicación libre, intercultural, incluyente, diversa, participativa, en todos los ámbitos de la interacción social, por cualquier medio y forma, en su propia lengua y con sus propios símbolos« (ASAMBLEA CONSTITUYENTE 2008) [freie, interkulturelle, integrative, vielfältige und partizipative Kommunikation in allen Bereichen der sozialen Interaktion, in allen Medien und in jeder Form, in ihrer eigenen Sprache und mit ihren eigenen Symbolen] zugesichert. Zudem garantiert die Verfassung in Art. 57 umfassende kollektive Rechte wie Wahrung und Ausdruck von kultureller Identität (IBID).

In Ecuadors Amazonien sind die zehn Nacionalidades der Achuar, A'i oder Cofán, Andoa, Kichwa, Siona, Secoya, Shiwiar, Shuar, Waorani, und Zápara mit den Sprachen Achuar Chicham, A'ingae, Shimigae, Kichwa/Runa Shimi, Paikoka (wird von Siona und Secoya gesprochen), Shiwiar Chicham, Shuar Chicham, Waoterero und Kayapi/Zápara beheimatet (HABOUD 2009, 334; 336). Im Jahr 2022 erklärten sich von 16.938.986 Einwohner:innen 1.301.887 (7,7 %) als Indigene. Weitere 1.304.994 (7,7 %) definierten sich als Montubios:as und 814.468 Personen (4 %) als Afroecuadorianer:innen (INSTITUTO NACIONAL DE ESTADÍSTICA Y CENSOS, 2023). Die CONAIE kritisierte, die indigene Bevölkerung wäre über die Möglichkeit der Online-Zählung unzureichend in Kenntnis gesetzt worden. Bei den Präsenzzählungen wurden Indigene nicht ausreichend über die Wichtigkeit einer Selbstidentifizierung informiert und dem zuständigen Personal hätte es an Sensibilität im Umgang mit der indigenen Bevölkerung gefehlt. Die Indigenenorganisation betonte die Wichtigkeit, junge Personen aus den Comunidades für diese Tätigkeiten einzusetzen. Die Zählung solle zudem Indigene nicht auf nüchterne Zahlen beschränken, sondern einer interkulturellen und plurinationalen Methodik Folge leisten, die die Kollektivität und Organisationsstruktur Indigener als Rechtsträger:innen anerkennt. In Folge seien die aus Zählungen erhobenen Indikatoren sozialer Ausgrenzung wie mangelhafter Zugang zum Arbeitsmarkt oder extreme Armut durch entsprechende öffentliche Politiken anzugehen. Weitere Forderungen beinhalteten den Einschluss von Problematiken der in urbanen Räumen lebenden Indigenen sowie eine stete Kommunikation mit Indigenenorganisationen, Organisationen der afroecuadorianischen Bevölkerung und der Montubios:as, die wiederum die Kommunikation mit der Basis übernehmen würden (CONAIE, 2022). Forderungen der CONAIE, Informationen zur Volkszählung und zur Wichtigkeit der Selbstidentifizierung in Massenmedien in indigenen Sprachen zugänglich zu machen sind relevante Punkte, aus denen sich Translationsbedarf ergibt. Dieser wird jedoch von Seiten des Staates trotz des erwähnten Art. 16 der Verfassung nicht gedeckt.

CONAIE, FEINES und FENOCIN organisierten im Vorfeld der Volkszählung 2010 *Chasquis* (Bot:innen), die die Indigenen über die Wichtigkeit der Frage zur Selbstidentifizierung sensibilisierten, da ein niedriger offizieller Anteil Indigene und ihre politischen Vertretungen deutlich schwächen könnte. Mehrere Indigene berichteten jedoch, die Frage zur Selbstidentifizierung wäre ihnen von Interviewer:innen des nationalen Statistikinstituts INEC nicht gestellt worden. Viele Indigene hatten sich durch mehrheitsgesellschaftlichen Druck als Mestiz:innen bezeichnet (Montaluisa 2012, 269).

Obgleich sprachlicher und kultureller Pluralismus u. a. durch die Unterzeichnung des ILO-Abkommens 169 im Jahr 1997

(INTERNATIONAL LABOUR ORGANIZATION, 2017), verschiedene Verfassungsreformen und Übersetzungen ins Kichwa (CORDERO, 2010) auf rechtlicher Ebene verankert wurde, stehen Anerkennung und Förderung indigener Sprachen in der öffentlichen Wahrnehmung weiterhin aus. Öffentliche Institutionen weisen die Mehrzahl der indigenen Gemeinschaften als zweisprachig aus, obwohl »no todos los indígenas tienen el mismo nivel de competencia lingüística y cultural en español« (PLACENCIA 2008, 586) [nicht alle Indigene über das gleiche Maß an sprachlicher und kultureller Kompetenz im Spanischen verfügen]. In der Verfassung Ecuadors wird in Kapitel 8, Art. 76/7f ein Recht auf kostenlos zur Verfügung gestellte Dolmetscher:innen und Übersetzer:innen als Teil des Rechtes auf Verteidigung für Personen, die die Sprache in Gerichtsverfahren nicht verstehen oder sprechen, in Aussicht gestellt (ASAMBLEA CONSTITUYENTE 2008, 57). Dies ist die einzige Erwähnung von Translation im Dokument.

Diesbezüglich bleibt fraglich, inwieweit es sich bei Übersetzungen in indigene Sprachen durch Staatsinstitutionen um reine Prestigewerke handelt. Ein Vergleich des spanischen Originalartikels (Abb. 1; weiß hinterlegter Fließtext) mit den Übersetzungen ins Kichwa und Shuar (auf orangem Hintergrund) aus einer Zeitschrift des *Secretaría de Pueblos, Movimientos Sociales y Participación Ciudadana* (Sekretariat für Völker, soziale Bewegungen und Büger:innenbeteiligung) zeigt auch ohne Kenntnis indigener Sprachen, dass die indigene Version lediglich eine Zusammenfassung der im Spanischen auf eineinhalb Seiten enthaltenen Information ist.

Als Prestigeübersetzungen bezeichne ich all jene Translation in indigene Sprachen, die Institutionen lediglich dem Verschaffen eines Ansehens nach Außen dient, ohne tatsächlich inklusive Translationspolitik auf Augenhöhe zu betreiben (vgl. auch WOLF, 2010 zum Konstruktcharakter von Translation). In ORÓSTEGUIS (2008, 170) – ansonsten von kolonialen Denkmustern geprägter – Analyse der Übersetzung der kolumbianischen Verfassung in sieben indigene Sprachen im Jahr 1991 zeigt sich dies am Umfang der Übersetzung: Es wurden von 380 Artikeln in der Verfassung nur diejenigen 40 übersetzt, die indigene

Grundrechte betrafen. Der zum Forschungszeitpunkt in Nähe der Comunidades Tiwino und Bataboro operierende Konzern Petrobell veröffentlichte ein mehr als 150 Seiten umfassendes, von einem Wao ins Waoterero und von einer dem Konzern nahestehenden Person ins Englische übersetztes Buch zu den Waorani (GRUPO SYNERGY E &P ECUADOR/PETROBELL INC. GRANTMINING S. A., 2012). Auf diese Weise transportiert das Unternehmen einen vermeintlich intakten indigenen Kontext unter einer vorgeblich menschenliebenden und umweltschonenden Corporate Identity nach außen und illustriert dies zusätzlich durch symbolträchtiges »kulturtypisches« Bildmaterial.

Abb. 1: Prestigeübersetzung (Secretaría de pueblos, Movimientos Sociales y Participación Ciudadana 2012, 14f)

Um der Frage nachzugehen, inwieweit Sprachgebrauch durch Schulbildung in von Zwei- und Mehrsprachigkeit geprägten indigenen Gemeinschaften institutionalisiert wird – und dies vor dem Hintergrund der in Kapitel 1.3 behandelten Emanzipierungsbewegungen indigener Gemeinschaften – ist insbesondere die Umsetzung der *Educación Intercultural Bilingue* (interkulturelle zweisprachige Bildung; EIB) von Bedeutung.

Die Verwirklichung der EIB geht auf langwierige politische Forderungen indigener Bewegungen zurück (KRAINER 2012, 36).

Ein historischer Abriss der Etablierung des Bildungssystems in Amazonien verdeutlicht die starken Verbindungen zwischen Missionierung und Schulbildung sowie die langjährige Abwesenheit des Staates in der Region. So erfolgten Unterricht und Bildung in den 1950er-Jahren durch das auch in den Anden- und Küstenregionen tätige SIL. Bis zu seiner Ausweisung 1981 beeinflusste das SIL durch die Gründung eines Forschungszentrums für indigene Sprachen an der *Universidad Católica* sowie durch vorgeblich linguistische, aber stark missionarisch intendierte Alphabetisierungsprojekte maßgeblich die Bildungspolitik im Land (VON GLEICH 2007, 49). In den 1970er-Jahren wurden für die Shuar und Achuar unter Mitwirkung der Salesianermission, der interprovinzialen Föderation der Shuar und Achuar sowie des Bildungsministeriums über Funk operierende Schulen eingerichtet. Schließlich wurde 1986 das *Proyecto de Educación Bilingüe Intercultural* (Projekt für zweisprachige interkulturelle Bildung) zwischen den Regierungen Ecuadors und Deutschlands ins Leben gerufen. Es fokussierte zunächst Grundschulbildung für die Kichwa in 74 Schulen im Andenhochland und wurde unter Mitwirkung der CONAIE, des Bildungsministeriums und der *Dirección Nacional de Educación Intercultural Bilingüe* (Nationale Direktion für interkulturelle zweisprachige Bildung; DINEIB; jetzt: *Secretaría de Educación Intercultural Bilingüe y la Etnoeducación,* SEIBE) auf alle indigenen Gemeinschaften angewandt (MOSEIB 1988, 3–6; KRAINER 2010, 38f; MINISTERIO DE EDUCACIÓN DEL ECUADOR 2013, 14–25). Das SIL wirkte an der Ausarbeitung des Bildungsprogrammes mit (FIERRO 1991, 3).

Das *Ley Orgánica de Educación Intercultural* (Gesetz über die interkulturelle Bildung) bekräftigt bereits in der Präambel das im Artikel 29 der Verfassung enthaltene Recht auf Bildung in der eigenen Sprache (auch enthalten in Art. 2/bb) und im eigenen Umfeld, garantiert hierfür die Nutzung indigener Sprachen als Hauptsprache sowie Spanisch als Sprache der interkulturellen Beziehung im interkulturellen Bildungssystem (auch Art. 68) und stellt das Lehren von mindestens einer indigenen Sprache als fixen Bestandteil im Lehrplan für interkulturelle zweisprachige Bildung in Aussicht (auch Art. 92). Artikel 2/aa verbrieft das Recht Indigener auf eine ihre kulturelle Identität fördernde Bildung während Artikel 2/cc ideologischen und politischen Pluralismus gewährleistet. Proselytismus und Indoktrinierung werden im selben Artikel ausdrücklich sowohl inhaltlich als auch praktisch verboten. Art. 6/k bekräftigt erneut eine an die jeweiligen Kulturen angepasste Bildung, in der eigenen Sprache und unter Wahrung indigener Rechte, und garantiert das Bewahren, Praktizieren und Entwickeln indigener Sprachen. Translation wird im Gesetz nicht thematisiert (PRESIDENCIA DE LA REPÚBLICA DE ECUADOR, 2011). Die SEIBE entwickelt seit 1993 ein an die Gegebenheiten der Region adaptierbares Curriculum für interkulturelle zweisprachige Bildung (MOSEIB, erneuert im Jahr 2013) und fördert didaktisches Material nach sprachlich, sozial und pädagogisch angemessenen Kriterien. Zusätzlich werden Gesundheits- und Umweltbildungsprogramme umgesetzt sowie Lehrende für die interkulturelle Bildung ausgebildet (KRAINER 2010, 39). Ein spezifisch auf Sprachenrechte zugeschnittenes Regelwerk wurde 2016 mit dem Gesetzesentwurf eines *Ley Orgánica de Derechos Lingüísticos de los Pueblos y Nacionalidades* vorgelegt, bis dato aber noch nicht ratifiziert (persönliche Kommunikation mit Marleen Haboud am 19. 12. 2023).

Unterrichtsmaterialien, die von der DINEIB in Zusammenarbeit mit internationalen Institutionen im Erhebungszeitraum ausgearbeitet wurden, unterstreichen das gesteigerte Bewusstsein für die Förderung indigener Kulturen im ecuadorianischen Bildungswesen. Viele Schulmaterialien und Wörterbücher werden jedoch von Erdölkonzernen mitfinanziert. Den von der DINEIB und dem Ministerium für Kulturerbe (UNICEF 2011, 23) vorgebrachten Schwur auf die indigene Flagge als Alternative zum Fahnenschwur beobachtete ich in der Waorani-Comunidad Toñampari nicht. Anstelle dessen wurde weiterhin montags die Hymne Ecuadors gesungen und auf die Nationalflagge geblickt. Zu indigenen Sprachen halten Bildungsministerium, Ministerium für Kulturerbe und DINEIB fest, dass Spanisch und indigene Sprachen im interkulturellen zweisprachigen

Bildungsmodell denselben Wert aufweisen. Als wesentliches Ziel für den Erhalt indigener Sprachen wird festgelegt, dass Schüler:innen gute schriftliche und mündliche Kenntnisse in Spanisch und der indigenen Sprache erlangen. Zunächst solle der Unterricht in der von den Schüler:innen am besten beherrschten Sprache erfolgen. Mit dem Fortschreiten des Unterrichts solle schrittweise ein immer größerer Anteil des Unterrichts in der zweiten Sprache abgehalten werden, bis ein 50:50-Verhältnis erreicht wird. Ein weiterer Vorschlag umfasst die Würdigung Indigener durch Respekt für ihre Art sich zu kleiden, zu denken und zu handeln, für ihre Gebräuche und Sprachen sowie durch Schaffung einer angenehmen und vertrauten Lernumgebung (IBID, 26f, 33). Mit letzterem ist wohl auch gemeint, dass Bildungseinrichtungen in kulturell üblichen Gebäuden wie typischen Häusern angesiedelt werden sollen. Kritik indigener Organisationen und eigene Beobachtungen der *Escuelas de Milenio* (Milleniumsschulen aus Beton mit Glasfenstern) unterstreichen, dass die Situation in den Comunidades von Vorgaben und offiziellen Angaben abweicht, nach einem städtischen und assimilistischem Modell erfolgt und das Sumak Kawsay meist nur vorgeblich angestrebt wird (COORDINADORA ANDINA DE ORGANIZACIONES INDÍGENAS 2012, 16). Laut PUENTE (2005, 15) wird die zweisprachige interkulturelle Bildung als lediglich die indigene Bevölkerung betreffend angesehen und existiert parallel zur spanischsprachigen Bildung, wodurch auch die Aufgabe des Lebens von Interkulturalität alleine Indigenen übertragen wird.

Bei Analysen zum Anstieg der Zwei- und Mehrsprachigkeit in Comunidades der Waorani (Kapitel 5) ist zudem zu berücksichtigen, dass die Abnahme des Gebrauches indigener Sprachen stets an die Gefahr ihres Aussterbens gekoppelt ist. In diesem Zusammenhang heben VIATORI/USHIGUA (2007, 8; 11f; 15; 18) hervor, das Sprechen einer indigenen Sprache werde meist fehlgeleitet als Zeichen kultureller Unversehrtheit interpretiert. Indigene, die keine indigenen Sprachen sprechen, werden kritisiert, sich nicht für indigene Belange einzusetzen oder einsetzen zu können. Die Sichtweise, dass Sprachen und kulturelle Zugehörigkeit einhergehen, ignoriere jedoch vermehrte

Zwei- und Mehrsprachigkeit in Gemeinschaften und verstärke die fälschliche Idee klarer Trennlinien zwischen Sprachen. Zudem würde außer Acht gelassen, dass Sprecher:innen Sprache kontinuierlich weitergestalten und eigenmächtig beeinflussen. Wie die in Kapitel 1.3 behandelten Zapatistas verwenden Indigene Ecuadors die Nationalsprache, um spanischen Termini und Phrasen neue und radikale politische Bedeutungen zuzuschreiben und ihrer Forderung nach Selbstbestimmung Ausdruck zu verleihen. Indigene Selbstbestimmung ist also selbst dann möglich, wenn Indigene ihre Sprache nicht mehr aktiv sprechen. VIATORI/USHIGUA (IBID, 16) nennen die bewusste Verwendung des Terminus Nacionalidad durch Indigene als Beispiel für Aneignung und Umformung der spanischen Sprache, als Betonung der vielen unterschiedlichen Nationalitäten, die in ihrer Gesamtheit Ecuador ausmachen, als Aufzeigen systemischer Diskriminierung von Indigenen und als Druckausübung gegenüber dem Staat, um indigene Rechte anzuerkennen und historische Ungleichheit in der Ressourcenverteilung zu revidieren.

Die Förderung indigener Sprachen und Kulturen ist an die Gewährleistung individueller und kollektiver Rechte der Pueblos und Nacionalidades zu koppeln, verankert in der Verfassung, im ILO-Abkommen 169 und im *International Convention on the Elimination of All Forms of Racial Discrimination* (Internationales Übereinkommen zur Beseitigung jeder Form von Rassendiskriminierung; ICERD; OHCHR, 2022) sowie an die Reduzierung der Armut zur Schaffung größerer Gleichheit zwischen Indigenen und übrigen Bevölkerungsgruppen (COORDINADORA ANDINA DE ORGANIZACIONES INDÍGENAS 2012, 22f). Im Hinblick auf die weit verbreitete Repression und Kriminalisierung indigener Proteste sprechen sich indigene Organisationen für die Einhaltung der Verfassung in Titel 4, Kapitel 1, Abschnitt 2, Artikel 98 aus (ASAMBLEA CONSTITUYENTE 2008), indem u. a. Einzelpersonen und Kollektiven das Recht zukommt, sich Handlungen des Staates zu widersetzen, die ihre verfassungsmäßigen Rechte verletzen (können), wobei insbesondere Rechte der Natur hervorgehoben werden (COORDINADORA ANDINA DE ORGANIZACIONES INDÍGENAS

2012, 22). Verfolgung und Prozesse aufgrund »sabotaje y terrorismo«[1] (IBID) [Sabotage und Terrorismus] sind daher umgehend einzustellen. Interkulturelle Gesundheitsversorgung in *Centros de Salud* (Gesundheitseinrichtungen im ländlichen Raum) solle die »implementación de protocolos de parto tradicional, atención de los profesionales en lenguas originarias y la instalación de ambientes adecuados« (IBID, 23) [Umsetzung von Protokollen für traditionelle Geburten, Behandlung durch Personal in indigenen Sprachen und die Schaffung geeigneter Einrichtungen] einschließen, wodurch auch erheblicher Dolmetschbedarf bestünde.

Wird der enge Zusammenhang zwischen Sprache, Kosmovision und Territorium vor den staatlich-rechtlichen Bezugsrahmen gestellt, zeigen sich erhebliche Diskrepanzen zwischen revolutionären Verankerungen wie jene der Natur als Rechtsträgerin oder dem umfassenden Grundsatz eines gesellschaftlichen Sumak Kawsays und der tatsächlichen Realität in indigenen Gemeinschaften und im Umgang mit der Mehrheitsgesellschaft. Translation als politisches Instrument, das beispielsweise grundlegend ist, um die in der Verfassung in Aussicht gestellte Kommunikation in indigenen Sprachen in allen Medien zu gewährleisten, scheint in diesem Regelwerk nicht auf. Dies trifft auch auf die verfassungsrechtlich durch den Staat durchzuführende Konsultation (*Consulta Previa, Libre e Informada*) von Comunidades vor extraktiven Projekten zu (vgl. KORAK/PICHILINGUE 2023 für eine Detailanalyse). Dolmetschen und in geringerem Maße Übersetzen für Gemeinschaftsmitglieder zu organisieren bleibt somit Aufgabe der Indigenen selbst.

---

1 Besorgniserregende Beispiele für die Kriminalisierung indigener Proteste gegen Erdöl- und Bergbauprojekte sind in FIDH/CEDHU/INREDH (2015) zusammengefasst. Vor allem Sabotage, Terrorismus, Behinderung von Straßen, nicht autorisierte öffentliche Verhandlungen oder die Mitgliedschaft in kriminellen Organisationen wurden verfassungswidrig bemüht (LÓPEZ 2016, 47).

4. Feldstudie

Grundlage meiner Forschung war ein explorativer Ansatz, um zunächst zu erschließen, in welchen Situationen es Bedarf an Dolmetschen und Übersetzen gibt und welche Personen dolmetschen und übersetzen. In Erstkontakten nach Ecuador wurde angegeben, die Indigenen würden alle bereits Spanisch sprechen. Dolmetschen schien, wenn überhaupt, lediglich als marginale, nebenbei und automatisiert ablaufende Tätigkeit im Bewusstsein der Befragten auf. Ein einziger Menschenrechtsexperte bezeugte, es werde sehr wohl gedolmetscht und dies beinhalte großes Konfliktpotenzial. In einem zweiten Schritt galt es, die eingangs gestellten Forschungsfragen in einem ausschnitthaften Bereich zu untersuchen. Hierfür wurden Forschungsaufenthalte in Ecuador (Februar 2012 bis April 2013) und im Februar 2015 unternommen. Zudem fließen auch Erkenntnisse aus der aktuellen Feldforschung ein (September 2022 bis Mai 2023 sowie September 2023).

Konkret wurden Recherche- und Interviewtätigkeiten in Quito sowie in den in Amazonien liegenden Städten Puyo, Tena, Shell und Coca unternommen. In Quito wirkte ich im Labor für Interkulturalität an der Lateinamerikanischen Fakultät für Sozialwissenschaften (FLACSO) mit. Zudem arbeitete ich mehrere Wochen im Büro der AMWAE in Puyo und unterstützte die Frauenvereinigung, indem ich ihre Homepage übersetzte. Während dieser Tätigkeit beobachtete ich die politische Arbeitsweise der Waorani-Frauen. Im Zuge eines zweimonatigen Aufenthalts in Toñampari konnte ich in der von der Comunidad gewünschten Tätigkeit als Lehrerin für Englisch und Informatik Forschung betreiben. Zudem erfolgten Aufenthalte in Baameno, Bataboro, Boanamo, Cononaco Chico, Dikaro, Meñepare, Ñoneno, Tepapare, Timpoka, Tiwino, Tobeta und Yawepare, in der für seinen Widerstand bekannten Kichwa-Comunidad Sarayaku und der ehemaligen SIL-Basis Limoncocha sowie in den Kichwa-Dörfern Canelos, Pompeya und Puyopungo. Diese besuchte ich als Begleiterin eines Fernsehteams, als Begleiterin eines Menschenrechtsaktivisten, als Begleiterin eines ehemaligen Lehrers in Waorani-Comunidades, als

Consultant für die deutsche Gesellschaft für internationale Zusammenarbeit (GIZ) und mit der Vizepräsidentin der politischen Organisation der Waorani. Für die FLACSO forschte ich in Workshops mit indigenen Lehrenden (mehrheitlich Kichwa). Als GIZ-Beraterin nahm ich mit Frauen aus Waorani-Comunidades an Workshops zum Kakaoanbau teil. Auf Einladung von Waorani-Freund:innen besuchte ich politische Versammlungen der NAWE und der CONAIE.

Die lebensweltliche Ethnographie als methodologische Grundlage (KNOBLAUCH 2003, 51–55) schließt unmittelbareres Erleben der Forscher:innen und Hinterfragen der eigenen Person und Positionalität im Feld ein. Die teilnehmende Beobachtung in den Comunidades beinhaltete Schulalltag, Alltagsleben und -sprache der Waorani und Dolmetschhandlungen mit Besucher:innen sowie Versammlungen, Gemeinschaftsessen oder Festen. Um einen möglichst explorativen Zugang beizubehalten, führte ich Interviews, die zwischen von SCHMIDT-LAUBER (2001, 175ff) skizzierten offenen Interviews und leitfadenorientierten Interviews einzuordnen sind. Konkret wurden problem-/themenzentrierte Interviews sowie vereinzelt Leitfadeninterviews (SCHLEHE 2008, 124–131; GLÄSER/LAUDEL 2010, 111–196) geführt, wobei das Hauptaugenmerk auf den Forschungsfragen lag, aber eine Erweiterung möglich war. Die interviewten Personen umfassten Indigene, zu Institutionen zugehörige Personen sowie sonstige, zu keiner dieser Kategorien zugehörige Interviewpartner:innen. Eine Fragebogenbefragung der Bewohner:innen und Schüler:innen Toñamparis zielte auf die vorherrschende Zwei- und Mehrsprachigkeit ab und war unterstützend bei der Ergründung, welche Sprachen im Alltagsleben und im Schulbetrieb gesprochen werden sowie in welchen Zusammenhängen von welchen Personen gedolmetscht und übersetzt wird.

4.1 Einsatz von Dolmetscher:innen

Interviews und Gespräche mit Waoterero sprechenden Personen wurden zumeist über Dolmetscher:innen geführt. Meist dolmetschten in Toñampari eine Frau und ein Mann, mit denen ich auch sonst viel unternahm. Teilweise erforderte es die Spontaneität einer Interviewsituation, Bewohner:innen der mittleren Generation oder Schüler:innen um eine Dolmetschung zu bitten. In KORAK/SCHÖGLER (2024) werden fünf Translationsmomente und methodische Herausforderungen meiner Forschung beschrieben.

Methodische Schwierigkeiten traten auf, wenn es darum ging, in politischen Versammlungen erfolgte Dolmetschungen für nicht oder nur wenig spanischkundige Waorani durch zwei- und/oder mehrsprachige Gemeinschaftsmitglieder beurteilen zu können. Hierfür wurden Auszüge der Dolmetschungen auf Video festgehalten und ein anderes Mitglied der Comunidad wurde gebeten, die zuvor erfolgte Dolmetschung ins Waoterero erneut ins Spanische zu dolmetschen. So konnten neben Abweichungen in der Dolmetschung Rand- und Zwischenbemerkungen sowie nicht gedolmetschte Passagen aufgezeichnet werden. Gerade diese Faktoren sind von Bedeutung, insbesondere, da eine der zentralen Forschungsfragen der vorliegenden Arbeit thematisiert, wie Translationshandlungen in der Praxis vonstattengehen.

Grundsätzlich ist festzuhalten, dass die Akzeptanz meiner Person und in Folge die Bereitschaft, für mich zu dolmetschen den jeweiligen Dolmetschenden obliegt und durch Offenlegen meiner Intention und Haltung bestärkt oder erschwert werden kann. Ob Personen dolmetschen oder nicht kann zudem auch von ihrem Status in der Gemeinschaft abhängen, wobei beobachtet wurde, dass kulturelle Líderes:as und westliche Presidentes häufiger als andere Bewohner:innen von sich aus beginnen, zu dolmetschen.

4.2 Selbstreferenzialität und politische Intervention

Grundlegende Bedeutung kommt dem Begriff der Selbstreferenzialität zu, den ich in Anlehnung an NADIG (1997, 55) als wissenschaftliches Arbeiten »mit dem Einsatz der eigenen Subjektivität« definiere. Aufgrund der Tatsache, dass ich mich selbst nicht aus den das Forschungsfeld umgebenden Machtprozessen ausnehmen kann, ist ein kritischer Blick auf die eigene Tätigkeit zu lenken und es sind die verschiedenen Dimensionen zu betrachten, die sich um meine Person herauskristallisieren. So ist meine Position als Translationswissenschaftlerin und Dolmetscherin und Übersetzerin in einem westlichen Kontext und die damit verbundenen Vorstellungen von Translation einzubeziehen. Diese Eingliederung des eigenen Selbst nimmt auch Einfluss darauf, wie Forschungsarbeiten geschrieben werden, d. h. wie ich mich entscheide, die Waorani darzustellen, welche wissenschaftlichen Quellen oder Interviewauszüge ich für diese Darstellung verwende, und welche nicht. Durch diese Vorauswahl folgen Leser:innen meinem Blick auf die Gemeinschaft und damit auch meinen bewussten und unbewussten Beeinflussungen. Durch diese übersetzerisch-ethnographische Tätigkeit ergibt sich zudem ein Handlungsspielraum für mein angestrebtes bewusstseinbildendes Wirken in der westlichen Leser:innenschaft für die menschenrechtlich, (sprach-)politisch und ökonomisch schwierige Lage der Waorani und Tagaeri-Taromenani.

Durch emotionale Konfrontationserfahrungen verändert sich die Person des Forschers:der Forscherin im Feld, es kommt zum »sozialen Sterben« (IBID, 43): »klassen-, kultur- und zum Teil geschlechtsspezifischen Rollenidentifikationen zerfallen, so daß unbewußte Identifikationen und die dazugehörigen Werte bewusst werden«. So sah NADIG (1997, 44) die von ihr erforschten Dorfbewohner:innen als »Opfer des Imperialismus, der Entwicklungspolitik, des Rassismus oder des Machismo«. Die von NADIG (1997, 46) erforschten Indigenen blickten auf sie als »weiße […], starke […] Repräsentantin der Macht und des Wohlstandes« als »unkonventionelle […] Frau, die als die Andere idealisiert oder bedrohlich erlebt wurde« und schließlich als »uneingeweihte[s], dumme[s] Kind, das nichts versteht, verachtet oder beschützt wird« (auch DEVEREUX 1984, 64 zu Übertragung und Gegenübertragung).

Diese und ähnliche Projektionen wurden von den Waorani auch an mir vorgenommen, was in Toñampari durch meine Doppelrolle als Lehrerin/Forscherin verstärkt wurde. Da mein längerer Feldaufenthalt durch die Vermittlung eines Informanten ermöglicht wurde, hatte mich dieser vor allem als neue Lehrerin angekündigt, da mir so, wie er meinte, größere Offenheit zuteilwerden würde. Mir war die Vorstellung, dass die Gemeinschaft diesen Blick auf mich erhalten sollte jedoch äußerst unangenehm, sodass ich in den ersten Tagen um ein Treffen bat. Den etwa teilnehmenden 30 Personen erklärte ich, wer ich sei, worum es in meiner Forschung ginge und betonte, dass ich zugleich auch die Schule unterstützen wolle. Wenn ich um Interviews bat oder diese führte, achtete ich darauf, den Gesprächspartner:innen erneut zu erklären, worum es in meiner Arbeit ging. Oftmals hatte ich jedoch das Gefühl, meine Lehrerinnentätigkeit wäre für die Interviewten wichtiger als meine Rolle als Forscherin oder würde meinen Aufenthalt legitimieren – eine aufgrund der Vernachlässigung des Staates nachvollziehbare Position (auch RIVAL 1996, 4ff). Aus diesem Grund plagten mich während meines Aufenthaltes und danach Gewissensbisse, ob ich die Schule nicht länger unterstützen hätte sollen.

Mit der Selbstreferenzialität geht einher, dass die Wahl eines solchen Forschungsthemas wohl fast immer auch Interesse an oder Bekenntnis zu einem wie auch immer gearteten politischen Aktivismus einschließt. Das Dilemma, das ILLIUS (2006, 91) rund um Intervention in erforschten Gemeinschaften auf den Punkt bringt, ist hinsichtlich der Zersplitterung der Waorani nachvollziehbar: »Politische Stellungnahme oder Parteiergreifung für die Gemeinschaft, in der man arbeitet, scheint oft angebracht, aber diese ist vermutlich keine harmonische politische Einheit. Wen vertritt man also?« Nichtsdestotrotz erscheint es mir angesichts der unmittelbaren Bedrohungen für das Territorium und damit der Lebensgrundlage der Waorani unmöglich und ethisch nicht vertretbar, davon abzusehen, politisch Stellung zu beziehen und Handlungen zu setzen.

4.3 Quellenüberblick und Auswertung

Meine Feldforschung brachte 121 Fragebögen und 149 Tonaufnahmen von Interviews hervor. Zudem wurden 67 Audioaufnahmen von Veranstaltungen, die Waorani oder andere Indigene aus Ecuadors

Amazonien betrafen, sowie von gemeinschaftsinternen Versammlungen in und außerhalb der Comunidades angefertigt und neun erlebte Dolmetschsituationen auf Video aufgenommen. Die Auswertung berücksichtigte darüber hinaus das Feldtagebuch und ein Notizbuch, 81 Audioaufnahmen von Gesprächen, Geschichten und Gesängen der Waorani sowie unzählige Fotografien und Videos, die Praktiken wie Tänze oder das Anfertigen von Speeren sowie das Dorfleben zeigten. Diese flossen in die Auswertung ein, insofern sie für zusätzliche Erläuterungen von Relevanz waren. Zudem wurde Bildmaterial zu gedruckten Übersetzungen gesichert.

Eine ausführliche Themenanalyse zur Gesprächsinterpretation (FROSCHAUER/ LUEGER 2003, 80–165) ergab wesentliche Themen und Subthemen für die anschließende Codierung der Interviews in MAXQDA, Version 18. 0. Die Fragebögen wurden in SPSS ausgewertet. Vertiefend wurden einzelne Auszüge aus Feldtagebüchern oder Interviews in fünf Sitzungen (2014, 2015 und 2016) einer Deutungswerkstatt am Institut für Kulturanthropologie der Universität Graz gedeutet. Dieser Schritt brachte emotional begründete und im Unbewussten liegende Beziehungsdynamiken zwischen Forscher:innen und Akteur:innen des Feldes hervor.

Den letzten wesentlichen Schritt der Deutung und Auswertung bildete in Anlehnung an GEERTZ (1983) eine dichte Beschreibung einer Translationsepisode. Ich bereitete das Datenmaterial auf und machte es für ein westliches Publikum zugänglich, weil ich es im Zuge der Verschriftlichung in westliche Verständniskategorien übersetzte (vgl. Kapitel 2.2 zu den Problematiken um ethnographische Repräsentation).

5. Vielsprachigkeit und Translation in Comunidades

Toñampari liegt am linken Ufer des Ewengono (Curaray) und trug bis zur Umbenennung 1980 den Kichwa-Namen »Ochococha«. Der heutige Name geht zurück auf den Wao Toña, der durch die Wepeiri-Gruppe getötet wurde, die er für das SIL zur Kontaktierung und Umsiedlung bewegen wollte (ALVARADO/ALVARADO 2014, 41f; AMWAE 2009, 37; vgl. Kapitel 2.4). Die Fragebogenerhebung unter 49 Schüler:innen des *Colegio* (zwischen 12 und 30 Jahre alt) und 72 weiteren Bewohner:innen (zwischen 11 und 77 Jahre[2] alt) der Comunidad, die das Colegio nicht besuchten, sowie Interviews mit Schlüsselpersonen bilden die Quellengrundlage für die Darlegung des Zusammenhangs zwischen Zwei- und Mehrsprachigkeit und Translation. Die Unterteilung illustriert die durch Schulbildung geschaffene Trennung in Bewohner:innen, die zur Schule gehen, und Bewohner:innen, die die Schule nicht besuchen (in Folge: Schüler:innen und Bewohner:innen; RIVAL 1996, 468). Laut dem Presidente der Comunidad hatte Toñampari zum Erhebungszeitpunkt 240 Bewohner:innen (INTERVIEW IND3). Nach meinen Daten handelt es sich bei 119 Personen um Kinder im Alter bis zu elf Jahren. Eine genaue Bezifferung fällt schwer, da die Waorani oft Verwandte in anderen Comunidades besuchen oder sich dort ansiedeln (auch FRANCO 2013, 150). Bei manchen Fragen wurden keine oder fehlerhafte Angaben gemacht, was in Folge nicht mitgezählt wird und auf Verbesserungspotenzial hinsichtlich einer weniger westlichen Methodik verweisen könnte.

20 der Schüler:innen waren weiblich (40,8 %), 29 waren männlich (59,2 %). 37 der anderen Bewohner:innen (52,1 %) waren weiblich, 34 (47,9 %) männlich. Eine Person machte keine Angaben. Aus dieser Verteilung ist abzulesen, dass Frauen weniger oft die Schule besuchen als Männer, obgleich sie in der Überzahl sind. In Folge üben weniger

---

2 Neun Personen war ihr Alter nicht bekannt, was bei Indigenen vorkommt (RIVAL 1996, 364).

Frauen politische Repräsentationstätigkeiten in Form von Ämtern wie Dorfvorsteher:innen (Presidentes) oder Tätigkeiten in der NAWE aus, für die durch Schulbildung und eine Exposition mit Gebräuchen und der Sprache der Mehrheitsgesellschaft erworbenes Wissen hilfreich ist. Auch im Lehrkörper bilden Frauen in Toñampari die Minderheit: Nur zwei Frauen waren Lehrende im Colegio, wovon eine Sekretariatstätigkeiten verrichtete und nur aushilfsweise unterrichtete (INTERVIEW IND45; INTERVIEW IND60). Insgesamt gab es sechs männliche Lehrende (INTERVIEW IND1; INTERVIEW IND3; INTERVIEW IND6; INTERVIEW IND35; INTERVIEW IND44; INTERVIEW IND59), wovon einer Rektor des Colegio und einer Presidente von Toñampari war. Dieses soziopolitische Ungleichgewicht wurde auch im Interview mit einer Lehrenden deutlich. Die 35-Jährige war die einzige Frau, die das Colegio abschloss und an der *Universidad de Cuenca* studierte (INTERVIEW IND45).

In nachfolgender Analyse ist bedeutsam, dass es neben Dorfvorsteher:innen (*presidentes*), stellvertretenden Dorfvorsteher:innen (*vicepresidentes*), Sekretär:innen (*secretarios:as*), Finanzbeauftragten (*financieros:as*) sowie verschiedenen Beauftragten für Tourismus, Bildung, Familie und Gesundheit (*dirigentes de turismo, educación, familia, salud*), kulturelle *líderes:lideresas* gibt. Nach dem Wao OMACA (2014, 72f) sollen heutige Líderes:as eine andere Sprache beherrschen, gute Redner:innen sein, mit anderen Kulturen in Kontakt treten und einen hohen westlichen Bildungsgrad aufweisen. Eine Aktivistin der Waorani sieht jene Personen als Líderes:as, die das Territorium seit jeher verteidigt haben. Jüngere Líderes:as hätten sich im Idealfall mit den Pikenani ausgetauscht und wüssten über zukünftige Entwicklungen der Gemeinschaft Bescheid (INTERVIEW IND31). Wissen darüber, wer die Líderes:as sind, kann Manipulation durch Kommunikation und Dolmetschen ermöglichen, beispielsweise von Seiten der Konzerne.

5.1 Fluide Identitäten und Zwischenwelten

21 Schüler:innen (43,8 %) deklarierten sich als Waorani, vier (8,3 %) als Kichwa und drei (6,3 %) als Mestiz:in. 14 Schüler:innen (29,2 %)

gaben an, Waorani und Kichwa zu sein. Drei (6,3 %) Befragte fühlten sich gleichermaßen als Waorani und Mestiz:in und weitere drei (6,3 %) als Waorani, Kichwa und Mestiz:in. Im Vergleich fühlten sich 42 der anderen Bewohner:innen (60 %) als Waorani und elf (15,7 %) als Kichwa. »Mestiz:in« wurde nicht ausgewählt. Als Waorani und Kichwa deklarierten sich 15 Befragte (21,4 %). Zwei Befragte gaben »Andere« an (Shuar; 1,4 % bzw. Shiwiar; 1,4 %).

Die vermehrten Deklarationen der Schüler:innen als Waorani und Kichwa zeigen eine zunehmende Kichwaisierung der jüngeren Generation. HABOUD (2009, 350) betont die starke Vitalität des Waoterero, konstatiert aber dennoch eine Beeinflussung der Sprachgewohnheiten der Waorani sowie eine Zunahme von kulturellen Eigenheiten der Kichwa durch die Kichwaisierung. Eine Mitarbeiterin der AMWAE führte durch die Präsenz von Kichwa gestiegenen Alkoholkonsum in Toñampari sowie zunehmende Selbstmorde mit dem unter den Kichwa verbreiteten Pflanzengift Barbasco an (INTERVIEW INS8). Die Angaben der Schüler:innen lassen zudem auf ähnliche Phänomene schließen wie jene, die in Kapitel 3.2 zum aus der Volkszählung hervorgehenden Indigenenanteil beschrieben wurden. So könnte der Wunsch oder das Gefühl der Schüler:innen, Mestiz:innen zu sein aus Minderwertigkeitsgefühlen gegenüber der mestizischen Mehrheitsgesellschaft entstehen, aber auch auf die vermehrt in den Comunidades präsenten Artefakte und Gepflogenheiten der Mehrheitsgesellschaft und eine durch die zunehmende Mobilität in die Städte gesteigerte Exposition mit westlichen Elementen zurückzuführen sein. Der Terminus »Mestiz:in« könnte aber auch eine Adaptation aus dem Spanischen sein und sich schlichtweg auf hybride indigene Identitäten sich als Waorani und Kichwa fühlender Schüler:innen beziehen. In jedem Fall wirkt die in den Angaben der Schüler:innen evidente zunehmende kulturelle Hybridisierung auf das Verorten der persönlichen Identität ein. Dies wurde vor allem dann ersichtlich, wenn ich junge Waorani eingehender zu ihren Zukunftsvorstellungen befragte. So drückte ein Schüler einen Zwiespalt zwischen kulturellen Traditionen und Anforderungen und Vorteilen einer modernen Gesellschaft aus:

> Ind2: Por por hoy no tengo [...] no tengo idea donde estoy porque estoy ambos lados. [...]I ³: ¿Y cómo te gustaría vivir? ¿En una casa? Ind2: [...] A mí me gustaría vivir en una casa aparte casa de tabla, de zin, pero aparte cocina de mi costumbre. [...] una casa de de esas hojas. (INTERVIEW IND2) [Jetzt, heutzutage habe ich keine, ich habe keine Ahnung, wo ich bin, weil ich [auf] beide[n] Seiten bin. I: Und wie würdest du gerne wohnen? In einem Haus? Ind2: Ich würde gerne in einem Haus wohnen, einem Holzhaus mit Blechdach. Aber dann hätte ich gerne eine Küche [Kochstelle] meiner Kultur und ein mit diesen Blättern [gedecktes] Haus.]

Die Einflüsse und der Kontakt mit der Mehrheitsgesellschaft schaffen also einerseits neue Möglichkeiten, das eigene Leben flexibel zwischen Kulturen zu gestalten, bringen aber auch Überforderung mit sich, wie vor allem durch den Abschnitt »No tengo idea donde estoy« deutlich wird. Sich das jeweils Beste der jeweiligen Welt anzueignen (auch RIVAL 2015, 11) kann für den Sprachgebrauch und das Dolmetschen von Vorteil sein. So verbindet der etwas ältere und durch seine Position in der Comunidad über mehr Möglichkeiten zur Einflussnahme verfügende Líder Toñamparis Hybridität sofort mit seinen Sprachkenntnissen:

> [Y]o estoy hablando primer idioma es mi idioma Waorani. Hablo después español, después hablo así en Kichwa, soy en tres idiomas. (INTERVIEW IND7) [Ich spreche [in meiner] Erstsprache, das ist meine Waorani-Sprache. Dann spreche ich Spanisch, dann spreche ich auf Kichwa, ich bin in drei Sprachen.]

Die Zitate verdeutlichen, dass das Leben inmitten der Kräfte des (Neo-)kolonialismus, dieses Sein in mehreren Sprachen, wie es Ind7 ausdrückte, stetes Sich-Selbst-Übersetzen mit vielfachen hybriden

---

3   I steht für mich als Interviewerin.

5. Vielsprachigkeit und Translation in Comunidades

Identitäten in die jeweiligen soziokulturellen Kontexte beinhaltet. Eigene Hybridität und Aufeinanderprallen von Welten können dabei belastend, aber auch nutzbringend-aktivierend erfahren werden. Folgender Tagebucheintrag während einer Consultingtätigkeit in Bataboro zeigt die mit Fluidität und Akkulturation einhergehende Zwischenweltlichkeit der Waorani:

> Ich bekomme einen zweistöckigen Betonrohbau als Schlafplatz zugewiesen [.] Von hier aus habe ich einen Panoramablick auf das chaotische Bataboro, durch das immer wieder Tankwagen der Erdölfirma brausen und das einen irritierenden Gegensatz aufweist. Blicke ich nach links sehe ich […] Betonbauten mit traurigen Namensschildern […] vor mir, den überdachten Fußballplatz und die etwa 40 Bauarbeiter, die hier wohl oder übel in der Schule wohnen und wohl bald aufgrund der ständigen Geldforderungen der Waorani kündigen werden. Blicke ich nach rechts sehe ich die Straße, die bald darauf in einem Erdölfeld endet und dahinter nichts als grünen Wald. Bataboro kommt mir in den nächsten Tagen immer wieder wie eine groteske Mischung aus beiden Lebenswelten vor: In keiner Comunidad sind mir bislang die Gegensätze zwischen Modernität und Tradition so stark ins Auge gesprungen. Ich treffe beim »Duschen« neben dem Erdölfeld, wo eine improvisierte Wasserstelle geschaffen wurde, auf zwei Waorani, die aus dem Wald kommen, Blasrohre tragen und drei verschiedene Affenarten erlegt haben. […] Ich sehe [Timoteo], einen der Jäger, an einem Abend Nudeln mit Fleischsauce essen – eine Mitgift der Erdölfirma, wo er und fünf andere Männer der Comunidad für […] 300 Dollar monatlich vor allem Wege freischlagen und Verunreinigungen beseitigen. Laut Timoteo kommt es durchschnittlich alle ein bis drei Monate zu einem Leck in den Pipelines, erst 2012 trat in der Nachbargemeinschaft Tiwino so viel Erdöl aus, dass es bis nach Baameno gelangte, […] eine Strecke, die mit dem

Kanu bis zu 20 Stunden dauert. […] Abends koche ich mit Timoteos Frau [Sonia] an ihrem Gasherd und beobachte die Aufteilung in ihrem Haus. Ihr Haus hat zur Hälfte – die »moderne Hälfte«, wie ich sie nenne – einen Holzboden und zur Hälfte einen Erdboden. In der modernen Hälfte befinden sich […] Gaskocher, Salz, Öl, ein Fernseher. Dann gibt es die traditionelle Hälfte, in der die Feuerstelle mit dem Pfeile schnitzenden Timoteo, Körbe und andere Utensilien sowie ein Papagei zu sehen sind. Zwischen diesen beiden Welten rennen ein paar verfilzte Hunde herum und auch nach Bataboro kommen regelmäßig die »Aislados« zu Besuch (FELDTAGEBUCH 2; 21.02.2013).

In entlegeneren Comunidades wie Baameno, Boanamo oder in von der Erdölförderung noch wenig direkt beeinflussten Dörfern wie Toñampari nahm ich – mit Ausnahme der dort vonstattengehenden religiösen Indoktrinierung – eine langsamere und in gewisser Weise sanftere Exposition mit soziokulturellen Elementen der westlichen Welt wahr. In stark von Einflüssen und Auswirkungen der Erdölförderung betroffenen Dörfern wie Dikaro, Tobeta, Bataboro oder Comunidades an Straßen wie Meñepare schien eine Akkulturation offensichtlicher. Von Organisationen unterstützte Projekte zur Fischzucht,[4] Hühnerzucht und Kakaoanbau[5] oder die Einbindung in das Kunsthandwerksprojekt der AMWAE[6] generieren Möglichkeiten zur Lebensmittelversorgung bzw. Einkommenssteigerung und mindern

---

4   Die Lokalregierung betrieb Projekte zum Anlegen von Fischteichen oder zur Hühnerzucht. Über die Teiche gelangte die aus Afrika bekannte Tilapia in Amazonasgewässer, wo sie Fischarten verdrängte (Persönliche Kommunikation mit Ins9, 24.09.2017).
5   Über das Projekt *Chocolate para la Conservación* (Schokolade für Umweltschutz) der *Fundación EcoCiencia* (Stiftung EcoCiencia) und der AMWAE bauen Familien Kakao an, aus dem Wao-Schokolade erzeugt und Zusatzeinkommen erzielt wird (ECOCIENCIA, 2016).
6   Dieses Projekt ermöglicht den Verkauf von in Comunidades oder Städten gefertigtem Kunsthandwerk. Zum Erhebungszeitpunkt wurden ca. 300 Frauen unterstützt (INTERVIEW IND30).

die Abhängigkeit von Konzernen, stellen jedoch externe, auf kulturelle Praktiken einwirkende Einflüsse dar.

5.2 Akteur:innen und Spannungsfelder

Die Angaben zur Nacionalidad in den Fragebögen sowie die analysierten Interview- und Feldtagebuchauszüge illustrieren die Spannungsfaktoren im Umgang mit der Mehrheitsgesellschaft und ihre Auswirkungen auf der Ebene der kulturellen Identität. Akteur:innen und Spannungsfaktoren beeinflussen mit der erwähnten Hybridität je nach Kommunikationskonstellation an Dolmetsch- und Übersetzungshandlungen beteiligte Personen, ihre Beweggründe und ihr sprachliches Handeln maßgeblich.

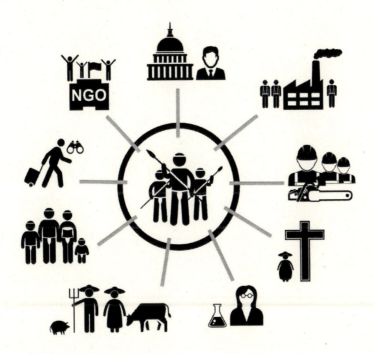

Abb. 2: Spannungsfaktoren um die Indigenen der Waorani (von Julián Murillo und mir erstellt, 2017)

Abb. 2 zeigt von rechts oben im Uhrzeigersinn beginnend:[7] Akteur:innen der (1) Zentral- und Lokalregierung, (2) der Erdölkonzerne, (3) des Holzhandels, (4) religiöser Institutionen, (5) der Wissenschaft, (6) der Siedler:innen, (7) anderer indigener Gemeinschaften, (8) des Tourismusbereich und (9) der nationalen und internationalen NGO- oder Entwicklungszusammenarbeit.

Bei Akteur:innen der Zentral- und Lokalregierungen[8] ist zwischen Regierungsvertreter:innen zu unterscheiden, die in Comunidades entsandt werden oder in der Nähe Stationen unterhalten, wie Mitarbeiter:innen des Justizministeriums der Monitoring-Station am Shiripuno-Fluss, und unterschiedlich leicht bzw. schwer erreichbare Vertreter:innen der Ministerien in Quito. Die Waorani arbeiteten mitunter für die Correa-Regierung, u. a. als Beobachter:innen des Schutzplanes für die Tagaeri-Taromenani) für 600 US-Dollar monatlich (FELDTAGEBUCH 3, 04. 02. 2015).

Akteur:innen der Erdölkonzerne gliedern sich in direkt in Gemeinschaften tätige Erdölarbeiter:innen und *Relacionadores:as Comunitarios:as* (Beauftragte für Beziehungsarbeit zu den Waorani), Vorgesetzte vor Ort und in der Hauptstadt sowie nicht direkt in Erscheinung tretende Entscheidungsträger:innen der staatlichen und multinationalen Konzerne. Die Waorani arbeiten seit den 1970er-Jahren für Erdölkonzerne und zählen somit teilweise selbst zu den Akteur:innen. Eine Aufteilung in Arbeiter:innen im Feld, Auftraggeber:innen und Hinterleute gilt auch für den weitgehend illegalen Holzhandel, in dem mitunter auch Waorani tätig sind.

Akteur:innen religiöser Institutionen wie dem evangelikalen SIL, dem katholischen Vicariato de Aguarico oder der Zeug:innen Jehovas

---

7   CARCELEN-ESTRADA (2010, 78) illustriert mit den Waorani interagierende Systeme (auch ZIEGLER-OTERO 2004, 4–11 und GONDECKI 2015, 665–668). Anders als diese übertrage ich dieses Geflecht aus Akteur:innen und Spannungsfaktoren auf Translationshandlungen auf Mikroebene und bringe soziopolitische Gegebenheiten mit Sprachgebrauch und Translation in Zusammenhang.

8   NARVÁEZ (2009, 338) nennt das Umwelt-; Energie- und Bergbau- sowie das Verteidigungsministerium und Provinzialregierungen. Aus meiner Beobachtung sind das Justizministerium, das Bildungsministerium, das Sekretariat für Kohlenwasserstoffe und das ECORAE hinzuzuzählen.

sind vor allem in den Comunidades anzutreffen, betreiben aber auch – vor allem wenn es um die Kontaktierung der Tagaeri-Taromenani geht – mediengestützte politische Arbeit in Quito. Auch die Waorani selbst sind als Prediger:innen tätig. Zudem hat eine enge Mitarbeiterin der ehemaligen Präsidentin der AMWAE missionarischen Hintergrund (Interview Ins8).

Zu indigenen Akteur:innen zähle ich nach Gondecki (2015, 238) lokale Gemeinschaften der Waorani sowie ihre politischen Organisationen der AMWAE, NAWE, ONWO, ONWAN, OWAP, das Bündnis *Ome Gompote Kewegimoni* (Omaca 2014, 73) und die Stiftung *Apaika Pee*. Ein ehemaliger Präsident der NAWE und auch der Líder von Toñampari sind Mitgründer und Geschäftspartner der Erdölkonzernsubunternehmen *Cantárida* oder *Omeway* (Gondecki 2015, 387). Die *Alianza Ceibo*, ein Zusammenschluss von Indigenen der Siona, Secoya, Cofán und Waorani engagiert sich gegen die Ausbeutung durch Erdölkonzerne im von der Erdölförderung besonders betroffenen nördlichen Amazonien (Alianza Ceibo, 2017). Zudem sind im Territorium der Waorani siedelnde Kichwa und Shuar sowie ihre entsprechenden politischen Organisationen hinzuzuzählen. Auf übergeordneter Ebene umfasst dieses Spannungsfeld Akteur:innen aus nationalen und internationalen Organisationen und indigene Dachverbände wie COICA, CIPIACI, UNPFII oder die CONFENIAE und CONAIE. Wie Gondecki (2015, 276) veranschaulicht, gibt es eine Vielzahl an individuellen Haltungen der indigenen Bevölkerung und ihrer politischen Organisationen zur Erdölförderung: Basisgemeinschaften und Organisationen wie etwa die Kichwa-Comunidad Sarayaku befinden sich in hartnäckigem Widerstand gegen den Raubbau an ihrem Land. Andere indigene Organisationen oder Einzelpersonen wiederum erzielen durch Verhandlungen mit Konzernen persönliche Vorteile, monetäre und materielle Kompensationen, was inner- und extragemeinschaftliche Konflikte »innerhalb und zwischen Familien, [...] lokalen Gemeinschaften, indigenen Basisorganisationen, Konföderationen und Dachverbänden« (ibid) schwelen lässt und für Translationshandlungen relevant ist.

Nach GONDECKI (2015, 235–248) umfassen Akteur:innen aus dem Forschungsbereich Wissenschaftler:innen, die individuell oder auch über eine der zwei universitären Forschungsstationen im Yasuní forschen und oftmals politisch tätig werden. Die in Kapitel 3.1 angeführten Forschungsarbeiten der Waorani zählen ebenfalls zu diesem Feld. Die Waorani sind immer wieder von unethischer Forschung betroffen.[9]

Die Siedler:innen sind heterogen und schwer fassbar (FELDT 2008, 93). Allgemein stehen die Waorani Siedler:innen abwehrend gegenüber, da diese Streitereien hervorrufen können, in illegalen Holzschlag und Jagd verwickelt sind und Land- und Viehwirtschaft betreiben (RIVAS/LARA 2001, 84; OMACA 2014, 74).

Zum touristischen Spannungsfeld gehören Tourveranstalter:innen, von Waorani organisierte Touren sowie individuell Reisende. Während früher Guides Reisen koordinierten und die Waorani als Profitquelle oder edle Wilde sahen, ist nun größere Partizipation feststellbar. Da einzelne Waorani und Comunidades durch Tourismus Einkommen erzielen, sind die Indigenen sowohl Betroffene als auch Teil des Spannungsfeldes, was Streitigkeiten zwischen Comunidades mit unterschiedlichen Tourist:innenzahlen und der politischen Vertretung der Waorani hervorruft (SMITH 1993, 143ff, 157–161: RIVAS/LARA 2001, 93; 95).

Anders als GONDECKI (2015, 245), der zwischen Akteur:innen der nationalen und internationalen Umweltbewegung[10] und Ver-

9   Von 1990 bis 1992 wurden Waorani vom Konzern Maxus und dem *Corriel Institute for Medical Research* vorgeblich zur Krankheitsprävention ohne Zustimmung und genaue Information 600 Blutproben entnommen. Das genetische Material wurde an sieben Wissenschaftler:innen der Universität Harvard und an mindestens acht Länder geschickt (EL UNIVERSO, 2012; CARDOSO/ALFONSO-SÁNCHEZ/VALVERDE/SÁNCHEZ/ZARRABEITIA/ODRIOZOLA/MARTÍNEZ-JARRETA/DE PANCORBO, 2012).

10 Darunter versteht der Autor große Organisationen mit Zweigstellen in Ecuador wie *Conservation International* (CI), die *International Union for Conservation of Nature* (IUCN), *Nature Conservancy* (TNC), die *Wildlife Conservation Society* (WCS) oder den *World Wide Fund for Nature* (WWF) aber auch kleinere Umweltschutz- und Menschenrechtsorganisationen. Diese seien eher aktivistisch tätig und betreiben weniger institutionsgebundenes Lobbying. Genannt werden *Acción Ecológica, Frente de Defensa de la Amazonía* (FDA) und *Rayas Yasuní* sowie auf internationaler Ebene *Amazon Watch* (USA), *Cultural Survival* (USA), das *Institut für Ökologie und Aktionsethnologie* (INFOE, Deutschland),

treter:innen von lokalen und internationalen NGOs und Stiftungen unterscheidet, fasse ich diese aufgrund der Opazität ihrer Institutionszugehörigkeit zusammen. Wie bei Vertreter:innen staatlicher Einrichtungen und von Konzernen schließt dieses Spannungsfeld in den Comunidades, in größeren Städten sowie im Ausland tätige Personen ein. In Anlehnung an NARVÁEZ (2009a, 136) sind zusätzlich weitere marginal oder temporär präsente Akteur:innen wie illegale Händler:innen oder das Militär zu berücksichtigen, sowie in Publikationen nur am Rande erwähnte Akteur:innen des Drogenhandels (RUIZ 2000, 55; 85) oder der Pharmakonzerne.

All diesen Akteur:innen ist ein von institutionellen Vorgaben oder persönlichen Interessen geleitetes und je nach Ausgangslage mitunter höchst individualisiertes Vorgehen in der Kommunikation mit den Waorani gemein, weshalb nachstehende Darstellung (Abb. 2) lediglich eine Annäherung an eine hochkomplexe Realität ist. Die illustrierte Verwobenheit der Waorani selbst mit einigen Spannungsfaktoren wird in tatsächlichen Translationshandlungen virulent. Die Darstellung mit den mittig ausgerichteten Waorani ist daher nicht statisch als eine von allen Akteur:innen gleich weit entfernte Idealposition zu sehen, sondern dient der Vereinfachung des Designs.

Das für einen erzwungenen Kontakt notwendige Zusammenspiel von Staat, Mission und Erdölkonzernen hat die Geschichte der Waorani maßgeblich geprägt. Meine Feldbeobachtungen und Interviews zeigen, dass offiziell separat dargestellte Akteur:innen miteinander verbunden sind. So erbaute ein Erdölkonzern in Tiwino ein Gesundheitszentrum, das vom staatlichen Gesundheits- und Justizministerium verwaltet und von einer Organisation mit Medikamentenspenden unterstützt wird (INTERVIEW INS9). Ein weiteres beteiligte sich in Bataboro am Bau der Schule (FELDTAGEBUCH 2; 21.02.2013). Zudem treten Akteur:innen nicht immer mit erkennbarer Institutionszugehörigkeit

Greenpeace International (Niederlande), *Oilwatch* (Ecuador), *Rainforest Action Network* (USA), *Rettet den Regenwald* (Deutschland), *Survival International* (Großbritannien) und *World Rainforest Movement* (Uruguay). Ich zähle noch die YASunidos, *Amazon Frontlines* und *Fundación Pachamama* hinzu.

auf. So fliegen dem SIL angehörige Mediziner:innen in Comunidades und werden primär als Ärzt:innen wahrgenommen. Tourist:innen können zugleich Journalist:innen oder Regisseur:innen sein oder auch »nur« das Territorium bereisen. Diese Verwobenheit macht das Netz aus Spannungsfaktoren und Akteur:innen noch dichter und undurchsichtiger.

Hinter all diesen Akteur:innen und Spannungsfeldern steht letztlich schemenhaft ein ressourcenorientierter Kapitalismus mit dem damit einhergehenden Wirtschaftsneoliberalismus als Schirmherr. Dieser manifestiert sich u. a. durch binationale Abkommen zwischen erdölfördernden Staaten und Ecuador, die direkten Einfluss auf die Waorani nehmen können. So ratifizierte China, einer der wesentlichsten Handelspartner Ecuadors, nur äußerst wenige internationale Menschenrechts- und Umweltstandardabkommen, was sich in mangelhaften sozialen und umwelttechnischen Vorkehrungen bei der Erdölförderung ausdrücken kann.

Die verdeutlichten spannungsvollen Beziehungen zwischen Waorani und Akteur:innen der Mehrheitsgesellschaft lassen sich nicht auf einen statischen Konflikt zwischen einem Innen in den Comunidades und einem Außen in der Mehrheitsgesellschaft reduzieren: Die Mobilität der Waorani zeigt sich u. a. darin, dass Vertreter:innen ihrer politischen Organisationen, aber auch Studierende und Familien zunehmend in Städten wohnen oder dass zahlreiche Indigene ihre Verwandten in anderen Dörfern oder Städten besuchen und das Internet nutzen (KORAK 2015, 71). Die Linien, die den Kreis um die Waorani durchbrechen, unterstreichen dieses wechselseitige dynamische Bewegen von innen nach außen und außen nach innen. So leben die Waorani heute in einer zunehmend verwässerten Umgebung eines Innen und Außen, zwischen steten Eigen- und Fremdbeeinflussungen, und bewegungsreichem Reisen zwischen den Welten:

> They [The Waorani] are protagonists of change and cannot be regarded as inhabiting the dense tropical jungle isolated from the »outside« world. Rather, they go in and out of their

local communities, bringing and taking with them articles and goods, cultural knowledge and patterns. (IBID) [Sie [die Waorani] sind Protagonist:innen des Wandels und können nicht als Bewohner:innen eines dichten tropischen Dschungels betrachtet werden, der von der »Außenwelt« isoliert ist. Vielmehr gehen sie in ihren lokalen Gemeinschaften ein und aus, bringen und nehmen Gegenstände und Güter, kulturelles Wissen und Muster mit.]

Besonders besorgniserregend ist im Zusammenhang mit diesen Spannungsfaktoren die Zukunft der in Abgeschiedenheit lebenden Indigenen der Waorani zu sehen. Obgleich die Tagaeri-Taromenani den Kontakt zu den Waorani suchen, um Werkzeuge wie Äxte oder Nahrungsmittel wie Yuca zu erhalten, ist alles Neue für sie potenziell todbringend. Der Pike Ompure stand in regelmäßigem Austausch zu in Abgeschiedenheit lebenden Indigenen. In einem von den Waorani aufgezeichneten Video berichtete er in Waoterero von seinen Erlebnissen. Ein Videotranskript wurde von den Waorani und einer NGO auf Spanisch erstellt und zudem auf YouTube mit zusätzlichen geographischen Referenzpunkten und Kennzeichnungen der Erdölblöcke, die das Territorium der Tagaeri-Taromenani durchkreuzen hochgeladen. Während Ompure als Mittler zwischen Comunidades der kontaktierten Waorani und den Gruppen in Abgeschiedenheit agierte, kann das veröffentliche und untertitelte Video als Medium für einen politischen an Vertreter:innen der westlichen Welt gerichteten Translationsvorgang gesehen werden:

> Me dijeron los Taromenani: »Queremos que vivas tranquilo, si alguien quiere matarte nosotros te defenderemos. [V]olveremos a visitar en otra ocasión, sería bueno que no permitas que entren más kowore. [P]rotege esta zona nosotros también del otro lado estaremos pendientes.« (COMUNIDAD DE BAAMENO, 2013) [Die Taromenani sagten zu mir: »Wir wollen, dass du in Ruhe lebst, wenn dich jemand töten will,

werden wir dich verteidigen. Wir werden ein anderes Mal wiederkommen, und es wäre gut, wenn du nicht noch mehr Kowore hereinlässt. Schütze dieses Gebiet, wir halten Ausschau von der anderen Seite aus.«]

Die Tagaeri-Taromenani zeigten Ompure zahlreiche Speere und beklagten, durch die vielen Autos auf ihren Pfaden gestört zu werden und nicht weiter ins Territorium vordringen zu können. Ompure schildert auch seine Angst, von ihnen getötet zu werden, was sich 2013 bewahrheitete (IBID). Wie aus diesen Auszügen ersichtlich wird, werden die Tagaeri-Taromenani ihr Territorium weiterhin verteidigen. In den Worten einer Pike aus Toñampari, sind die Tagaeri-Taromenani eins mit dem Wald; sie sind der Wald:

> D[11]/Ind 19: Ellos se ya son monte, ya son enseñado. Van así así carne […]. No no piensa de educación, salud. […]. Cuando Kowore ya empieza ya ya matan dice. Ellos no no quieren saber nada de Kowore. (INTERVIEW IND19) [Sie sind [wie] der Wald, sie sind gut unterrichtet. Sie gehen so so, jagen. Sie denken nicht an Bildung, [das] Gesundheit[ssystem]. Wenn die Kowore anfangen, töten sie sie. Sie wollen nichts von den Kowore wissen.]

Inwieweit die Tagaeri-Taromenani den Wald bewahren werden können, wird von der Mithilfe der Waorani im Kampf gegen in diesem Kapitel geschilderte Einflüsse abhängen. Wie der Líder der Comunidad Baameno darlegt, treten in dieser Auseinandersetzung nun der Dialog und die Fähigkeit zu sprechen an die Stelle der ehemals verwendeten Speere, weshalb der Einbezug der erwähnten Hybridität und Spannungsfaktoren für die Analyse von Translationshandlungen maßgeblich ist:

11   D bezeichnet, dass das entsprechende Interview über eine Dolmetschung erfolgte. Der Ausdruck »van así así carne« ist ein Ideophon, das Jagdvorgänge, um Fleisch als Nahrungsmittel zu erhalten, beschreibt.

5. Vielsprachigkeit und Translation in Comunidades 131

> Yo dije yo voy a hacer grito hasta yo acaba acabarme mi vida que voy a enfrentar, por eso yo aprendí el contacto, aprendí otro idioma para que pueda en vez de mataron nuestros padres […] lanza ahora vamos a pelear con diálogo. […] yo aprendo la parte política de lo que es fondo ley justicia ecuatoriano, ¿no? Razón de por eso yo camino de dos caminos. […] Como ley Kowore, ley Waorani […] de comparando cuál es camino mejor. (INTERVIEW IND39) [Ich habe gesagt, ich werde bis an mein Lebensende schreien, deshalb habe ich [vom] Kontakt gelernt, ich habe eine andere Sprache gelernt, damit wir anstatt wie unsere Eltern mit Speeren zu töten, jetzt mit dem Dialog kämpfen. Ich habe [über] die politische Ebene, das ecuadorianische Rechtssystem gelernt. Deshalb gehe ich auf zwei Wegen. Das Kowore-Gesetz, das Waorani-Gesetz und vergleiche, was der bessere Weg ist.]

Das Erlernen des Spanischen dient ihm in seinem Kampf als wesentliches Werkzeug. Zudem eignete sich der Gesprächspartner mehrheitsgesellschaftliches Wissen an – ein weiterer Übersetzungsprozess – um es für politischen Widerstand einzusetzen und seine Rechte zu kennen. In dieser Möglichkeit zum politischen Widerstand liegt auch die Bedeutung des Sprechens der Mehrheitsgesellschaft für die Gemeinschaft der Waorani. »Sprechen können« ist in diesem Zusammenhang nicht nur auf rein sprachlicher Ebene zu betrachten: Es umfasst die Sprache, Funktionsweise und verborgenen Gesetze der Mehrheitsgesellschaft zu verstehen und sich sprachliches und kulturelles Wissen für politische Zwecke aneignen zu können. Dies ist aufgrund der Dringlichkeit des Schutzes des Territoriums für manche Waorani notwendig und erfolgt mittels vielschichtiger Selbstübersetzungsprozesse, die einerseits eine dynamische widerständische Position inmitten von diversen Spannungsfaktoren bedingen, andererseits aber auch stets die Gefahr beinhalten, zwischen Welten kulturell und identitär zerrissen zu werden. Die absolute Verwobenheit der Waorani mit mannigfaltigen Spannungsfeldern kann umgelegt auf Translationshandlungen dazu beitragen, durch einen Blick auf hinter Kommunikationsakten liegende Positionen gemeinschaftlichen Widerstand auszuüben. Zugleich führt das hohe Maß an individualisierten Beeinflussungen und Präferenzen der Waorani in Zusammenhang mit unterschiedlich ausgeprägten Kenntnissen der Sprache und Kultur der Mehrheitsgesellschaft zu komplexen Hierarchien.

5.3 Jäger:innen, Sammler:innen, zwei- und mehrsprachige Schüler:innen

Zum allgemeinen Sprachgebrauch gaben 45 (100 %) der Schüler:innen an, Spanisch zu sprechen. 39 (86,7 %) sprechen Waoterero, 15 (33,3 %) Kichwa. Sechs (13,3 %) Befragte würden eine andere Sprache (Englisch) sprechen, wobei sie in meinem Unterricht nur Grundkenntnisse erwarben. Im Vergleich zu den Schüler:innen gaben 64 (88,9 %) der anderen Bewohner:innen an, Waoterero zu sprechen. 53 (73,6 %) der Befragten sprechen Spanisch. Kichwa wurde von 40 Personen (55,6 %) angekreuzt. Eine Person (1,4 %) vermerkte, Shuar zu sprechen und eine Person (1,4 %) spricht Englisch. Insgesamt sind somit 95,5 % der Schüler:innen zwei- bzw. dreisprachig. Demgegenüber sind 13 der 72 anderen Bewohner:innen (18,1 %) einsprachig in Waoterero, eine Person (1,4 %) ist einsprachig in Kichwa. Fünf (6,9 %) sind zweisprachig in Waoterero und Kichwa. 18 Befragte (25 %) sind zweisprachig in Waoterero/Spanisch, sechs (8,3 %) sind zweisprachig in Kichwa/Spanisch und eine Person (1,4 %) ist zweisprachig in Shuar/Spanisch. 27 der Befragten (37,5 %) sind dreisprachig in Waoterero/Kichwa/Spanisch. Eine Person (1,4 %) ist viersprachig und spricht Waoterero, Kichwa, Spanisch und Englisch. Somit beläuft sich der Anteil der ein- und in indigenen Sprachen zweisprachigen Bewohner:innen auf 19 (26,4 %). Die große Mehrheit, nämlich 53 Bewohner:innen (73,6 %), ist zwei- und dreisprachig. Auffallend ist der hohe Anteil an Spanischsprechenden und die ebenfalls große Zwei- und Mehrsprachigkeit unter beiden Gruppen. Der differenzierte Vergleich zeigt sprachliche und in weiterer Folge kulturelle Entfremdungen zwischen der jüngeren vielsprachigen Generation und einsprachigen, im Schnitt älteren Pikenani. Besonders deutlich wird dies in der Gruppe der Schüler:innen, die allesamt Spanisch sprechen und in der es prozentuell mehr Spanischsprecher:innen als Sprecher:innen der indigenen Muttersprache(n) gibt.

Ein Vergleich der Sprachen, die die Schüler:innen vorwiegend mit Lehrenden verwenden, mit jenen, die sie mit Mitschüler:innen und zuhause sprechen (KORAK 2015, 69–71), unterstreicht die weiterhin gegenwärtige Institutionalisierung des Spanischen durch Schulbildung, die damit einhergehende wachsende Verankerung des Spanischen im Dorfalltag sowie soziokulturelle Folgen dieser Prozesse. Die Dominanz des Spanischen im Schulumfeld ist unverkennbar und drückt sich im spanischsprachigen Monolingualismus in der Kommunikation mit Lehrenden aus. Schüler:innen, die keine gemeinsame indigene Sprache sprechen, dient Spanisch als »Verkehrssprache« in der Institution Schule. Mit der fortschreitenden Kichwaisierung in Toñampari ist zudem ein Anstieg des Spanischsprechens unter den Schüler:innen zu erwarten, da Kichwa-Familien zuhause vermehrt Spanisch sprechen.

Die starke Präsenz des Spanischen als Unterrichtssprache in Toñampari widerspricht dem u. a. in Artikel 347/9 der Verfassung festgeschriebenem Recht der Indigenen, Bildung hauptsächlich in ihrer Muttersprache zu erhalten und Spanisch nur als Zweitsprache zu nutzen (ASAMBLEA CONSTITUYENTE 2008, 161). Dass diese Rechte nicht gewahrt werden, liegt neben unzureichender Umsetzung durch den Staat mitunter an den Lehrenden selbst, die Spanischsprechen fördern, besonders, wenn sie einer anderen indigenen Gemeinschaft angehören und sich nur auf Spanisch mit Schüler:innen verständigen können: Zwei Lehrende in Toñampari erwähnten mangelnde Fähigkeiten der Schüler:innen im Sprechen und Schreiben auf Spanisch und sprachen sich dafür aus, dass diese auch zuhause Spanisch üben und sprechen und von den Eltern darin unterstützt werden (INTERVIEW IND44; INTERVIEW IND45). Da die Angaben der Schüler:innen zudem illustrieren, dass zuhause das Spanischsprechen immer weiter um sich greift, etabliert sich Spanisch zunehmend auch im außerschulischen Dorfalltag.

Die Schaffung neuer soziokultureller Kategorien gelangte auch in der Vergangenheit über neue Formen der Schulbildung ins Dorf. Ab 1960 bis in die 1970er-Jahre zielten Alphabetisierungskampagnen des SIL u. a. darauf ab, dass die 500 im Reservat lebenden Waorani die ins Waoterero übersetzte Bibel lesen können. Die eng mit Predigten und Liturgie verbundene Alphabetisierung, im Zuge derer ein Alphabet, eine Grammatik und eine Rechtschreibung für das Waoterero entwickelt wurde, bildete den Grundstock für die Entwicklung neuer kultureller Kategorien, Ausdrucksformen und Moralvorstellungen. Dazu zählten schulzugehörige Objekte wie Stifte und Hefte sowie für die Waorani unübliche Nahrung und Kleidung, eine Abkehr vom kulturtypischen Haarschnitt oder das Einsetzen von Goldzähnen. Die Unterteilung der Nanicaboiri in »Kinder« und »Eltern« sowie die Konzepte der »Kindheit« und »Elternschaft« wurde durch die Missionar:innen hervorgebracht, u. a. um Kindestötungen Einhalt zu gebieten. Mit der Schulbildung wurden viele zu Eltern von Schüler:innen und *Padres de Familia* (in etwa: Elternvertreter:innen). Entgegen einst im Familienverband aufgeteilten Aufgaben für die Produktion für Nahrungsmittel, sind sie nun für das pünktliche Erscheinen und die Teilnahme der Kinder am Unterricht verantwortlich und müssen den Schulbesuch finanziell gewährleisten (RIVAL 1996, 325f; 356ff; 398; 412, 470f).

RIVAL (1996, 403) erhob Termini, die für mit der Schule einhergehende Artefakte und Tätigkeiten auf Waoterero kreiert wurden, was für Translationshandlungen relevant ist: Spanischsprachige Lehrende führten unter der *Educación Hispana* Formen wie *ponamai* (»Komm' nicht!) oder *anamai* (»Sprich' nicht!) ein – in der Hoffnung, die Waorani würden sie so verstehen. Zwar drückt das Suffix *namai* (geschrieben auch *ramai*) eine Negation und manchmal einen Wunsch aus, jedoch verwenden die Waorani keine Befehlsformen. Diese aus dem Spanischen übertragenen Befehle wurden zunächst also nur in der Schule verstanden, konnten sich aber durch die an die Sprache Waoterero geknüpfte Macht im außerschulischen Dorfleben verankern.

Auch das Lernen veränderte sich durch Schulbildung, da Kinder zuvor dadurch lernten, dass sie ohne Einschränkungen am Leben der Erwachsenen teilnahmen. Mit der Schulbildung gelangte mit kulturellen Konzepten wie »Alter« und »Geburtsdatum« ein neues Zeitverständnis in die Comunidades (IBID, 324; 328; 363; 366). Zeit wurde als quantifizierbarer, unterteilbarer und in die Zukunft orientierter Referenzrahmen in indigene Kosmovision eingegliedert. Ursprünglich veranschaulichten die Waorani das Vergehen der Zeit mit Mondphasen und zählten wie auch andere Indigene Amazoniens nur drei bis fünf Einheiten (CIPOLETTI/ABRAM 2012, 155). Mit der Schulbildung kamen neue Ziffern und Rechenweisen auf. Alle genannten sprachlichen und soziokulturellen Veränderungen umfassen Transkulturationsprozesse (ORTÍZ 1940/2002), die von den Waorani weder vollständig noch reibungslos aufgenommen oder übernommen wurden.

Der Direktor des Colegio hielt einen Wandel vom Jagen und Sammeln hin zum Anbau für die Nahrungsmittelproduktion in Toñampari für notwendig. Obgleich er die Wichtigkeit des Wahrens der Gebräuche betonte, könnten die Schüler:innen diesen Übergang zuhause ansprechen und ihre Eltern zu einem Umdenken auffordern (INTERVIEW IND6). Daran zeigt sich deutlich, wie der Institution Schule zugehörige Akteur:innen Sprache nutzen, um kulturelle Veränderungen anzuregen. Aufgrund der Verwurzelung mit der Jäger:innen und Sammler:innenkultur legten manche Eltern dennoch keinen Wert auf regelmäßigen Schulbesuch ihrer Kinder. Anderen schien eine gute Schulbildung für ihre Kinder sehr wichtig (INTERVIEW IND49; ALVARADO/ALVARADO 2014, 32; 54) bzw. hatten sie diese und das daraus resultierende notwendige Interagieren mit der Mehrheitsgesellschaft (RIVAL 1996, 478) als unumgängliche Nebenerscheinung des permanenten Kontaktes akzeptiert. Zuweilen fiel die Schule aus, weil die Dorfgemeinschaft das Flugfeld und Wege frei machetierte (FELDTAGEBUCH 4, 14.11.2012).

Als Positivbeispiel gegen Umwälzungen durch das Bildungssystem sei die Universidad de Cuenca genannt, die indigene Lehrende ausbildet. Die Abschlussarbeiten wurden sowohl in indigenen Sprachen als auch in Spanisch verfasst. ENQUERI/YETI (2014, 60–88) interviewten Älteste zur Verwendung und Bedeutung von Blasrohren und fertigten mit Schüler:innen unter Anleitung eines Pike ein Blasrohr an. GABA/HUAMONI (2014, 32) erforschten den Einfluss der durch externe Akteur:innen veränderten Ernährungsgewohnheiten auf schulische Leistungen in Toñampari. OMACA (2014, 68; 82–99) untersucht Veränderungen im Abhalten von Hochzeitszeremonien.

5.4   Nicht dieselbe Sprache, nicht dieselben Welten

Der Vergleich zwischen den Alltagssprachen der Dorfbewohner:innen mit jenen im Schulumfeld verdeutlicht die Institutionalisierung des Spanischen. Im Gegensatz zu den Schüler:innen kommunizieren die Bewohner:innen deutlich häufiger einsprachig in indigenen Sprachen: 40 (56,3 %) sprechen am öftesten Waoterero, gefolgt von Spanisch (elf; 15,5 %) und Kichwa (sechs; 8,5 %). Ein Dorfbewohner vermerkte, er spreche in der Stadt Spanisch und in einem oft besuchten Dorf Kichwa, was die diskutierten Unterschiede zwischen Innen und Außen unterstreicht. Sechs Personen (8,5 %) sprechen Waoterero, Kichwa und Spanisch. Vier (5,6 %) bestreiten den Alltag mehrheitlich in Waoterero und Spanisch, drei (4,2 %) in Waoterero und Kichwa sowie eine Person (1,4 %) in Kichwa und Spanisch. Die Alltagskommunikation der Dorfbewohner:innen erfolgt somit zum größten Teil (69 %) in indigenen Sprachen: einsprachig in Waoterero oder Kichwa (64,8 %) bzw. zweisprachig in Waoterero und Kichwa (4,2 %). 15,5 % der Befragten sprechen am häufigsten Spanisch. Weitere 15,5 % kommunizieren in einer oder mehreren indigenen Sprachen und Spanisch.

Die Angaben der Befragten zum Alter, mit dem sie Spanisch erlernten, lassen erkennen, dass beide Gruppen dies mehrheitlich ab dem Schulalter tun. Während die Bewohner:innen Spanisch fast ausschließlich in der Schule erlernten, erlernte die Mehrheit der Schüler:innen Spanisch bereits zuhause und in der Schule gleichermaßen. Der Vergleich der Sprache, in denen es Schüler:innen des Colegio von Toñampari und anderen Bewohner:innen am leichtesten fällt, zu kommunizieren, verdeutlicht Hierarchien zwischen den durch die Institutionalisierung des Spanischen häufiger dieser Sprache ausgesetzten Schüler:innen und den anderen Dorfbewohner:innen. Während es den Schüler:innen (42,9 %) am leichtesten fällt, gleichermaßen in einer indigenen Sprache und Spanisch zu kommunizieren, trifft dies nur auf 16,7 % der Bewohner:innen zu. Letzteren fällt die Kommunikation in ihrer/ihren jeweiligen indigene/n Sprache/n am leichtesten (66,8 %), was wiederum für nur 26,5 % der Schüler:innen der Fall ist. Für 30,6 % der Schüler:innen ist Kommunikation in Spanisch die leichteste Art sich mitzuteilen. Dieser Ansicht sind nur 16,7 % der Bewohner:innen.

Die neuen kulturellen Kategorien und der daraus resultierende Wandel wurden in den Interviews mit Ältesten virulent, da der kulturelle Bruch zwischen den Schüler:innen des Dorfes und der mittleren Generation meist weniger drastisch ist. So antwortete ein Ältester auf die Frage, ob es für ihn wichtig sei, dass die Pikenani die Geschichten von früher den Jungen erzählten, viele würden sich dafür nicht interessieren, ihm nicht zuhören, nicht mehr jagen gehen, sich anders ernähren und Alkohol trinken (INTERVIEW IND20). Während die Ältesten mit dem Regenwald verbunden sind, wird dieser von der mittleren Generation und von Schüler:innen immer seltener aufgesucht. Dies führt zu innergemeinschaftlichen Gräben zwischen unterschiedlichen Kosmovisionen und Praktiken. Das schwindende Wissen zu Praktiken der Ältesten zeigt sich auch auf sprachlicher Ebene. Die Ältesten thematisieren meist vergangene Jagdgeschichten und kulturelle Erzählungen. Sie sprechen aufgrund des unterschiedlichen lebensweltlichen Bezugs eine gänzlich andere Sprache als die Jungen, und ihre ehemals wesentlichen Aufgaben gehen mit den Anforderungen der Zwischenweltlichkeit immer mehr verloren:

> En el tiempo de los abuelos, los ancianos más sabios eran los guías espirituales y culturales de la comunidad, y por lo tanto, quienes administraban la justicia interna, organizaban las fiestas tradicionales, conducían las ceremonias matrimoniales,

organizaban guerras para defender sus territorios, dirigían las cacerías y las pescas, incentivaban la paz interna de la comunidad, motivaban para recorrer los antiguos lugares por donde transitaban sus ancestros. (OMACA 2014, 105) [Früher waren die weisesten Ältesten die spirituellen und kulturellen Leitfiguren der Comunidad und somit diejenigen, die die interne Justiz verwalteten, traditionelle Feste organisierten, Heiratszeremonien durchführten, Kriege zur Verteidigung ihrer Gebiete organisierten, die Jagd und den Fischfang anführten, den internen Frieden in der Gemeinschaft förderten und dazu aufforderten, die Orte aufzusuchen, die ihre Vorfahren durchquert hatten.]

Je nach Interesse und Verbundenheit der mittleren und jüngeren Generation gibt es dennoch Personen, die Gebräuche und Praktiken der Ältesten fortsetzen. Der Líder von Toñampari betonte im Interview gleichermaßen die Wichtigkeit, Waoterero zu sprechen als auch Praktiken der Ältesten zu pflegen (INTERVIEW IND7). Er forderte bei einer Versammlung, bei der ich in der Schule mein Vorhaben der Gemeinschaft vorstellte, Schüler:innen zum Dolmetschen auf. Diese kamen seinen Anforderungen nicht nach, wodurch er schließlich selbst dolmetschte, seine Dolmetschung mit zusätzlichen scherzhaften Bemerkungen ausschmückte und zusammenfassend oder erweiternd dolmetschte. Hin und wieder schien er vergessen zu dolmetschen oder wirkte, als hätte er keine Lust darauf (FELDTAGEBUCH 5, 22.09.2012). Die Aufforderung zum Dolmetschen kann als Versuch gedeutet werden, die Ältesten in meine Schilderungen einzubeziehen und gleichberechtigtere Partizipation an der Kommunikation im Dorf zu schaffen.

In Versammlungen konnte ich dennoch wenig Inklusion durch Translation beobachten. So war eines Tages eine mit dem Computer auf Spanisch verfasste Einladung zu einer Versammlung auf einige Häuser aufgehängt worden. Da nicht alle Dorfmitglieder und vor allem die Ältesten lesen und schreiben können und/oder Spanisch sprechen, war ihr Informationsgrad von sprach- und lesekundigen Gemeinschaftsmitgliedern abhängig. Zu Beginn der Versammlung verlasen der Presidente und ein Lehrender die Einladung auf Spanisch. Im Anschluss suchte der Presidente auf Spanisch nach Helfer:innen und Wäscher:innen für den Bau der Milleniumsschule. Die Suche gestaltete sich ohne Dolmetschung für die Ältesten, deren Teilhabe an einkommensstiftenden Tätigkeiten erschwert wurde (FELDTAGEBUCH 6, 07.11.2012). Auch bei einem spanischsprachigen Vortrag eines Forschers beobachtete ich, dass für die zahlreich anwesenden und sich lautstark zu Wort meldenden Pikenani nicht gedolmetscht wurde. Ihre Wortmeldungen wurden dem Forscher teilweise von einem mitgebrachten Wao gedolmetscht und der Forscher schien nicht daran interessiert (FELDTAGEBUCH 7, 18.09.2012). In einer Versammlung der Padres de Familia wurde hauptsächlich auf Spanisch gesprochen und nicht gedolmetscht (FELDTAGEBUCH 8, 13.11.2012).

Der Vizepräsident der NAWE beklagte auf meine Frage, welche Rolle Älteste in Entscheidungsprozessen spielen, dass Krieger:innen in politischen Versammlungen nur *pro forma* auftreten, während die Jüngeren untereinander verhandeln und entscheiden:

> Ind34: [A]hora como en muchas de las asambleas donde han sido hay que presentar propuesta. Eso es en español, para Pikenani, ¿qué es una propuesta? Ellos no saben, específicamente ellos no van a saber qué es lo que quieren decir los jóvenes. […] [S]i queremos que los Pikenani participan, debemos dar un chance que los Pikenanis expongan lo que ellos piensan, lo que ellos sienten, lo que ellos quieren. (INTERVIEW IND34) [In vielen Versammlungen muss man jetzt einen Vorschlag vorlegen. Auf Spanisch »propuesta«, was ist das für die Pikenani, ein Vorschlag? Sie kennen das nicht, und sie werden nicht wissen, was die Jungen sagen wollen. Wenn wir wollen, dass die Pikenani sich beteiligen, müssen wir den Pikenani die Chance geben, auszudrücken, was sie denken, was sie fühlen, was sie wollen.]

Die Praktiken der Entscheidungsfindung haben sich also mit dem Einfluss der Mehrheitsgesellschaft und daraus entstehenden innergemeinschaftlichen Hierarchien gewandelt. Ehemals wurden mehrere Familien betreffende Entscheidungen nach Anhören der Vorschläge des:der Nanicabo-Líders:Líderesa gemeinsam getroffen. Der Rat der Ältesten wurde für bedeutende Angelegenheiten (OMACA 2014, 72; ZIEGLER-OTERO 2004, 43f). Funktionäre der NAWE verhandeln mitunter mit der Regierung über Territoriumsnutzung ohne dies zuvor mittels Translation mit der Basis zu besprechen. Auch in den Comunidades verhandeln Einzelpersonen direkt mit Konzernen. Zudem berichtete eine Interviewpartnerin wie Älteste, die in Versammlungen mit Konzernen auf Waoterero anmerken, die Regierung würde lügen und keine Zuwendungen zukommen lassen, von der Gemeinschaft zum Schweigen gebracht werden (INTERVIEW IND31).

So bekleiden nun jene Dorfbewohner:innen eine machtvolle Position, die Zugang zu Gütern und Artefakten der Mehrheitsgesellschaft haben, aus ihren Beziehungen zu Erdölunternehmen Zuwendungen sicherstellen und/oder Spanisch oder Kichwa sprechen. Die mit westlichen Gütern zusammenhängende Verwendung von Geld trägt zu weiterer Individualisierung und Vergrößerung der Macht von Einzelpersonen bei. Neben der in den genannten Beispielen verdeutlichten sprachlichen und kulturellen innergemeinschaftlichen Kluft zwischen Pikenani und Vertreter:innen der mittleren und jüngeren Generation, ist Hierarchienbildung zwischen Männern und Frauen zu beobachten. Frauen der AMWAE und Lehrerinnen hoben in vielen persönlichen Gesprächen die Beeinflussbarkeit der Männer und insbesondere der NAWE durch Erdölkonzerne hervor. Frauen solle Zugang zu Bildung zu verschafft werden. Bei Fragen nach der Zukunft betonten sie häufig die wesentliche Rolle der Frauen im Praktizieren der Gebräuche und Bewahren des Territoriums (INTERVIEW IND30, INTERVIEW IND48).

Wie HIGH (2006/2007, 40f) bemerkte ich die Verteilung von Geschenken und Speisen aus der Außenwelt durch Funktionär:innen der NAWE. Als Fortsetzung des für die Waorani wesentlichen natürlichen Überflusses (RIVAL 2002, 88; Kapitel 2.5) des Regenwaldes schienen Vertreter:innen danach beurteilt zu werden, wie viele Güter der westlichen Welt sie mitbrachten. In einer »society so heavily oriented toward immediate consumption« (HIGH 2006/2007, 42) [so stark auf sofortigen Konsum ausgerichteten Gesellschaft] werden politische Vertreter:innen eher an ihrer Fähigkeit gemessen, durch besagte Güter direkte und unmittelbar nutzbare Zuwendungen zu besorgen, als an ihrer langwierigen politischen Arbeit und an ihrer Repräsentationsfunktion. AMWAE-Vertreterinnen berichten vermehrt von Forderungen und Unverständnis, wenn manche Dörfer von der politischen Interessensvertretung vermeintlich oder faktisch mehr Unterstützung erhalten als andere (INTERVIEW IND29; RIVAL 1994, 288). Des Öfteren wurde ich auf Hierarchien zwischen Toñampari und in der Provinz Orellana gelegenen Comunidades aufmerksam. Während manche Waorani (INTERVIEW IND8) vermittelten, dass in Orellana Gebräuche und Rituale tiefer verwurzelt seien und weniger Kichwaisierung herrsche (OMACA 2014, 100), sprachen andere abfällig über Indigene aus Baameno und verglichen ihre Lebensweise mit Tieren. Schlussendlich kristallisieren sich Hierarchien um die Territoriumsnutzung heraus, da manche Waorani von den Einkommensquellen durch Holzhandel und Konzernen profitieren während andere die Auswirkungen dieser Tätigkeiten auf das Territorium stark kritisieren.

Wenn all diese Hierarchien auf die Entscheidung für (Nicht-)Translation für nichtspanischkundige oder schlechter informierte Gemeinschaftsmitglieder treffen, zeigen sich die Wechselwirkungen zwischen Zwei- und Mehrsprachigkeit und den beschriebenen Spannungsfaktoren besonders deutlich. Nicht-spanischkundige Gemeinschaftsmitglieder können an einzelnen, mitunter sehr schnell im Plenum getroffenen Entscheidungen nur partizipieren, wenn dolmetschwillige Bewohner:innen anwesend sind. Dadurch erlangt ihre Mitsprache in Entscheidungen durch den mitunter politisch bewusst gesetzten *Time-lag* zwischen Originalaussage und Dolmetschung manchmal lediglich musealen und inszenierten Charakter. Die aus den vorangehenden Ausführungen ableitbare individuelle Ebene, auf der Sprach- und Kulturkenntnisse der Mehrheitsgesellschaft für

Aushandlungsprozesse genutzt werden, die Einzelnen gesteigerten Wohlstand oder größere Einflussnahme verschaffen, ist jedoch auch umgekehrt für eventuell aus Sprachkenntnissen und Translation hervorgehenden Widerstand nutzbar. In Kapitel 6.3 gehe ich im Detail auf diese Aspekte ein.

Lehrende bestimmen als politisch agierende Schaltstellen zwischen westlicher Welt und einem Leben in Verbindung mit Kosmovision und Territorium den Sprachgebrauch in der Schule und in weiterer Folge im Dorf. Missionar:innen forcierten das Einnehmen besonderer Positionen durch Lehrende. Wie VICKERS (1989, 57) für die ebenso durch das SIL kontaktierten Siona-Secoya festhält, wählten Missionar:innen Schüler:innen aus, die sie zu Lehrenden und damit zu »important brokers between the native community and the outside world of the missionaries and agencies of government« (IBID) [wichtigen Vermittler:innen zwischen der indigenen Gemeinschaft und der Außenwelt der Missionar:innen und staatlichen Stellen] machten. Auf diese Weise kanalisierten Lehrende, die in der SIL-Base Limoncocha ausgebildet wurden, den Influx von Schulmaterial, Nahrungsmittel und materielle Güter. Zudem vertraten Lehrende auf in Limoncocha oder in Quito stattfindenden Konferenzen ihre jeweilige Comunidad.

Die heutige Position der Lehrenden als Staatsangestellte verschafft ihnen monetäres Kapital, was sich u. a. darin zeigt, dass sie tendenziell öfter in die Kleinstadt Puyo reisen und gute Beziehungen zu Akteur:innen außerhalb der Comunidades pflegen. Dies spiegelt sich in der Einrichtung ihrer Häuser wider. Auf kultureller Ebene lösen Lehrende zunehmend Älteste als Träger:innen von Wissen und Ausführer:innen von Handlungen ab und fördern in Zusammenhang mit ihrer intern zwar bisweilen umstrittenen, aber angesehenen Position Übernahme von Gütern und Gebräuchen (KORAK 2015, 73; 76). In jedem Fall zeigt sich die Fähigkeit, Spanisch zu sprechen gemeinsam mit durch längeren Kontakt mit Konzernen oder Aufenthalten in der »Außenwelt« erworbenen kulturellen Kenntnissen als wesentlich für die Beeinflussung von Meinungen und Entscheidungsprozessen (auch RIVAL 1996, 423).

Die Mehrzahl der Lehrenden zeigte sich mit dem Curriculum der interkulturellen Bildung zufrieden und würde es nicht ändern. Die Gesprächspartner:innen wiesen darauf hin, dieses würde das Fach *cosmovisión* beinhalten (IBID), in dem indigenes Wissen vermittelt wird (INTERVIEW IND59). Laut einer Lehrenden werden im Fach *psicología intercultural* (interkulturelle Psychologie) beispielsweise Kunstformen und Symbole der Ältesten behandelt und mit der heutigen Kosmovision verglichen (INTERVIEW IND45). Zu indigenen Themen/Fächern im Lehrplan siehe UNICEF (2008, 62–77). Ein indigener Mitarbeiter der Bildungsdirektion in Puyo merkte an, die interkulturelle zweisprachige Bildung hätte übermäßige Hispanisierung zumindest gebremst und Identifizierung mit indigenen Kulturformen gefördert (INTERVIEW IND38). DER DIREKTOR DES Colegio von Toñampari betonte die Wichtigkeit, auch im Schulunterricht verlorengehendes Wissen wie spezielle Jagd- und Fischtechniken, Gesänge und Tänze zu vermitteln (INTERVIEW IND6). Durch Gesänge wurde und wird in den einstigen Nanicaboiri gemeinschaftliches Wissen vermittelt, vor allem an Kinder. Der Rückgang oder Verlust dieser Wissensvermittlung bringt mit sich, dass Sprechen individualisierter wird und Erlebnisse mitunter nicht mehr gemeinschaftlich geteilt werden können. Feste und Gesänge wurden durch Schulfestlichkeiten ersetzt, in deren Rahmen Gesänge oft nur imitiert werden und keine sprachliche Bedeutung aufweisen (RIVAL 1996, 438; 449; 455). Zunehmend verdrängen westliche Musikgruppen und Instrumente kulturübliche Gesänge – so spielten Schüler:innen in Toñampari jeden Nachmittag von mestizischer Musik beschallt Fußball oder lernten Gitarre in Freistunden.

Die Ausübungsmöglichkeiten von Widerstand sehe ich jedoch nicht in der radikalen Berufung auf vermeintlich kulturauthentische Elemente gegenüber einer vermeintlich diametral gegenüberliegenden vollständigen Hinwendung zu Artefakten und »Kulturgütern« der Moderne, sondern verorte diese in der in Kapitel 5.1 diskutierten hybriden Flexibilität der Identitäten der Waorani als transkulturell handelnde Subjekte.

5.5 Zwischenbilanz

Zusammenfassend ist festzuhalten, dass die Institutionalisierung des Spanischen im Schulalltag auf lange Sicht eine gesteigerte Verwendung dieser Sprache im Dorfalltag bewirken wird, was u. a. Angaben von Schüler:innen und anderer Bewohner:innen zum Alter und Ort des Spanischerwerbs sowie den leichtesten Kommunikationssprachen verdeutlichen. Diese Entwicklungen werden teilweise von den Waorani gefördert, vor allem von Lehrenden und Personen mit politischen Ämtern, sowie durch Zusammenleben mit den Kichwa. Auch die gesteigerte Exposition mit kulturellen Elementen der Mehrheitsgesellschaft sowie externe Spannungsfaktoren in den Comunidades haben diese Entwicklung beeinflusst. Diese Aspekte beeinflussen auch den Sprachgebrauch und einzelne Entscheidungsprozesse sowie die Frage, ob und wie für nicht-Spanisch-sprechende Gemeinschaftsmitglieder gedolmetscht wird.

Zugleich können über die Aneignung von Sprache und kulturellen Codes der Mehrheitsgesellschaft Widerstandsmöglichkeiten gegen Fremdbeeinflussungen geschaffen werden, wie im folgenden Kapitel beleuchtet wird. Schulbildung alleine erweist sich hierfür nicht als ausreichend. Tatsächlich wurde deutlich, dass vor allem jene Waorani, die neben der Schulbildung eine gesteigerte und langwierige Exposition zur Mehrheitsgesellschaft verfolgen, die soziopolitische Sprache der Mehrheitsgesellschaft verstehen und »sprechen können« und damit erweiterte Handlungs- und Einflussmöglichkeiten bei politischen Entscheidungen haben.

Vor allem die Angaben der Schüler:innen zur von ihnen bevorzugten Kommunikationsform zeigen – neben einer im Gegensatz zu den Dorfbewohner:innen weit höheren Präferenz für das Spanische –, dass zweisprachige Kommunikation in ihrem Alltag bereits stark verankert ist. Hiermit sind auch die Eckpfeiler für die Tätigkeit des Dolmetschens gegeben, der, wie nun gezeigt wird, die große Mehrheit der Schüler:innen und anderen Dorfbewohner:innen regelmäßig nachgeht.

6. Translation als Going-Between und Going-Against

41 von 48 Schüler:innen (85,4 %) des Colegio hatten bereits gedolmetscht. Die Mehrheit von ihnen gab an, dies mehrmals pro Woche zu tun (19; 46,3 %). Neun Schüler:innen (22 %) dolmetschten etwa einmal pro Woche und acht (19,5 %) jeden Tag. Vier Schüler:innen (9,8 %) dolmetschten etwa einmal pro Monat und eine Person (2,4 %) gab an, weniger oft zu dolmetschen. 54 der anderen Bewohner:innen (75 %) führten an, sie hätten bereits gedolmetscht. Insgesamt dolmetschten diese weniger oft als die Schüler:innen, dennoch fand Dolmetschen allgemein häufig statt: 21 Dorfbewohner:innen (39,6 %) dolmetschten etwa einmal wöchentlich. Jeweils elf Befragte (je 20,8 %) dolmetschten mehrmals pro Woche bzw. etwa einmal monatlich. Sieben Personen (13,2 %) dolmetschten weniger oft als etwa einmal monatlich und drei Personen (5,7 %) dolmetschten täglich. Ein deutlicher Unterschied zeigte sich bei Übersetzungstätigkeiten: Während 89,6 % der Schüler:innen übersetzt hatten, traf dies nur auf 26 andere Bewohner:innen (36,7 %) zu.

Die aus den Angaben der Schüler:innen abgeleitete hohe Präsenz und Häufigkeit von Dolmetschen und Übersetzen im Dorfalltag zeichnet das Bild einer Gemeinschaft von Dolmetschenden, in der nahezu alle Bewohner:innen Erfahrung mit Dolmetschen haben – ob als bedolmetschte, ausführende Person oder beides.

6.1 Spektra des Dolmetschens und Übersetzens

Schüler:innen dolmetschen in einer großen Bandbreite von Szenarien: An erster Stelle wurden private Unterhaltungen (65,85 %)[12] gedolmetscht, gefolgt von Ärzt:innenbesuchen (48,78 %) und Regierungsversammlungen wie der *Consulta Previa* (21,95 %). Andere

---

12　Bei Angaben, die insgesamt mehr als 100 Prozent ausmachen, waren Mehrfachangaben möglich.

Dolmetschsettings (14,63 %) – vorrangig in der Kirche – und Dolmetschen in Versammlungen mit regierungsunabhängigen Organisationen (2,4 %) machten einen geringeren Anteil aus. Ebenso vielfältig gestaltet sich das Dolmetschspektrum der anderen dolmetschenden Bewohner:innen. An erster Stelle stehen erneut private Unterhaltungen (64,2 %), knapp gefolgt von Ärzt:innen-Gesprächen (60,4 %). Dolmetschen im politischen Kontext ist an dritter Stelle, etwa bei Versammlungen mit regierungsunabhängigen Organisationen (43,3 %) und bei Versammlungen mit der Regierung (39,6 %) wie der Consulta Previa. Andere Dolmetschsettings (Versammlungen der Dorfgemeinschaft, Seminare der NAWE und Tourismus) umfassten 5,7 % der Dolmetschungen. Insgesamt dolmetschten die anderen Bewohner:innen im Vergleich häufiger in politischen Versammlungen mit Regierungsinstitutionen und mit Nichtregierungsorganisationen. Vereinzelt wurde angegeben, in (fast) allen Settings zu dolmetschen, was vermuten lässt, dass einzelne Personen häufiger zu dolmetschen scheinen als andere. Zudem wird zwischen indigenen Sprachen gedolmetscht: So gab eine 54-jährige Bewohnerin an, sie sei Waorani und Kichwa, spreche beide Sprachen gut und würde jeden Tag private Unterhaltungen dolmetschen. Ein 56-jähriger, sich als Waorani bezeichnender Bewohner spricht laut eigenen Angaben sehr gut Waoterero und gut Kichwa und betätigt sich in etwa einmal wöchentlich in privaten Unterredungen als Dolmetscher.

Eine Betrachtung des Übersetzungsspektrums der Schüler:innen zeigt eine deutliche Mehrheit an kulturtypischen Erzählungen (57, 1 %) gegenüber den weiteren zur Auswahl gestandenen Kategorien »Briefe und andere offizielle Dokumente« (50 %) und »Videos« (16,7 %). Demgegenüber dominiert bei einer Analyse des Übersetzungsspektrums der anderen Bewohner:innen das Übersetzen von Briefen und anderen offiziellen Dokumenten (53,8 %). Auf Nachfrage berichteten sechs Personen von *solicitudes* oder *oficios*. Das sind Schreiben, mit denen die Waorani Lokalregierungen oder Erdölkonzerne um Güter wie Trinkwasser oder finanzielle Unterstützung bitten. Eine Person informierte mich darüber, sie hätte das Ansuchen mündlich vom

Spanischen ins Waoterero übersetzt, was zeigt, dass die Trennung in Dolmetschen und Übersetzen in diesem Kontext nicht sinnvoll ist. Zwei Befragte erklärten, sie hätten Einladungen anderer Dorfgemeinschaften übersetzt, wobei eine Person anmerkte, die Übersetzung wäre mündlich von Statten gegangen. Eine Person gab an, das übersetzte Dokument sei eine Ausschreibung gewesen. Eine Person gab an, das Dokument sei im Zusammenhang mit dem Bau eines Hauses gestanden, vermutlich ein weiteres Ansuchen. Eine Person gab an, sie hätte *palabras para aprender* (Worte zum Lernen [Vokabel]) übersetzt. Ein Befragter hatte ein Wörterbuch (Waoterero/Spanisch) und eine Grammatik des Waoterero übersetzt. Zwei Bewohner:innen hatten die Bibel übersetzt, eine Person hatte Auskünfte zum Lernfortschritt von Schüler:innen übersetzt und ein Befragter übersetzte die Geschichte sowie Erzählungen der Waorani. Eine Person übersetzte Hausaufgaben der Schüler:innen. Ein Bewohner konkretisierte, er hätte eine Regierungsinformation übersetzt, wonach 25 % der Einnahmen aus der Erdölförderung künftig an das Dorf gehen sollten. Das Übersetzungsspektrum der Bewohner:innen umfasst also mehrheitlich Briefe und andere offizielle Dokumente (65,4 %), gefolgt von der Kategorie »andere« (34,6 %) und Videos (11,6 %)

Die große Sichtbarkeit von Translation im Dorfgeschehen spiegelt sich in der Frage wider, ob sie jemanden dolmetschen gesehen haben: Alle befragten Schüler:innen und alle anderen Bewohner:innen bejahten diese. Auch die Sichtbarkeit des Übersetzens ist groß: 40 von 48 Schüler:innen (83,3 %) kannten eine Person, die etwas übersetzt hatte. Weitaus weniger Bewohner:innen (45; 62,5 %) kannten im Vergleich Personen, die übersetzten.

Das mehrheitliche Dolmetschen von Schüler:innen und Bewohner:innen im privaten Bereich sowie bei Ärzt:innengesprächen verdeutlicht die Alltäglichkeit von Dolmetschhandlungen in einer Gemeinschaft von Dolmetscher:innen. Außerdem dolmetschen beide Gruppen in politischen Zusammenhängen, wodurch sich den Dolmetschenden die Möglichkeit zur Einflussnahme bietet. Die Tatsache, dass von Schüler:innen vor allem tradierte Erzählungen übersetzt werden, unterstreicht Bestrebungen der zweisprachigen interkulturellen Bildung, kulturelle Praktiken zu fördern. Zugleich wird die gemeinschaftsstiftende Bedeutung des Geschichtenerzählens und -weitergebens auf den Raum der Institution Schule übertragen und diese Praktik mit neuen Bedeutungszusammenhängen versehen. So gleicht Erzählen und Übersetzen von Erzählungen nun mitunter vermutlich eher der schulischen Pflichterfüllung, was erneut in Kapitel 5 erarbeitete soziokulturelle Veränderungen durch Schulbildung unterstreicht.

6.2 (Don't) trust the messenger

Das aus den Fragebögen entstandene Bild einer Gemeinschaft der Dolmetscher:innen bedarf einer Differenzierung. Dass Dolmetschende nicht gleich Dolmetschende sind, ging beispielsweise aus einem Interview mit dem Tourismusbeauftragten und ehemaligen Presidente Toñamparis hervor. Auf meine Frage, ob jede Person, die gut Spanisch und Waoterero spricht, dolmetschen könne und ob folglich alle jungen Bewohner:innen diese Tätigkeit auch gut erledigen könnten, antwortete er:

> Yo no creo que jóvenes todo son traductores. […] No son buen. […] [S]olo propone estudiar solo dos idioma, wao y español. […]Nada más. Lo que es importante una persona es si vale traductor. Una persona de que mucho vida vivido y también mucho conocimiento. (INTERVIEW IND5) [Ich glaube nicht, dass alle Jungen Übersetzer:innen [Dolmetscher:innen] sind. Sie sind nicht gut. Sie denken [es reicht] nur zwei Sprachen zu lernen, Wao und Spanisch. Sonst nichts. Wichtig ist, ob eine Person zum/r guten Übersetzer[in] taugt. Ein Mensch, der viel gelebt hat und viel weiß.]

Der Gesprächspartner erläuterte, es handle sich um Wissen, das durch Leben an verschiedenen Orten erworben werde und mit Wissen über Kulturen einhergehe (IBID).

Eine politischere Differenzierung unternimmt eine im Widerstand aktive Wao. Sie tituliert Dolmetschen von jungen Gemeinschaftsmitgliedern, die von Regierungsinstanzen wie dem *Secretaría de Hidrocarburos* (Sekretariat für Kohlenwasserstoffe) im Zuge einer vorgeblichen Consulta Previa (auch KORAK/PICHILINGUE, 2023 für eine Analyse von Translation bei der Consulta) mit in die Comunidades genommen werden, als strategische Beeinflussungs- und Betrugsversuche. Es würde den Bewohner:innen durch von der Institution mitgebrachte Waorani als Dolmetscher:innen fälschlicherweise vermittelt werden, dass sich mit der größeren staatlichen Partizipation an der Erdölförderung vergangene soziokulturelle Katastrophen nicht wiederholen werden. Zudem würden Dolmetscher:innen Gemeinschaftsmitglieder dazu bewegen, Unterschriften unter Abkommen zu setzen (INTERVIEW IND31).

GONDECKI (2015, 315) unterstreicht in diesem Zusammenhang die durch den Einfluss externer Akteur:innen geschaffenen Spaltungen in der Gemeinschaft. Personen von außen suchen gezielt Beziehungen zu einigen wenigen Individuen, die als Go-Between[13]-Figuren innerhalb der Waorani agieren, wodurch innergemeinschaftliche Hierarchien entstehen. In KORAK (2015) analysiere ich ausführlich, welche Eigenschaften sich ein dolmetschender Go-Between selbst zuschreibt, wie durch sein übersetzerisches Handeln Akzeptanz für ein gemeinschaftsfremdes Element, ein Spielplatz, geschaffen wird und welche innergemeinschaftlichen Hierarchien sich durch den Einfluss von Go-Betweens auf Entscheidungen ergeben. Ich verwende Go-Betweens in Abgrenzung zur in der Translationswissenschaft für das Community Interpreting herangezogenen Denkfigur des Gate-Keeping (WADENSJÖ, 1998, 68f; DAVIDSON 2000, 398f, 401; INGHILLERI,

---

13 Siehe auch METCALF (2008) zu Kategorien von Go-Betweens in der Eroberung Brasiliens im 16. Jahrhundert; GRAY (1986, 108) zu »leaders [...] on the boundary of the community«; CONKLIN/GRAHAM (1995, 704) zu Problematiken um individualisierte Macht von Go-Betweens; SCHAFFER/ROBERTS/RAJ/DELBOURGO (2009, XIII) zu ihrem unsicheren sozialen Standing; LEWIN (1947, 144ff) zu Gatekeepers, PARK (1928, 892) zum »marginal man« sowie Aufarbeitungen durch PEDRAZA (2000) und GOLDBERG (2012).

2010; HEIMBURGER, 2012; PÖLLABAUER, 2012), da ein gewissermaßen kontrollierbarer und institutionalisierbarer Rahmen bei den Waorani kaum der Fall ist. Ihre fluiden Identitäten und transkulturellen Beeinflussungen lassen keine Positionierung als Translator:innen inner- oder außerhalb einer Institution ausmachen. Diese Nicht-Fassbarkeit führt dazu, dass Waorani translatorische Handlungskraft entfalten und diese flexibel für die Zwecke ihrer Gemeinschaft, für fremde oder für eigene individuelle Interessen einsetzen können. Zugleich umfassen translatorische Tätigkeiten von Go-Betweens neben übersetzerischen Handlungen eine »appropriation of foreign knowledge, skills and goods« (LISS 2009, 7) [Aneignung von fremdem Wissen, Fähigkeiten und Gütern]. Im Idealfall kann diese im Sinne der Transkulturalität Widerstandschancen eröffnen, die Älteste und andere Waorani auf Basis von Sprache nutzen, wie ich in KORAK (2015) zeige.

Als Go-Betweens translatorisch tätige Líderes:as werden von einer Gemeinschaft stark kontrolliert, in der die überwiegende Mehrheit ebenfalls vielsprachig und damit potenzielle Translator:innen sind. Wenngleich Go-Betweens aufgrund ihres zwischenweltlichen Agierens mitunter eine Statusfunktion in der Gemeinschaft einnehmen, bleiben ihre Autorität und ihr Wirkungskreis beschränkt und sind meist Gegenstand steter Verhandlungen (VICKERS 1989, 55, 59; BROWN 1993, 310). In Bezug auf das Voranschreiten westlicher Politikführung – die mit einer Konzentration der Macht auf Eliten und einer Hierarchisierung in Comunidades der Waorani einhergeht – sind Machtgefüge um sprachliche und politische Vermittlung durch Go-Betweens dennoch in den Blick zu nehmen. Dies gilt umso mehr, wenn diese aufgrund ihrer guten Außenbeziehungen auch kulturelle Líderes:as sind. Diese Auseinandersetzung mit translatorisch tätigen Go-Betweens ist vor allem im Hinblick auf eine erzwungene Kontaktierung der in Abgeschiedenheit lebenden Tagaeri-Taromenani von grundlegender Bedeutung. Womöglich werden, wie einst Dayuma, als Translator:innen tätige Waorani hierfür eine wesentliche Rolle spielen.

Wie mit dem Dolmetscher:innen-Dienst der Regierungsinstitution ECORAE gezeigt wird, führt die fehlende institutionelle Zugehörigkeit zu Versuchen, dolmetschende Go-Betweens zu institutionalisieren und zu kontrollierbaren, institutionell bis zu einem gewissen Grad eingegliederten Gatekeepern zu machen. Die Regierung unter Correa initiierte am 12.09.2012 Dolmetschungen des Radio- und Fernsehprogramms *Enlace Ciudadano* in neun indigene Sprachen. Das Programm,[14] in dem der Präsident und fallweise der Vizepräsident Ecuadors die Bevölkerung u. a. wöchentlich über Regierungsaktivitäten, -projekte und -entscheidungen informierten, bestand von 2007 bis 2017. Insgesamt wurden 523 Ausgaben auf 450 Radio- und 90 Fernsehfrequenzen sowie im Internet übertragen. Hatte der *Enlace Ciudadano* zu Beginn eine Laufzeit von 35 Minuten, dauerte er zuletzt drei Stunden. Indigene Dolmetscher:innen begleiteten den Präsidenten in folkloristischer Aufmachung und dolmetschten das über Radio ins Amazonasgebiet übertragene Programm. Ihre restliche Arbeitszeit verbrachten sie mit Übersetzen von Pressetexten in indigene Sprachen und Aufnahmen weiterer Radioprogramme (El Telégrafo, 2015; El Universo, 2017b).

2012 interviewte ich drei der zehn (sieben Männer, drei Frauen) zu diesem Zeitpunkt für den Präsidenten tätigen Dolmetscher:innen für Waoterero, Shuar und Kichwa in der Institution ECORAE in Puyo. Die Dolmetscher:innen hatten eigene Facebook- und Twitteraccounts und wurden bei Fernsehübertragungen der Ansprachen Correas als Sinnbild Amazoniens dargestellt: »Siempre cuando habla de la Amazonía y todo eso siempre nos enfocan a nosotros« (Interview Ind28) [Immer, wenn er über Amazonien und all das spricht zoomen sie auf uns hin]. Die hier zu Wort kommende Dolmetscherin für Waoterero scheint sich des medienwirksamen Nutzens dieser Repräsentation bewusst.

Die ECORAE-Dolmetscher:innen wurden nach einem Bewerbungsverfahren ausgewählt, von einer deutschen Dolmetscherin im

---

14 Im Stil des Chávez-Programms *Aló Presidente* waren die populistischen Samstagsansprachen mehrfach durch verbale Entgleisungen gekennzeichnet. Durften zunächst Journalist:innen und Akteur:innen der Zivilgesellschaft offene Fragen an den Präsidenten richten, wurden ab der 118. Ausgabe keine Fragen mehr zugelassen. Medien und Oppositionspolitiker wurden diskreditiert (El Universo, 2017b).

Simultandolmetschen und Dolmetschtechniken ausgebildet und im Umgang mit Kameras und zu Sprechtechniken im Radio geschult. Ihre sprachlichen Fähigkeiten wurden im Vorstellungsgespräch nicht überprüft. Beim Simultandolmetschen arbeiteten Dolmetscher:innen zu zweit und wechselten einander im etwa viertelstündlichen Abstand ab. Zudem erstellten sie Glossare für häufige vom Präsidenten verwendete Termini. Die Texte der Reden standen ihnen vor dem Einsatz nicht zur Verfügung und wurden im Anschluss auf der Homepage des ECORAE veröffentlicht. Die übersetzten Pressetexte wurden von Expert:innen für *Public Relations* ausgewählt. Zwei der Interviewten hatten eine universitäre Ausbildung, allerdings in anderen Bereichen wie Rechnungswesen; die Dolmetscherin für Waoterero hatte zuvor für die NAWE gearbeitet (INTERVIEW IND25; INTERVIEW IND26; INTERVIEW IND28).

Dieses westlich orientierte Auswahl- und Ausbildungsverfahren sowie die verhältnismäßig gute Bezahlung spiegeln die verfolgte Anbindung der Dolmetscher:innen an die Regierungsinstitution ECORAE und in weiterer Folge an den Präsidenten selbst wider. Noch deutlicher zeigt sich die Institutionalisierung im Rollenverständnis, das von offizieller Seite vermittelt wurde und stark von der translatorischen Freiheit nicht-institutionalisierter Dolmetscher:innen abweicht. Alle Befragten sahen es als ihre Aufgabe die Botschaft des Präsidenten »sin alterar o sin in interpretar o sea algo que no dice el presidente« (INTERVIEW IND26) [ohne zu verändern oder interpretieren, also etwas [zu sagen] was der Präsident nicht sagt] weiterzugeben. Im Gegensatz zu anderen Dolmetscher:innen, so die Interviewpartnerin weiter, würden sie Regierungsbotschaften ohne politisch motivierte Abweichungen weitergeben:

> [H]ay muchos Waorani que no no entienden muy bien español. Entonces nosotros poder llevar como en tu propio idioma con lo que dice el presidente ellos van a entender mucho más mucho mejor. […] O a veces muchos malinterpretan mal, no cierto. El mensaje bueno lo llevan a mal. Entonces

nosotros estamos haciendo simultáneamente no cambiando [.] (IBID) [Es gibt viele Waorani, die nicht sehr gut Spanisch verstehen. Wenn wir dir die Worte des Präsidenten in deiner eigenen Sprache übermitteln, werden sie viel mehr viel besser verstehen können. Oder manchmal interpretieren viele falsch. Eine gute Botschaft machen sie zu einer schlechten. Wir machen es also simultan, ohne zu verändern.]

Diese Aussagen stehen im starken Gegensatz zur Vorgehensweise des dolmetschenden Líders aus Toñampari. Während für die ECO-RAE-Dolmetscher:innen Konsens herrscht, die Botschaft des Präsidenten zu dolmetschen, drückte dieser eindeutig aus (INTERVIEW IND7; meine Hervorh.), dass er seine eigene Botschaft dolmetscht: »Ese es el *mi* mensaje de voz que yo tengo« [das ist *meine* sprachliche Botschaft, die ich habe].

Sämtliche ECORAE-Dolmetscher:innen betonten im Interview, von der Arbeit der Regierung überzeugt zu sein oder berichteten, zu Anhänger:innen des Präsidenten geworden zu sein, nachdem sie in ihrer Arbeit mehr über dessen Tätigkeiten erfahren hatten (INTERVIEW IND28). Sie bezeichneten sich als »intérpretes del presidente« (INTERVIEW IND26) [Dolmetscher:innen des Präsidenten] und gaben an, »como a favor del presidente« (INTERVIEW IND25) [im Sinne des Präsidenten] zu dolmetschen. Auf sprachlicher Ebene mündete diese Auffassung von der Aufgabe von Translator:innen in die Übernahme des Präsidentendiskurses und auf politischer Ebene in der Bemühung, sich nicht im Widerstand zu betätigen. Daraus mitunter entstehende Konflikte mit der indigenen Basis zeigten sich deutlich im Interview mit dem Dolmetscher für Shuar:

> Porque muchas veces también tenemos choque con nues con nuestros líderes que no están de acuerdo con gobierno. Nuestro trabajo es más nosotros debemos […] tener bastante claro como jóvenes. Debemos entender manejarlo las dos cosas. Primero como […] representantes de las nacionalidades. Y el

pueblo. De un pueblo que realmente necesita cambio. Un pueblo que realmente necesita que la atención del gobierno. Un pueblo que no necesita que le engañen, sino que las cosas que dicen trata de ser sean realidad. (INTERVIEW IND26) [Oft haben wir auch Auseinandersetzungen mit unseren Líderes:as, die nicht mit der Regierung einverstanden sind. Unsere Arbeit ist mehr, uns muss das als junge Menschen ziemlich klar sein. Wir müssen wissen, wie wir beide Dinge handhaben. Zunächst als Vertreter der Nacionalidades. Und der Menschen. Von Menschen, die wirklich Veränderung brauchen. Ein Pueblo, das wirklich die Aufmerksamkeit der Regierung braucht. Ein Pueblo, dem man nichts vorzumachen braucht, sondern für das die Sachen, die besprochen werden, auch der Wahrheit entsprechen.]

Der offensichtliche Zwiespalt des hybriden zwischenweltlichen Go-Betweens als Angehöriger einer indigenen Gemeinschaft und institutionalisierter Dolmetscher für den Präsidenten wird in seiner sprachlichen Ausdrucksweise ersichtlich: So klingt der Interviewauszug »De un pueblo que realmente necesita cambio« als hätte nicht der Dolmetscher, sondern der Präsident selbst seine Meinung kundgetan. Demgegenüber klingt der direkt danach getätigte Ausspruch »Un pueblo que no necesita que le engañen« wie eine Äußerung eines/r Aktivist:in in Regierungsopposition. Derselbe Dolmetscher gab zuvor im Interview an, er sei an erster Stelle Dolmetscher und neutral (IBID).

Die Zwischenweltlichkeit der Dolmetscher:innen wird trotz Bemühen um eine erwartete neutrale Position unweigerlich früher oder später zur Konfrontation mit ihrer Teilidentität als Indigene führen, vor allem bei Fragen nach dem Fortbestehen ihres Territoriums und aufgrund innergemeinschaftlichen Druckes. Der Kichwa-Dolmetscher bezeichnet es als seine Aufgabe, »convencer a la gente« (INTERVIEW IND25) [die Leute zu überzeugen], ist sich zugleich aber bewusst, dass er durch die Gemeinschaft kontrolliert und kritisiert wird. Auch die Aussagen der Dolmetscherin für Waoterero lassen darauf schließen, dass ihre Position als Translatorin gemeinschaftsintern zwar wahrgenommen, ihr jedoch keine aus einem besonderen Status hervorgehende Macht verschafft, sondern sie lediglich als Person kennzeichnet, die Diskurse anderer wiedergibt. So hätten die Ältesten für ihren ebenfalls dolmetschenden Bruder und sie selbst die Namen *Kawiya* und *Wema* auf Waoterero ausgesucht. Kawiya sei der Name eines grünen Papageis, dem man sprechen beibringen könne und Wema sei ein Vogel, der andere nachahmt (INTERVIEW IND28). Die aus dieser Benennung abzulesende geringe Einflusskraft von Dolmetschungen zur Meinungsbildung unter den Pikenani wurde vom Vizepräsidenten der NAWE im Interview bestätigt, der lediglich unter jüngeren Waorani Möglichkeiten sah, durch die Übertragungen der Präsidentenreden beeinflusst zu werden (INTERVIEW IND34).

Die Undurchsichtigkeit, die mit meiner eigenen Go-Between-Funktion als Lehrende, Wissenschaftlerin und politischer Aktivistin einherging, zeigte sich in Interviews mit einer Mitarbeiterin des Umweltministeriums und mit dem Verantwortlichen für *Relaciones Comunitarias* eines Erdölkonzerns. Beide versuchten durch Detailfragen zu Comunidades herauszufinden, ob ich genug Insider:innenwissen mitbringe. Vor allem im Gespräch mit dem Konzernvertreter hatte ich das Gefühl, meine Herkunft, mein politischer und universitärer Hintergrund werde ausgeleuchtet (INTERVIEW INS1; INTERVIEW INS2). Zu kritischen Situationen kam es im Interview mit Mitarbeitern des Justizministeriums. Bereits zu Beginn war versucht worden, durch den Hinweis, dass die Weitergabe von Detailinformationen zu den Tagaeri-Taromenani einer Vollmacht durch die zu diesem Zeitpunkt amtierende Ministerin bedürfe, meine Fragen einzuschränken. Dennoch fragte ich gegen Ende des Interviews nach Regierungsplänen für den Block Armadillo, der mir aufgrund der (von offizieller Seite immer wieder dementierten) Präsenz in Abgeschiedenheit lebender Indigener als besonders umstrittene Zone bekannt war. Der interviewte Mitarbeiter fragte sofort, woher mir dies bekannt war und gab nach einem spannungsgeladenen Wortwechsel zu verstehen, dass ich dieses nicht-autorisierte Interview nicht als offizielle Haltung des

Justizministeriums, sondern lediglich als Meinung einer Einzelperson präsentieren dürfe. Daraufhin legte er mir nahe, mein Aufnahmegerät auszuschalten (INTERVIEW INS5). Auch der Geschäftsführer einer *Relacionadora Comunitaria* bestritt im Interview die Präsenz von Tagaeri-Taromenani in Armadillo. Zudem hätten viele der Todesfälle durch Zusammenstöße mit der Mehrheitsgesellschaft oder den Waorani gar keine »Aislados« betroffen (INTERVIEW INS10). Dasselbe Unternehmen hielt laut einem *Guardian*-Artikel Informationen über PIAs in der Nähe der Operationen des Konzerns Perenco in Peru zurück (HILL, 2012). Diese Beispiele demonstrieren die schwere Fassbarkeit der Zwischenpersonen der Go-Betweens sowie ihre opake politische Zugehörigkeit, die scheinbaren Ängste des Justizministeriums durch meine Funktion als »representational go-Between« (METCALF 2008, 73) als Verfasserin einer Studie mit europäischem Zielpublikum und damit das Vorhandensein vielfältig einsetzbarer translatorischer Handlungskraft. Translatorisches Handeln als Going-Between in der Gemeinschaft der Waorani zeichnet sich also auch als von großer individueller Freiheit geprägter und durch geringe direkt geäußerte oder indirekte Richtlinien geregelter Akt aus.

6.3 Translation als Gegenfeuer

Dieses Kapitel setzt den Fokus auf translatorisches Handeln einzelner Waorani. Dieses Handeln ermöglicht Widerstand und den Kampf der Waorani für sprachliche und kulturelle Vitalität und ein intaktes Territorium gegenüber Erdölmitarbeiter:innen, Holzhändler:innen, Regierungsvertreter:innen, Vertreter:innen religiöser Institutionen, Akteur:innen aus dem Forschungsbereich, indigene Akteur:innen, Akteur:innen aus dem Tourismusbereich sowie in geringerem Maße Vertreter:innen nationaler und internationaler NGOS (Kapitel 5.2). Wie der zum Erhebungszeitpunkt amtierende Vizepräsident der NAWE bemerkte, gibt es unter den Waorani zwar ein Bewusstsein über die Dringlichkeit gegen den Sprach- und Kulturverlust anzukämpfen, es fehle aber an konkreten Initiativen:

> [N]o es que la gente no sabe, sí conoce que en otros mundo, otros […] países han desaparecido porque perdieron su su cultura. Sabe la gente. Y ellos escuchan y […] entienden pero sigue el mismo no se cambie. (INTERVIEW IND34) [Es ist nicht so, dass die Leute das nicht wissen, sie wissen, dass in anderen Welten, anderen Ländern [Indigene] verschwunden sind, weil sie ihre Kultur verloren hatten. Die Leute wissen das. Und sie hören zu und verstehen, aber es geht gleich weiter, es verändert sich nichts.]

CONKLIN/GRAHAM (1995, 706; auch Kapitel 2.5 zum Überfluss des Waldes) zeigen Allianzen indigener amazonischer Aktivist:innen mit Außenstehenden auf, die auch von den Waorani genutzt werden:

> Brazilian Indian activists initially approached international environmentalism in much the same spirit that their ancestors approached early missionaries, traders and other outsiders – as sources of money, trade goods, and political advantage that are useful only until they begin to threaten native autonomy. [Indigene Aktivist:innen aus Brasilien begegneten der internationalen Umweltschutzbewegung anfänglich ähnlich wie ihre Vorfahren die frühen Missionare, Händler und andere Außenstehende betrachteten – als Geldquelle, als Mittel für Handelsgüter und politische Vorteile, die nützlich sind, insofern sie indigene Autonomie nicht bedrohen.]

Wie HIGH (2020, 306) anhand des erfolgreichen Widerstandes der Waorani gegen die Erdölförderung im Block 22 (siehe auch KORAK/ PICHILINGUE, 2023 für eine Analyse des Konsultationsrecht, dessen Verletzung hierfür ausschlaggebend war) verdeutlicht, ist die Translation der wesentlichen Bedeutung indigenen Territoriums und indigener Kosmovision maßgeblich, um für das Wahren indigener Rechte einzutreten. Touristische Aktivitäten, die zwar oftmals performativen musealen Charakter aufweisen, ermöglichen ebenfalls eine

Rückbesinnung auf anzestrale Praktiken des Territorialmanagements und somit Widerstandspotenzial. Geeintes Going-Between der Waorani als autonomes, sprachliches und politisches Ausschöpfen von Möglichkeiten ist also unter Berufung auf eine nun erörterte und vielgestaltige translatorische Kraft möglich.

6.3.1 Weiterhin-Sprechen, Nicht-Sprechen, Nicht-Dolmetschen

Ausgangspunkt für Ausübung von Widerstand durch translatorisches Handeln sind Bemühungen um das Fortleben kultureller Praktiken im Sinne eines Weiterhin-Sprechens des Waoterero. Trotz der mit der Schulbildung einhergehenden Verbreitung der Schriftlichkeit zeigte sich in Toñampari der Fortbestand der Oralität. Große Bedeutung erlangt diese im Hinblick auf die Tätigkeit des Dolmetschens und die Weitergabe von politischen Informationen. Den Stimmen der Pikenani, die Kommunikation ausschließlich in mündlicher Form betreiben, kommt hierbei besonderes Gewicht zu.

Die Pikenani sind sich ihrer wichtigen Position durchaus bewusst. So verwies eine Älteste darauf, dass nur die Ältesten vermitteln können, wie sie früher lebten, wie Häuser gebaut wurden, wie Kunst gefertigt wurde oder wie Tänze der Waorani aufgeführt wurden (INTERVIEW IND62). Als ich Workshops in der Schule organisierte und Pikenani einlud, ihr Wissen weiterzugeben, begegneten diese mir mit großer Freude und merkten an, sie wären nie zuvor in die Schule eingeladen worden. Die Frauen erzählten im Workshop davon, wie sie aus Palmblättern Fäden gewannen und zu Körben, Hängematten oder Taschen verarbeiteten und fertigten gemeinsam mit den Schüler:innen diese Gegenstände an. Hierbei fiel auf, dass den meisten Schüler:innen diese Techniken geläufig waren, was vermutlich damit zusammenhängt, dass diese im erwähnten Kunsthandwerkprojekt der AMWAE ausgeübt werden. Diese Arbeiten werden an die Gegebenheiten der Gegenwart angepasst, um sie in der Welt des Kapitalismus verwertbar zu machen. Im Laden der AMWAE werden u. a. Handytäschchen aus Palmfasern verkauft. Die jungen Waorani werden zudem in der Fertigung von ehemals für die Jagd verwendeten Blasrohren für den Verkauf gefördert (Enqueri/Yeti 2014, 60). Die Pikenani-Männer berichteten im Workshop davon, wie früher Feuer gemacht wurde und leiteten die Schüler:innen dazu an. Da sie in der heutigen Zeit an Bedeutung verloren haben, waren diese Techniken den Schüler:innen jedoch kaum bekannt (Feldtagebuch 9, 08.11.2012).

Die Funktion der Ältesten als Kulturträger:innen hat durch den soziokulturellen Wandel und die Schulbildung an Wichtigkeit verloren. An die Stelle der Ältesten treten nun u. a. die Lehrenden, die zumeist jedoch kein kulturelles Wissen, Gesänge oder Tänze weitergeben (Interview Ind45; Korak 2015, 76). Die lebhaften Demonstrationen der Praktiken durch die Ältesten zeigen jedoch, dass dieses Wissen weiterbesteht und transkulturiert wird. Eine Schülerin aus Toñampari berichtete mir, dass die Ältesten sich weigern, spanische Wörter für westliche Artefakte zu übernehmen und stattdessen für diese neue Termini auf Waoterero kreierten. Die Pikenani unternehmen also selbst Translationsprozesse und greifen auf translatorische Handlungskraft zurück: So würden diese zu Teller (Spanisch: *plato*) *mankata* sagen. Suppennudeln (*fideos*) seien *baitare*, was in Waoterero der Name eines Fisches ist, der dieselbe Form hat. Andere Nudeln (*tallarines*) bezeichneten die Pikenani als *tobegui*, Exkremente eines Papageis (Feldtagebuch 10, 27.10.2012). Als Übersetzung für Computer schlugen die Indigenen nicht die Übernahme des spanischen Terminus »computadora« vor, sondern einen Ausdruck im Waoterero, der »dedos que se mueven« (Interview Ins10) [sich bewegende Finger] kennzeichne.

Technologien werden in Verknüpfung mit anzestralem Wissen transkulturiert. So berichtete mir ein junger Wao aus Baameno vom Projekt *Cineome* (Ome steht für Wald in Waoterero), das Waorani mit einer Kamera und Laptops ausstattete, um selbst Interviews mit Pikenani zu *führen und* Geschichten und Praktiken für die Nachwelt festzuhalten. Auf diese Weise entstanden Videos dazu, wie Yuca gesammelt und Chicha hergestellt wird. Auch wenn festgehalten wurde, dass die Pikenani in Versammlungen vom Kommunikations- und Informationswillen anderer Gemeinschaftsmitglieder abhängig sind, benutzten diese tagtäglich das Medium des Radios. Bereits frühmorgens versammelten sich Älteste und andere Bewohner:innen vor dem Funkradio, um sich mit Waorani aus anderen Comunidades lebhaft auf Waoterero über Neuigkeiten auszutauschen (FELDTAGEBUCH 2, 21.02.2013). Diese alltäglichen Geschehnisse können als Übersetzungsprozesse verstanden werden, in Zuge derer eine Transkulturation von mehrheitsgesellschaftlichen Elementen gegen durch Einsprachigkeit und Technologisierung verursachte Spaltungen erfolgt. Die Beliebtheit des Radios kann darauf zurückgeführt werden, dass dieses mündliche Kommunikation ermöglicht, was den oralbasierten Gebräuchen der Waorani entspricht (auch RIVAL 1996, 418).

Geeintes, widerständisches Auftreten beobachtete ich in Formen des Nicht-Sprechens und Nicht-Dolmetschens: Ein Vertreter des Kulturministeriums war entsandt worden, um an einer großen mehrtägigen Versammlung in Toñampari teilzunehmen und dem Ministerium anschließend vermutlich über den Inhalt der Versammlung, an der die politische Führung der Waorani mitwirkte, Bericht zu erstatten. Die Waorani sprachen bei der Versammlung fast ausschließlich Waoterero und dolmetschten nur widerwillig für den Mann. Dieser wurde des Öfteren als *Kowore* belächelt und es wurde ihm nicht mitgeteilt, wo es Gemeinschaftsessen gab (FELDTAGEBUCH 11, 17.09.2012).

Selbst wenn für Vertreter:innen der Mehrheitsgesellschaft gedolmetscht wird, erfolgt mitunter mehr Informationsweitergabe an Gemeinschaftsmitglieder. Dies fällt spanischsprachigen Gesprächspartner:innen zwar auf, doch haben diese mangels Sprachkenntnissen im Waoterero keinerlei Möglichkeit, das tatsächlich Gedolmetschte zu kontrollieren, wie ein Mitarbeiter des Justizministeriums im Interview anmerkte (INTERVIEW INS5). Auch der Geschäftsführer des ersten Unternehmens für *Relaciones Comunitarias* drückte seine Ohnmacht aufgrund der Nicht-Kontrollierbarkeit des Gedolmetschten zu Beginn der Dorfgründungen aus: »El traductor que tenía el poder absoluto libre de decir cualquier cosa [...] porque yo no entendía Waorani y el otro Waorani no entendía bien el castellano.« (Interview Ins10) [Der Übersetzer hatte die absolute Macht hatte, konnte alles Mögliche sagen, denn ich verstand kein Waorani [Waoterero] und der andere Waorani verstand auch kein Spanisch]. Gefragt nach den Besonderheiten des Dolmetschens in der Gemeinschaft der Waorani antwortete der Gesprächspartner direkt mit: »*Traduttore-traditore*« (ibid). Mehrmals hätte er vor allem in Versammlungen mit dem Militär und dem Staat zudem versucht, Dolmetschende davon zu überzeugen, verständlich zu dolmetschen (ibid).

Die in diesem Kapitel geschilderte Auseinandersetzung mit Sprachkenntnissen, die in Formen des Nicht-Sprechens und Nicht-Dolmetschens als gemeinschaftlicher Widerstand mündete, kann aus translationstheoretischer Hinsicht als Beispiel für die von Prunč (1997, 37) im Zuge einer Skopostypologie von Translation skizzierte Null-Translation herangezogen werden. Der Autor postuliert, vor allem Null-Translation bringe »die gesellschaftssteuernde und ideologische Funktion von Translation einerseits und die Komplexität des Translationsprozesses als verantwortungsbewußtem Handeln andererseits am deutlichsten« (ibid) hervor. Er zählt das unter diktatorischen Systemen als »geronnene Angst der Mächtigen vor der Translation« (ibid) auferlegte Translationsverbot sowie den Translationsverzicht (ibid, 38) zu diesem Typus. Translationsverzicht sei demnach als ein im Bewusstsein der Verantwortlichkeit gefällter Entschluss zu verstehen, »einen gegebenen Text nicht zu übersetzen oder zu dolmetschen bzw. dem Initiator [der Initiatorin] von einer Übersetzung oder Dolmetschung abzuraten« (ibid, 37). Translator:innen verzichten also auf Translation, wenn entschieden wird, »daß die gewünschte Translation aufgrund der konkreten Vorgaben nicht realisierbar oder verantwortbar ist« (ibid). Wie Prunč in Folge darlegt (ibid, 38f), zielt dies jedoch auf einen durch einen von Professionalität und Translation als Dienstleistung geprägten Kontext ab. Translator:innen der Waorani treffen die geschilderten Entscheidungen eher anhand von Faktoren des Gemeinwohls, oder zumindest des Wohls Einzelner, als anhand westlicher Leitlinien zu professionellem translatorischen Verhalten.

6.3.2 Sprechen können

In Kapitel 5.1 wurde auf die Hybridität und fluiden Identitäten der Waorani eingegangen und betont, wie Indigene Zwischenweltlichkeit dazu nutzen, um sich nicht nur die Sprache der Mehrheitsgesellschaft, sondern auch Kenntnisse zu ihren kulturellen Eigenheiten und Funktionsweisen anzueignen. In der Jahresversammlung der Kichwa-Gemeinschaft Sarayaku beobachtete ich diesbezüglich, wie die Position als Bürger:innen Ecuadors in Translationsvorgängen weitervermittelt wird. Das Treffen wurde größtenteils auf Kichwa im mit Palmblättern gedeckten Gemeinschaftshaus abgehalten, an dessen Seitenwänden Plakate den kämpferischen Widerstand Sarayakus zeigten. Über eine PowerPoint Präsentation auf Spanisch wurden die Punkte der Tagesordnung, aber auch Abschnitte zu indigenen Rechten aus der Verfassung Ecuadors an die Wand projiziert. Einige Líderes:as erklärten und besprachen mit den Bewohner:innen auf Kichwa, was diese Regelungen für die Sarayaku bedeuten. Durch diesen Translationsvorgang wurden die ehemals auferlegte Staatsbürger:innenschaft und das Wissen über die damit in Zusammenhang stehenden Rechte für alle Bewohner:innen kenntlich gemacht und damit zu widerständisch einsetzbaren Werkzeugen (Feldtagebuch 12, 03. 12. 2012).

Der Tourismusbeauftragte und ehemalige *Presidente* Toñamparis las mir aus einer Taschenausgabe der Verfassung vor und erklärte mir u. a. die Bedeutung des Artikels 57, Kapitel 4 zu den kollektiven Rechten indigener Gemeinschaften (Asamblea Constituyente 2008, 41). Er hätte den Pikenani auch Abschnitte der Verfassung erklärt (Interview Ind5). Dieses Welteneklären und -übersetzen zeigt, dass es durchaus auch in der Gemeinschaft der Waorani Ansätze für einen auf Weitergabe mehrheitsgesellschaftlicher Informationen basierenden Widerstand gibt, ähnlich wie in Sarayaku beobachtet. Die Anmerkung des Gesprächspartners, dass manche Regierungsvertreter:innen im Zuge der Wahlkampagnen ins Dorf kommen, lässt darauf schließen, dass die Waorani sich sehr wohl bewusst sind, dass viele Versprechungen nur des Sprechens willen erfolgen. Umso wichtiger seien daher Dolmetscher:innen für die Gemeinschaft: »Através de [...] traductor llega mucho conocimiento a los demás.[...] Porque e uno que no e conoce idioma y a la gente también no se da cuenta la lo que habla una persona« (IBID) [Durch den:die Übersetzer:in gelangt viel Wissen zu den anderen. Weil jemand, der/die die Sprache und die Leute nicht kennt, auch nicht merkt, worüber eine Person spricht].

In Folge fragte ich, wie er in einer konkreten Dolmetschsituation das für die Ältesten kosmologisch schwer fassbare Konzept der fremdzugeschriebenen *etnia* erklärt hätte: »La etnia es de cada persona que tiene su costumbre y la conservación es como ahora tener conservación cascada y bosque [...] más seguro, más fresco, [...] bosque primaria [...][.] Secundaria ya es la parte tocada, hay mucho calor, primitiva es bueno.« (IBID) [Eine Ethnie sind die Gewohnheiten, die jede Person hat und das Bewahren ist so wie jetzt der Wasserfall und Wald erhalten wird, sicherer, kühler, Primärwald [.] Sekundär[wald] ist der bereits beeinträchtigte Teil, es ist sehr heiß, Primär[wald] ist gut].

In dieser sehr lebhaften Translation schuf der Dolmetscher einen Bezug zur Kosmovision von Angehörigen einer Ethnie und setzte dies mit dem Schutz der Lebensführung in Verbindung. Seine Wertung der Waldformen zeigt den hohen Beeinflussungsgrad von dolmetschenden Go-Betweens, und in diesem Fall eine widerständische Position für das Fortbestehen des Territoriums. Dies zeigte sich auch darin, dass er in Dolmetschhandlungen mit einem Erdölunternehmen und der Regierung zur Durchführung von Prospektionsstudien andere Dorfbewohner:innen vor den Verschmutzungen durch die Konzerne warnte. Sein Bestreben ist es, so zu dolmetschen »para que conocen [...] y bien mover la conocimiento, trasmitir a otro personas« [damit sie Bescheid wissen und das Wissen gut in Umlauf bringen, anderen Personen weitergeben] (IBID).

In Kapitel 5.4 wurde auf innergemeinschaftliche Hierarchien zwischen Männern und Frauen im Zusammenhang mit Spracherwerb und vielschichtigen Spannungsfaktoren verwiesen. Es wurde festgehalten, dass es Frauen gibt, die durch Exposition mit der Mehrheitsgesellschaft deren soziopolitische Sprache verstehen und sie auf eine Art und Weise

»sprechen können«, die Widerstand gegen kulturelle Umwälzungen ermöglicht. Manuela Omari Ima, zum Recherchezeitpunkt amtierende Präsidentin der AMWAE, beschrieb den Ursprung der Frauenorganisation am 05. 01. 2005 als Initiative von etwa 15 Líderesas. Gemeinsam fassten sie den Entschluss, das von ihnen erzeugte Kunsthandwerk als zusätzliche Einkommensquelle zu nutzen. Im Gegensatz zu den Männern zeichneten sich diese und andere Waorani-Frauen durch ihre Umsichtigkeit und das Streben nach einem verantwortungsvollen Umgang mit natürlichen Ressourcen aus. Zahlreiche Weiterbildungen für Herstellerinnen von Kunsthandwerk in Comunidades und gewählte Vertreterinnen im AMWAE-Büro in Puyo folgten (INTERVIEW IND29). Die AMWAE wird durch internationale Fördergeber:innen unterstützt und unterhielt während meiner Forschung Verkaufsstellen in Puyo, Tena, Coca und Quito. Jedes erworbene Stück trägt den Namen der Frau, die es gefertigt hat, und den Namen ihrer Comunidad. Leider mussten inzwischen alle Verkaufsstellen bis auf einzelne Verkaufspunkte in einem Museum oder Tourist:innenläden aus wirtschaftlichen Gründen schließen. Die Aktivistin Alicia Hueiya Kawiya setzt sich seit Beginn ihrer politischen Tätigkeit als erste Präsidentin der AMWAE – mitunter gegen beträchtlichen Gegenwind aus ihrer Comunidad oder der NAWE – für den Schutz des Territoriums der Waorani ein. Im Interview drückte sie mangelnde Weitsichtigkeit der Waorani-Männer in ihrer Kooperation mit Erdölkonzernen als Hintergrund für die zu Beginn von männlicher Seite noch geringgeschätzte Gründung der AMWAE aus (INTERVIEW IND31).

Als die NAWE (damals: ONHAE) die AMWAE anwies, das gemeinsame Büro mitsamt ihren Unterlagen zu verlassen, mieteten die Frauen ein neues Lokal. Die Interviewpartnerin erzählte, wie sie selbst nur über das Internet vom Ausverkauf des im Yasuní liegenden Territoriums an Petrobras durch männliche NAWE-Funktionäre erfuhr. Daraufhin hätten die Frauen die Ältesten in den Comunidades in Kenntnis gesetzt, die Ablehnung gegenüber dem Vorgehen der NAWE ausdrückten. Die Männer hätten begonnen, aus Verhandlungen Kapital zu schlagen, während die AMWAE über Fernseh- und Radiokanäle sowie Protestmärsche ihre eigenen Leute und die Öffentlichkeit informierte (IBID).

Alicia Hueiya ist der Überzeugung, dass die Waorani nach den Transkulturationsprozessen im Zuge des Kontaktes und seinen Folgen gemeinschaftlich ausgerichtet agieren sollten. Andere indigene Gemeinschaften sowie Organisationen und Personen aus dem In- und Ausland geben Alicia Anregungen. Zudem wird sie von jungen Waorani und vielen Ältesten unterstützt, die am Tourismus als Einkommensquelle interessiert sind (IBID). Die Aneignung soziokultureller Besonderheiten der Mehrheitsgesellschaft befeuert ihre kämpferischen Auseinandersetzungen:

> Entonces de ahí me me fui conociendo que política de gobierno gente de Waorani tenemos que luchar de las cosas de adentro como están viviendo como queremos vivir los Waorani porque siempre como ahí también que el estado debe respetar a los pueblos de Waorani. (IBID) [Ich lernte also die Regierungspolitik kennen, wir Waorani müssen von innen heraus dafür kämpfen, [uns ansehen] wie wir leben, wie wir Waorani leben wollen, dann muss der Staat die Pueblos der Waorani respektieren.]

Zugleich befähige sie das durch das Leben mit Ältesten erworbene kulturelle Wissen. Die Zukunft der Waorani liege derzeit nicht etwa in den Händen der Jungen mit Schulabschluss, sondern in der mittleren Generation, weshalb sie der Schulbildung nach enttäuschenden Erfahrungen mit der jungen Generation eine sekundäre Rolle im Widerstand zuzuschreiben scheint:

> Porque este todo Waorani que han estudiado pensando que ellos van a defender para nosotros y ellos no están defendiendo. Entonces mas bien que los otros los que hemos estudiado con nuestros padres, con nuestros abuelos, esas personas defienden territorio [.] (IBID) [Die Waorani, die

studiert haben, von denen haben wir gedacht, dass sie kämpfen werden aber sie kämpfen nicht. Daher sind es eher wir anderen, die wir von unseren Eltern, unseren Großeltern gelernt haben, diese Personen verteidigen das Territorium.]

Unterstützung und Vertrauen erhält Alicia, da sie im Gegensatz zur oft direkt mit Konzernen verhandelnden NAWE, politische Neuigkeiten in die Comunidades trägt. Die Aktivistin ermöglicht also gleichberechtigteren internen Wissensstand und dadurch Widerstandsmöglichkeiten durch Translation im Sinne einer Bot:innenfunktion. Manche Waorani hätten sie unterstützt, andere stark angegriffen. Vor allem aber die Pikenani hätten sich für ihre Arbeit bedankt, woraufhin sie entgegnet hätte: »Ese es mi trabajo. Una parte que ustedes me dieron el ese poder para yo poder decir« (IBID) [Das ist meine Arbeit. Ihr habt mir diese Macht gegeben, damit ich sprechen kann]. Mit dieser in einem symbolischen Übersetzungsvorgang erhaltenen Kraft und den Botschaften der Ältesten und dem Wissen der Mehrheitsgesellschaft ausgestattet, konnte die Aktivistin schließlich nicht nur ein *Going-Between*, sondern ein *Going-Against* gegen die Regierung ausüben.

Immer wieder wird sie auf dieser Mission bedroht und eingeschüchtert. Es kam auch zu Bestechungsversuchen, die sie vehement ablehnte. Auf dem Weg nach Quito um an einem indigenen Marsch teilzunehmen, wurde ihr Bus von der Polizei aufgehalten und nach ihr durchsucht. Sie gab sich als jemand anderer aus und konnte in die Hauptstadt gelangen. Auch ihr Haus wurde verwüstet und es wurden Warnungen hinterlegt (IBID).

Nachdem Alicia Hueiya im August 2013 zur Vizepräsidentin der NAWE gewählt wurde, sprach sie am 03.10.2013 im Zuge der Förderpläne der durch die Yasuní-Initiative beworbenen ITT-Felder zu Abgeordneten der Nationalversammlung. Die Einladung zur Vorsprache sei von der Regierung im Glauben erfolgt, sie werde diese Pläne befürworten (IBID). Im Besinnen auf den von der Gemeinschaft weitergegebenen Auftrag entschloss sie sich jedoch zum couragierten Widerspruch. Zu Beginn ihrer Ansprache sprach sie mit Entschlossenheit und Kraft rund zwei Minuten lang auf Waoterero, wobei das Wort *Awene* (die Ältesten) sehr oft zu hören war. Im Anschluss begrüßte sie die versammelten Abgeordneten auf Spanisch und erklärte ihre Herkunft aus einem Territorium in Amazonien, in dem sieben Erdölkonzerne operieren. Sie forderte Rückzahlungen der hierfür noch immer offenen Schuld und verlangte, dafür zu sorgen, dass die Einnahmen aus der Erdölförderung den Waorani selbst zugutekommen und nicht in den Kassen von Regionalregierungen verschwinden (Asamblea Nacional, 2013). Zudem appellierte Alicia Hueiya an die Abgeordneten, die von ihnen geschriebene Verfassung im Schutz für die Tagaeri-Taromenani umzusetzen. Sie verwies auf die von ihr getragene Federkrone, die aus Papageienfedern gefertigt wurde; ein Tier, das durch die Mehrheitsgesellschaft vom Aussterben bedroht sei. Die Waorani würden daher von den Abgeordneten verlangen, das Territorium zu schützen, das durch Gründungen von Nationalparks oder der Zona Intangible immer mehr beschnitten wurde und nicht von den Waorani selbst verwaltet werde.

Da sich die Tagaeri-Taromenani seminomadisch fortbewegen, würde der Schutz des Territoriums der Waorani auf ecuadorianischer Seite alleine nicht genügen, weshalb Alicia Hueiya sich für die Einrichtung eines binationalen Territoriums aussprach. Aufgrund der Öffnung von Straßen in Amazonien würden die »Aislados« bedrängt und es käme zu Auseinandersetzungen mit den Waorani, weshalb die Aktivistin bestimmt verlangte: »Entonces déjanos vivir como queremos« (ibid) [Lasst uns also so leben, wie wir wollen]. Die Söhne und Töchter der Waorani hätten ihre »Universität« in Amazonien durchlaufen und wären in ihrem Territorium genauso zu Biolog:innen und Wissenschaftler:innen geworden. Für den Besuch einer westlichen Universität wäre jedoch kein Geld und keine Unterstützung durch die Regierung da, ebenso wenig wie es Krankenhäuser für die Waorani gäbe (ibid).

Viele Menschen würden jetzt, ohne wie sie im Yasuní geboren zu sein, über die Zukunft des Yasuní verhandeln. Die Waorani stimmten aber einer weiteren Förderung nicht zu, solange der Staat nicht alle

Comunidades mit dem aus der Erdölförderung gewonnenen Geld unterstützt, so Alicia Hueiya weiter. Die Ältesten der Waorani, die den Regenwald pflegen und schützen, würden davor warnen, dass mit einer weiteren Förderung das Leben der Waorani und Tagaeri-Taromenani in Gefahr sei. Die Waorani hätten zudem das Recht darauf, über Förderpläne konsultiert zu werden, wie es das Gesetz vorsehe und würden nur bei Einhalten des Konsultationrechts Förderplänen zustimmen. Würden sich die Ältesten gegen Förderung aussprechen, so Alicia Hueiya zu den Abgeordneten, sei diesem Wunsch Folge zu leisten:

> Nosotros somos de donde sale el recurso, el petróleo, en la Amazonía. Mas hemos sido contaminado, mas hemos sido destru destruido el territorio Waorani [...]. Si nosotros si todo la gente Waorani, todavía hasta ahorita no saben los viejos de Yasuní cuando quieren explotar. Tienen que ir al fondo a decir a los viejos si están de acuerdo o no están de acuerdo. Ellos nos tienen que decir a nosotros. (IBID) [Wir sind von dort, wo die Ressource, das Öl, in Amazonien kommt. Aber wir wurden verschmutzt, wir wurden zerstört, das Waorani-Territorium wurde zerstört. Bis heute wissen wir, alle Waorani, auch die Ältesten aus dem Yasuní nicht, wann sie fördern wollen. Sie müssen [mit der Information] tiefer gehen, damit die Ältesten sagen, ob sie einverstanden sind oder nicht. Das müssen sie uns sagen.]

In ihrem entschlossenen Auftreten vor den Abgeordneten nutzte Alicia Hueiya Kawiya ihre translatorische Handlungskraft auf vielfache Arten: Zunächst lehnte sie durch das Sprechen in ihrer indigenen Sprache ohne zu dolmetschen gefolgt von einem Sprechen, das nicht den Erwartungen entsprach, das ihr aufgetragene Bild einer friedfertigen, durch die Regierung unterstützten Indigenen als Bittstellerin ab. Die Funktion des von ihr getragenen Federschmuckes, der dem Staat häufig zur Zurschaustellung vermeintlicher Unversehrtheit indigenen Territoriums und Gebräuche dient, wird durch translatorische Handlungskraft verdeutlicht: So bringt Alicia Hueiya ihre Sichtweise zum Ausdruck, dass die anhand der Papageienfedern demonstrierte biologische Vielfalt des Yasuní durch Handlungen der Mehrheitsgesellschaft akut bedroht ist. GRAHAM (2003, 193; 206) geht ausführlich auf solche bewusst gesetzten visuellen Marker ein: Indigene verwenden visuelle Indikatoren wie den hier erwähnten Federschmuck, um den Erwartungen des westlichen Publikums zu entsprechen, wie authentische Indigene auszusehen zu haben. Dass Alicia Hueiya ihre Intervention ausschließlich auf Waoterero beginnt dient neben der dadurch verstärkten politischen Botschaft als zusätzlicher Authentizitäts-Faktor. Termini, die indigenes Verstehen von und Handeln in Welt charakterisieren, werden auf ähnlich strategisch kulturessenzialistische Weise von Indigenen eingesetzt (vgl. DANIUS/JONSSON/SPIVAK, 1993 für eine ausführliche Diskussion des strategischen Essenzialismus). Beispiele hierfür sind GRAHAMS (2003, 195–201) Beschreibungen der Dolmetschungen des Xavante-Líders Paulo oder auch das von Alicia Hueiya in den letzten Jahren vermehrt in Interviews und Reden eingewobene Wort »Kosmovision«. In der hier beschriebenen Rede verwendet sie das Bild einer westlichen Universität im Zusammenspiel mit dem durch das Leben in Amazonien erworbenen Wissen darüber hinaus, um die Gleichwertigkeit der Epistemologie indigener Gemeinschaften mit jener der Mehrheitsgesellschaft zu bekräftigen. Eine ähnliche Vorgehensweise beobachtete ich auf einer gemeinsam mit Alicia Hueiya abgehaltenen Präsentation auf einer Konferenz im September 2023.

Alicia Hueiyas Diskurs zeichnet sich durch die für Sprechakte der Waorani wesentliche Fähigkeit aus, entschlossen und laut zu sprechen (*Nangui tereka*). BRAVO (2021, 7–10) untersuchte wie Frauen in der an einer Straße und neben Erdölfeldern gelegenen Comunidad Tiwino diese an Sprache gekoppelte Kraft in Verhandlungen mit dem Staat oder Erdölkonzernen im Alltagsleben einsetzen. Als *Nee anga* (»Der, der spricht«) und *Nee anna* (»die, die spricht«) bezeichnete Personen besitzen die Fähigkeit, durch entschlossenes und lautes Sprechen auf

Waoterero in Versammlungen mit westlichen Akteur:innen praktische Lösungen für die Gemeinschaft zu erlangen und gemeinschaftsintern Angriffe auf Außenstehende zu vermeiden. Bezeichnend ist, dass vor allem ältere Person die Kunst *Nangui tereka* beherrschen. Diese Diskurse werden von der Gemeinschaft oft auch nicht gedolmetscht, da in der Translation viel an Ausdruckskraft verloren geht und diese auch ohne Dolmetschung durch begleitende Gesten und Tonfall vermittelt wird. Zugleich sind die Personen, die auf diese Art sprechen können, versiert in kulturtypischen Gesängen und tragen durch Scherze zur gemeinschaftsinternen Freude und Zufriedenheit bei. Auf diese Weise zu sprechen erfüllt also eine wichtige gemeinschaftsstiftende Funktion.

Alicia Hueiyas Schilderungen zeigen, dass sie ihre Aufgabe einer Vermittlung der Botschaften der Ältesten gegenüber der Mehrheitsgesellschaft erfüllt hat. Umgekehrt fehlt es jedoch an Annäherung, Kommunikation und Translation von Seiten der Regierung gegenüber den Ältesten, wodurch beispielsweise die gesetzlich verankerte Konsultationspflicht in der *Consulta Previa* im Block 22 verletzt wurde (auch Korak/ Pichilingue Ramos, 2023). Mit ihrem entschlossenen Auftreten wurde sie auch für die Tagaeri-Taromenani zur translatorisch tätigen handlungsstarken Botin, da sie die durch Auseinandersetzungen und Gewalthandlungen ausgedrückte Ablehnung einer Kontaktierung der in Abgeschiedenheit lebenden Gruppen der Waorani in eine der Mehrheitsgesellschaft verständlichen Sprache übersetzte. Ihre translatorische Bot:innenfunktion als »representational go-between« (Metcalf 2008, 72) erfüllt die Indigene auch, indem sie den Abgeordneten die Zustände im Territorium schildert und energisch versucht, ihnen ihre Kosmovision begreifbar zu machen.

Die von Alicia Hueiya Kawiya genutzte translatorische Handlungskraft ermöglicht ihr, ihr *Going-Between* für ein offensives *Going-Against* zu nutzen. Dieses Ausüben von Widerstand sieht die Wao auch für zukünftige Generationen von Waorani als wegweisend. Indem sich jüngere Waorani auf Handlungen der mittleren und älteren Generation rückbesinnen, könnten Fortleben der Bräuche, in Übersetzungsprozessen lebbares Nutzen der Vorzüge der Mehrheitsgesellschaft durch fluide zwischenweltliche Identitäten (Kapitel 5.1) und damit eine Basis für Widerstand weiterhin bestehen (INTERVIEW IND31):

> Pero si no defienden los jóvenes, ¿qué va a quedar? Solo el dinero y se voló mañana y se acabó y se regresó otra vez a decir que puede entrar a vivir. Entonces esa pelea estamos viviendo nosotros también. Todas las personas que luchamos defendemos es para generaciones Waorani que van a vivir. Necesitan la tierra, la selva para vivir ahí. Pero si no defienden los jóvenes, ¿quién va a ser? (IBID) [Aber wenn die Jungen nicht kämpfen, was bleibt dann noch? Nur das Geld, und morgen ist es weggeflogen, und dann ist keins mehr da, und sie kommen wieder [ins Territorium] zurück, um dort zu leben. Diesen Kampf leben wir auch. Wir alle, die wir kämpfen, verteidigen es für die künftigen Generationen von Waorani. Sie brauchen das Land, den Wald, um dort zu leben. Aber wenn die jungen Leute ihn nicht verteidigen, was wird dann sein?]

Zusätzlichen Schub bekamen Widerstandshandlungen durch die internationale Bekanntheit der Yasuní-Initiative und der Waorani selbst sowie Unterstützungserklärungen bekannter Persönlichkeiten wie Ban Ki-moon oder Leonardo DiCaprio (GONDECKI 2015, 421). Dennoch und trotz der in Kapitel 2.1 geschilderten erfreulichen Entwicklungen um den Block 43 (ITT) ist Druck und Widerstand mehr denn je auf lokaler Ebene aufzubauen. Wie in diesem Kapitel gezeigt wurde, ist die Rolle von translatorischer Handlungskraft in diesem Widerstand von großer Bedeutung. Dennoch stößt diese an sprachliche und rechtspolitische Grenzen, wenn komplexe Termini von Waorani, die als Dolmetscher:innen agieren, schlichtweg nicht verstanden werden[15] oder wenn, wie im Jahre 2015, gewaltvoller Widerstand der

---

15 Eine solche Dolmetschhandlung beobachtete ich, als eine Wao den Ausgang einer Gerichtsverhandlung für die Angehörigen der der Sabotage bezichtigten Angeklagten dolmetschte. Als der Anwalt erklärte, es sei ein soziologisches

Waorani gegen einen Erdölkonzern mit Gefängnisstrafen aufgrund von Sabotage geahndet wird (INTERVIEW IND31). Die Willkür, mit der Institutionen Translator:innen ungeachtet ihrer Herkunft und familiären Beziehungen, sondern nur auf Basis von Sprachkenntnissen aus einer Gemeinschaft der Dolmetschenden auswählen (INTERVIEW INS5) und das damit einhergehende Dolmetschen vor einer Gemeinschaft, die deren Positionen durchschauen kann, bilden weitere Grundsteine für widerständische Handlungen.

Ob und wie Translation zu Widerstandszwecken genutzt wird, hängt letztlich auch davon ab, wie die Waorani selbst die Aufgabe von Translation sehen. Die Aussagen des zum Interviewzeitpunkt 19-jährigen Schülers, der für mich auch die Dolmetschung des Jaguars erneut dolmetschte (Kapitel 7) vermitteln den Eindruck, als würde er seine Dolmetschtätigkeit bewusst wahrnehmen und sich mit der Bedeutung und den Folgen seines Agierens auseinandersetzen. Auf die Frage, für wen er dolmetschen würde, nannte er sogleich die Ältesten und sah sich in der Pflicht, für ihr Verständnis zu sorgen. Zudem schien er sich den aus seinen Sprachkenntnissen entstehenden Vorteilen gegenüber den Ältesten bewusst, da er im Gegensatz zu ihnen Diskurse von politischen Funktionär:innen auf Spanisch oder Kichwa verstünde (INTERVIEW IND2).

Ausgehend von dieser Reflexion ist es nicht verwunderlich, dass auch der Ausdruck, den der Interviewpartner für »Dolmetschen« verwendet, auf ein bedachtes Agieren schließen lässt – im Idealfall zugunsten der Gemeinschaft. So würde er »Dolmetschen« auf Waoterero mit »ae tome nano imai nooinga« ausdrücken, was in etwa bedeute »mirar para hacerlo correctamente« (IBID) [Genau schauen [analysieren], um es korrekt zu machen]. »Dolmetschen« setze voraus, so der Interviewpartner, die Bedeutung des Gesagten im Spanischen genau zu erschließen. Zudem seien »reglas sociales« [soziale Regeln] einzuhalten, die er mit »pronunciar bien y decir la verdad«

und anthropologisches Gutachten zu erstellen, fragte die Dolmetscherin nach. Erst später fragte sie mich, was ein solches Gutachten genau bedeute, wodurch unklar bleibt, was sie gedolmetscht hatte (FELDTAGEBUCH 13, 07.02.2015).

[gut sprechen und die Wahrheit sagen] (IBID) verdeutlicht, was das Wahrnehmen von Verantwortlichkeit gegenüber der bedolmetschten Gemeinschaft unterstreicht. Eine ähnlich aktive Auseinandersetzung mit der Tätigkeit des Dolmetschens scheint der Rektor des Colegio zu unternehmen. So versteht dieser »Dolmetschen« als Synonym für »Interpretieren« und drückt es auf Waoterero mit »apeniki« aus. Die Silbe »ape« bedeutet hierbei, etwas genau zu untersuchen, wie beispielsweise einen Arm. »Apeni« bringt zum Ausdruck, dass es sich um Kommunikation handle; »ki« kennzeichnet im Waoterero eine Endung eines Verbs. »Apeniki«, so der Interviewpartner, drücke daher aus, dass die Kommunikation bereits geordnet sei und gut fließen könne, sie gleichzeitig aber immer wieder genau im Auge behalten werde (INTERVIEW IND6). Diese Konzeptionen von »Dolmetschen« verweisen auf geschärftes Bewusstsein für um Translationshandlungen bestehende Spannungsfaktoren und Akteur:innen und ein Verständnis von »Dolmetschen«, das mit großer dolmetscherischer Freiheit und Wachsamkeit einhergeht.

Etwas weniger vielschichtig gestaltet sich die Definition von »Dolmetschen«, die Ind5 im Interview darlegte. Dieser würde »Dolmetschen« mit »tedeke iningi« (INTERVIEW IND 5) umschreiben, wobei »tedeke« schlichtweg »sprechen« bedeute und »iningi« die Tätigkeiten des »Zuhörens/Übersetzens« beinhalte. Im Ausdruck sei bereits inbegriffen, dass es sich um zwei Sprachen handle (IBID). Interessant an dieser Konzeption ist die in Kapitel 7 im Zuge des Dolmetschens über die Mittlerfiguren des Jaguars und des Meñera thematisierte Unilateralität. Statt einem dynamischen Hin und her, beschreibt der gewählte Ausdruck »Dolmetschen« eher in eine Richtung ausgerichtet. Dies verweist neben der Besonderheiten von nicht-westlichem Sprechen auch auf die Unmöglichkeit für Mitglieder der Mehrheitsgesellschaft, das Gedolmetschte zu überprüfen, da diese meist über nur geringe kulturelle verständniserleichternde und wenige bis keine sprachliche Anhaltspunkte verfügen und kennzeichnet also einen womöglich widerständisch einsetzbaren Machtvorteil für die bedolmetschte Gemeinschaft.

Die Institutionalisierung von Dolmetschtätigkeiten etabliert an den Westen angelehnte Vorstellungen von Dolmetschen. Um einen Kontrollverlust fluider dolmetschender *Go-Betweens* zu umgehen, werden Anbindungen an Institutionen und deren Dolmetschkonzept forciert (Kapitel 6.2). Die indigene Dolmetscherin für Waoterero der Institution ECORAE erklärte mir in diesem Zusammenhang, sie würde »Dolmetschen« auf Waoterero mit »tediki nano tede« (INTERVIEW IND28) verbalisieren. »Tediki« bedeute »sprechen«, und der Ausdruck könne als »hablar/traducir lo que está hablando« (IBID) [sagen/übersetzen was die andere Person sagt] verstanden werden. In dieser Vorstellung von Dolmetschen ist weder eine eventuelle Un_übersetzbarkeit/Un_übersetztheit noch die Möglichkeit enthalten, durch Ausüben translatorischer Handlungskraft Widerstand zu leisten (Kapitel 6.3). Dieses Verständnis lässt somit ein vermutlich institutionell vorgegebenes Bild von Dolmetscher:innen als Sprachrohre oder mühelose Brückenbauer:innen zwischen Kulturen (Kapitel 7.1) aufkommen. Dahinter liegt die institutionelle Erwartung »neutraler« Dolmetschender. Der Vergleich der Aussagen von Ind2 und Ind28 zeigt, dass obgleich beide jungen Dolmetschenden zur Gemeinschaft der Waorani gehören, Ind2 nicht nur in einer, sondern auch *für* die Gemeinschaft dolmetscht.

Schlussendlich sind es also die Waorani selbst, die ihr kulturelles Fortbestehen durch Fokussierung des gemeinschaftlichen Zusammenlebens, sprachlicher und translatorischer Eingliederung der Ältesten und Widerstand mitbestimmen.

6.4   Zwischenbilanz II

Trotz der in und um Comunidades auftretenden Spannungsfaktoren sowie mit der Zwei- und Mehrsprachigkeit und Spanischerwerb noch verschärften innergemeinschaftlichen Hierarchien ergeben die Analysen eine Strahlkraft von Sprachkenntnissen und Translation. Der weiterhin starke Bezug zur Oralität in der Sprache Waoterero und ihre Nutzung durch ein entschiedenes Weiterhin-Sprechen stärken das kulturelle Fundament der Waorani und bilden die Basis für die Ausübung translatorischer Handlungskraft. Diese zeigte sich in der Transkulturation von Handwerkskunst an die Anforderungen der heutigen Welt. Wie die Beobachtungen aus den Workshops mit den Pikenani ergeben, können kulturelle Praktiken jedoch nur erfolgreich in die Jetzt-Zeit übersetzt werden, wenn es für sie in einer auf der Logik des Extraktivismus basierten Gesellschaft weiterhin Verwendung gibt. Sprache und kulturelles Überleben ist somit – wie auch in Kapitel 3.1 zu den Verflechtungen zwischen sprachlichen Ausdrücken, dem Territorium und indigener Kosmovision dargelegt wurde – stark handlungsbezogen.

Obgleich die Pikenani nicht dieselbe Sprache sprechen und andere kulturelle Codes verwenden, überblicken sie eine Vielzahl an sprachlichen und kulturellen Vorgängen in der Mehrheitsgesellschaft und eignen sich deren Artefakte wie Funkradios zur Kommunikation zwischen Comunidades an. Diese schöpferische Transkulturation vollzieht auch die jüngere Generation, die neue Medien wie Videos nutzt, die von ihnen selbst, aber auch von Unterstützer:innen auf Spanisch oder Englisch untertitelt werden. Indem sie mit solchen Technologien operieren, erlangen junge Waorani größere Partizipation in der Mehrheitsgesellschaft. Sie vermitteln jedoch zugleich kulturelles Wissen der Ältesten in einer Weise, die vermutlich auch zukünftige Generationen ansprechen wird.

Die Sprache der Mehrheitsgesellschaft sprechen zu können bedeutet im Fall der Waorani, sich die dahinterliegenden kulturellen Codes zu erschließen und mehrheitsgesellschaftliche Zuschreibungen, die an Indigene ergehen, durch translatorische Handlungskraft für eigene Zwecke einzusetzen. Ohne die dennoch bestehende innergemeinschaftliche Stratifizierung außer Acht zu lassen, ergeben die Beobachtungen Widerstandspotenzial aufgrund der Aufwertung der Position der Ältesten: Indem manche Waorani als translatorische Bot:innen mehrheitsgesellschaftliches Wissen wie das Wissen über ihre Rechte als Staatsbürger:innen an Älteste weitergeben, verschaffen sie diesen einen zumindest ähnlichen Wissensstand wie spanischsprechenden

Dorfbewohner:innen. Translatorische Go-Betweens, die bedeutendes außergemeinschaftliches Wissen erworben haben, erklären zudem mehrheitsgesellschaftliche Konzepte für alle Gemeinschaftsmitglieder, wie politische Implikationen des Terminus »Ethnie«. Die aus diesen Komponenten translatorischer Handlungskraft abzuleitende Bot:innen-Funktion schafft so in Form eines Welten-Übersetzens gleichberechtigtere Teilhabe der Gemeinschaft an politischen Entscheidungen, die ihr Territorium und sie als Bürger:innen betreffen.

Widerständische translatorische Handlungskraft zeigte sich des Weiteren im gemeinschaftlichen Nicht-Spanisch-Sprechen oder Nicht-Dolmetschen für Außenstehende, im für Mitglieder der Mehrheitsgesellschaft sprachlich nicht kontrollierbaren Warnen und der zusätzlichen Informationsweitergabe in Dolmetschhandlungen oder im durch Alicia Hueiyas Intervention demonstrierten Nicht-wie-erwartet-Sprechen zugunsten eines entschlossenen und lauten Sprechens (*nangui tereka*).

7. Den Jaguar dolmetschen

> Boika era una mujer viuda que tenía tres hijas: Cahuo, Dahua y Doboka; su pareja, Iki, había muerto recientemente en una pelea que tenía con un jaguar. Iki fue enterrado en un lugar sagrado donde estaban los espíritus de los ancestros. La misma noche en la que fue enterrado Iki, apareció el padre jaguar para llevarse el espíritu del corazón y devolverlo a la selva para que volviera a nacer como jaguar. (Boya/Omaca/Yogui/Ganquimi/Enqueri 2021, 112) [Boika war eine Witwe mit drei Töchtern: Cahuo, Dahua und Doboka; ihr Mann Iki war vor kurzem bei einem Kampf mit einem Jaguar gestorben. Iki wurde an einem heiligen Ort begraben, an dem die Geister der Vorfahren weilen. In derselben Nacht, in der Iki begraben wurde, erschien der Jaguar-Vater, um seinen Geist aus dem Herzen mitzunehmen und ihn dem Regenwald zurückzugeben, damit er als Jaguar wiedergeboren wird.]

Es wurde bislang dargelegt, wie Translation als politische Handlung mit (neo-)kolonialen Spannungsfaktoren, deren Einfluss auf den Gebrauch indigener Sprachen sowie mit Fragen nach Translation oder Nicht-Translation und schlussendlich dem Verständnis von Welt und Handeln in Welt (Kosmovision) verflochten ist. Aus diesem Wechselspiel ergeben sich potenziell gravierende Einwirkungen auf Selbstbestimmung und Territorialrechte der Waorani aber im Sinne einer Transkulturation nach Ortíz (1940/2002) ebenso Möglichkeiten zum widerständischen Nutzen translatorischer Handlungskraft. Diese Handlungskraft durch Translation und ihre zugleich enge Verwobenheit mit indigener Kosmovision und Territorium wird nun anhand der Analyse von für westliche Konzeptionen von Dolmetschen eher unkonventionell anmutenden Mittlerfiguren illustriert: Der Jaguar (*Meñe*) und der Schamane Kemperi (*Meñera*).

Im Rahmen der Studie ist es nicht möglich, die Bedeutung amazonischer Seher- und Heiler:innen und ihre Beziehungen zur spirituellen Welt des Regenwaldes, mit der sie in einem »diálogo permanente« (VITERI 2005, 26) [permanenten Dialog] stehen, erschöpfend zu analysieren. Wie ÅRHEM (2001, 270) betont und in Kapitel 3.1 besprochen wurde, sind indigene Kosmovisionen in eine »estrecha relación de continuidad y contigüidad entre lo social y lo natural« [enge Beziehung der Kontinuität und Kontiguität zwischen dem Sozialen und dem Natürlichen] eingebunden. Dies schließt das Verständnis ein, dass die Existenz indigenen Territoriums und der darin vorkommenden Lebewesen von der Pflege dieses Raumes durch darin verrichtete Praktiken abhängt. Hieraus erklärt sich der hohe Stellenwert von Schaman:innen als jene Personen, die am versiertesten in der Beziehungsarbeit zwischen Menschen, Territorium und allen darin vorkommenden Wesen sind (vgl. REICHEL-DOLMATOFFS 1976, 316 Bezeichnung »ecological broker«).

Die in Kapitel 3.1 beschriebene Kosmovision der Waorani drückt sich in unzähligen Erzählungen aus, in denen wie im Dolmetschen des Jaguars die Grenzen zwischen menschlichen und spirituellen Welten aufgelöst werden.[16] Christliche Missionsarbeit ruft fallweise tiefgehende religiöse Brüche in Comunidades hervor und führt zur Verdrängung aber auch zur Transkulturation von mit Schamanismus zusammenhängenden Praktiken. Auch Beziehungen zum Territorium können durch Evangelisierungsmaßnahmen grundlegend verändert werden, indem *Sacred Sites* von Missionar:innen als Orte gebrandmarkt werden, an denen böse Geister wohnen. Wie KUPPE (2021, 24) für die Guaraní zeigt, nahm durch den erstarkten evangelikalen Einfluss in Politik und Gesellschaft Brasiliens unter Bolsonaro der Druck auf Nicht-Christ:innen erheblich zu und kulminierte nach Drohungen und

---

16 *Wene,* Geister verstorbener Waorani, kehren in der Gestalt naher Verwandter auf die Erde zurück, um zu töten. Zudem sind die im unterirdischen Feuer lebenden *Taromenga/Taramongui* zu nennen, mundlose monsterartige Wesen, sowie die *Huiñataire,* die sehr groß und sexuell freizügig seien sollen. In zahlreichen Geschichten sprechen Tiere und haben menschliche Eigenschaften oder verführen Menschen in erotischen Träumen (RIVAL 1996, 93; 111; RIVAL 2015, 181, 253). Für eine Erzählung auf Waoterero und Spanisch über einen sich in einen Jaguar verwandelnden Krieger vgl. GONDECKI/IMA, 2009.

falschen Strafanzeigen in von Christ:innen durchgeführten formellen Hexenprozessen in indigenen Reservaten. Evangelikale befürworten in diesen Gebieten illegale Landverpachtung und lehnen die Covid 19-Impfung ab, was mir auch aus der Samburu-Gemeinschaft Naiborkeju berichtet wurde. Ein anderes erschütterndes Beispiel ist der Mord durch lebendige Verbrennung an Domingo Choc Che, Pflanzenkenner, Heiler und spiritueller Líder der Maya, durch katholische Mitglieder seiner eigenen Comunidad in Guatemala im Jahr 2020. In der Waorani-Comunidad Meñepare beobachtete ich 2022 regelmäßige Besuche von Zeug:innen Jehovas, die Schülerinnen Bücher zu ihren Glaubensgrundsätzen ins Waoterero übersetzen ließen und diese Übersetzungen als orale Erzählungen auf im Dorf verteilten Empfangsgeräten spielten. In der Comunidad Baameno, in der der Meñera Kemperi lebte und das Dolmetschen des Jaguars sich vollzog, sind jedoch wenig christliche Einflüsse spürbar.

Meñera wie Kemperi beziehen heilende und zukunftsvorhersehende Kräfte vom Jaguar. RIVAL (2015, 147) sieht etymologische Wurzeln des Terminus in einer Fusion aus *Meñe* (Jaguar) und *Bara* (Mutter). In der Kosmovision der Waorani geht die Kraft des Jaguars darauf zurück, dass er tierisch-menschlichen Zwischenwelten angehört: ein Jaguar ist ein Wesen, in dem die Seele verstorbener großer Krieger:innen oder Seher:innen und Heiler:innen wohnt. Wenn Meñera sterben, verlässt ihr Geist nicht wie bei anderen Waorani die Welt der Lebenden und tritt in das Totenreich ein, sondern wird zur Seele eines neu geborenen Jaguars. Diese mit den Seelen toter Meñera ausgestatteten Jaguare suchen später wiederum *Meñera* als menschliche Zieheltern auf. Die Jaguare erschienen ihnen im Traum oder in einer Halluzination und kehren immer wieder zurück, wenn Hilfe gebraucht wird (RIVAL 1996, V;116):

> El espíritu del jaguar aparece primero en sueños. Si es bien recibido y se le anima a volver, el hombre »muere« temporalmente y toma el lugar de su alma. Habla y canta, se refiere al hombre inconsciente cuyo cuerpo él posee como »mi padre«

> y se dirige a la mujer del hombre como »madre« y a los hijos
> del hombre como »hermanos«. (IBID 2015, 147) [Der Geist
> des Jaguars erscheint zuerst im Traum. Wird er willkommen
> geheißen und zur Rückkehr ermutigt, »stirbt« der Mann
> vorübergehend und der Jaguar nimmt den Platz seiner Seele
> ein. Er spricht und singt, bezeichnet den abwesenden Mann,
> dessen Körper er besitzt, als »meinen Vater« und spricht die
> Frau des Mannes als »Mutter« und die Kinder des Mannes
> als »Schwestern: Brüder« an.]

Vor allem Jungen werden zu Meñera, wenn sie beispielsweise schwere Krankheiten überleben. Nach Erreichen ihrer Reife, so die Waorani, werden diese von Jaguaren zu träumen beginnen. Meñera üben also keine Kontrolle über den Geist des Jaguars aus, sondern lassen sich vereinnahmen (IBID 1996, 222; 2005, 296).

Dieser Zugang zu vielschichtigen Bewusstseinsebenen durch Transformation in und aus Tierfiguren ist für die Waorani vor allem über den Jaguar relevant. Weitere spirituell bedeutsame Tiere sind Papageien, die Angriffe durch verfeindete Gruppen voraussagen, oder Harpyen, deren Federschmuck für Kronen verwendet wird (YETI/TOCARI 2012C, 341). Ebenso ist es üblich zu hören, dass Tiere Gärten anlegen oder Häuser bewohnen. Krieger:innen werden häufig Eigenschaften des Jaguars zugeschrieben. Sie beschreiben, wie dieser gedacht und agiert zu haben und bezeichnen sich auch selbst als aggressive und blutrünstige Jaguare (RIVAL 1996, 54ff; 2005, 296; 2015, 220). Die Waorani erzählten RIVAL (2015, 298f), die Taromenani würden an jenem Ort leben, wo die Jaguare niemals sterben und ihre Seelen sich ewig transformieren. So beschrieb mir eine junge Wao auch wie sie nach dem Tod Kemperis 2023 seinen Jaguar-Geist gesehen hatte. Transformationsprozesse um den Jaguar sind also weiterhin ein wesentlicher Bestandteil der Kosmovision und Identität der Waorani. All diese Konzeptualisierungen zeigen, dass sich die Waorani nicht als abgetrennt vom tropischen Regenwald begreifen und ihre Kosmovision eine ökosystemische Eingebundenheit voraussetzt.

7. Den Jaguar dolmetschen

Abb. 3: Schild des Jaguarmanns Meñebai im Territorium (fotografiert von Rafael Schögler, 2022)

Verschmelzungen zwischen Jaguar und Mensch dienen den Waorani aber auch der Kommunikation von Territorialrechten gegenüber der Mehrheitsgesellschaft. So stellten die Organisationen NAWE, OWAP und Resistencia Waorani ein Schild im Territorium auf, auf dem ein Gesicht zu sehen ist, das zur Hälfte einen Mann und zur Hälfte einen Jaguar mit geöffnetem Mund bzw. gefletschten Zähnen zeigt (vgl. Abb. 3). Darüber steht auf Spanisch *Territorio Ancestral Waorani* [angestammtes Waorani-Territorium] und *Zona de Monitoreo* [Überwachtes Gebiet], gefolgt vom Wort *Meñebai* auf Waoterero. Dieses bezeichnet laut einem Wao einen Mann, der sich in den Jaguar transformiert und die Verbindung seiner Kraft mit jener des Jaguars (Persönliches Gespräch mit Victor Ronny Cahuiya Tega am 21.12.2023). Am Schild werden, versehen mit Zeichnungen und auf Spanisch verfasst, Aktivitäten ausgewiesen, die für Nicht-Waorani im Territorium verboten sind: Jagen, Fischen, Bäume fällen, Bergbau, Erdölförderung, Campieren, Pflanzen sammeln. Das Aufstellen eines solchen Schildes ist als politische Translationshandlung zu deuten, in der die Waorani der Mehrheitsgesellschaft durch Zuhilfenahme versinnbildlichter Elemente ihrer Kosmovision und über eine doppelte Übersetzung in Spanisch und Waoterero (vgl. zu diesem Konzept Mignolo/Schiwy 2003, Kapitel 1.3) vermitteln, welche grundlegende Bedeutung der Schutz ihres Territoriums hat. HIGH (2020, 310) bezeichnet auf ähnliche Weise in Anlehnung an CONKLIN/GRAHAMS (1995, 696) Ausführungen zum politischen »middle ground« den Antiölaktivismus junger Waorani als »strategic translations« [strategische Übersetzungen] und beschreibt auf Basis seiner Sprachdokumentationsprojekte und Übersetzungen mit jungen Waorani ins Spanische, wie diese Sprache als politische Kraft entdecken (HIGH 2018, 70). Ich erschließe somit weiterführend, ob und wie auch über den Jaguar, der den Körper des Schamanen Kemperi einnimmt, translatorische Handlungskraft genutzt werden kann.

Ein Ansatz, der den Orientierungsrahmen für die Analyse des Dolmetschens des Jaguars bildet, ist jener des Perspektivismus in Anlehnung an DESCOLA (1994) und VIVEIROS DE CASTRO (1998), den ich hier nur in Grundzügen anführen kann. Der Perspektivismus basiert auf der in indigenen Gemeinschaften verbreiteten Annahme, dass wie Menschen die Welt und die darin wohnenden Wesen wahrnehmen, einen signifikanten Unterschied dazu aufweist, wie die Welt bewohnenden Wesen wiederum sich selbst und Menschen wahrnehmen. Für gewöhnlich, so VIVEIROS DE CASTRO (1998, 470), sehen Menschen andere Menschen als Menschen, Tiere als Tiere und Geister, sofern sie diese sehen, als Geister. Der Unterschied liegt jedoch in der Perspektive, denn:

> [A]nimals and spirits see themselves as humans: they perceive themselves as (or become) anthropomorphic beings when they are in their own houses or villages and they experience their own habits and characteristics in the form of culture – they see their food as human food (jaguars see blood as manioc beer) [...], they see their bodily attributes (fur, feathers, claws, beaks etc.) as body decorations or cultural instruments [.]
> [Tiere und Geister sehen sich als Menschen: Sie nehmen sich

wahr als (oder werden zu) anthropomorphen Wesen wenn sie in ihren eigenen Häusern oder Dörfern sind und sie erfahren ihre eigenen Gewohnheiten und Charakteristika in der Gestalt von Kultur – sie sehen ihre Nahrung als menschliche Nahrung (Jaguare sehen Blut als Chicha), sie sehen ihre körperlichen Attribute (Fell, Federn, Krallen, Schnäbel etc.) als Körperschmuck oder kulturelle Instrumente.]

Kurz gesagt, vereint Wesen in Amazonien nicht ihr Tier-Sein, sondern ihr Mensch-Sein, wobei VIVEIROS DE CASTRO (IBID, 478) das im Zitat angesprochene »Sehen als« nicht als konzeptuelle Vorstellung versteht, sondern als Wahrnehmung: »[W]hat we see as a muddy waterhole, the tapirs see as a great ceremonial house« [Was wir als schlammiges Wasserloch wahrnehmen, ist für Tapire ein großes Zeremonienhaus]. Um das Dolmetschen des Jaguars zu analysieren, ist zudem wesentlich, dass Schaman:innen auch die Perspektiven anderer »extra-humans« (IBID, 472) [in etwa: Sondermenschen] einnehmen können: »This ›strange vision‹ is exactly what allows him to act as a translator of perspectives« (VILAÇA 2016, 6) [Es ist genau diese ›sonderbare‹ Sicht wodurch er [der Schamane] als Übersetzer der Perspektiven agiert]. Wie ich in Kapitel 3.1 illustriere, ist das Sprechen aus der Perspektive anderer »extra-humans« oder als »extra-humans« wie dem Jaguar daran gebunden, dass dieser den Körper Kemperi einnimmt. Es sprengt den Rahmen, die sich daraus ergebenden Unterschiede zwischen Auffassungen zu Körper und Seele in Zusammenhang mit der Kondition Mensch-Sein oder Viveiros de Castros Translationskonzept zu diskutieren.[17]

Im Unterschied zu Viveiros de Castro beschäftige ich mich mit Translation nicht vorrangig in ihrer Funktion als Hauptaufgabe der Kulturanthropologie und den damit zusammenhängenden in meist schriftliche Ethnographien gegossenen Repräsentationen (vgl. Kapitel

17 Zu letzterem ist mit Spannung eine baldige Publikation der Translationswissenschaftlerin María Carmen África Vidal Claramonte zu erwarten. Einen lesenswerten Überblick über Translation zwischen Welten bietet HAU: Journal of Ethnographic Theory (2014, 4:2).

2.2). Ich begreife schamanische Handlungen als grundlegenden Ausdruck der Kosmovision der Waorani und als gemeinschaftsstiftende Elemente und untersuche Dolmetschhandlungen über den Jaguar zugleich aber auch als Möglichkeit des Nutzens einer potenziell politischen Funktion von Translation: Gerade durch die Anwesenheit westlicher »Vertreter:innen« kann durch die Dolmetschung dessen, was der Jaguar und Kemperi vermitteln wollen, die Strahlkraft von Translation genutzt werden, um die Notwendigkeit eines intakten Territoriums für die Tagaeri-Taromenani und die bereits in permanenten Kontakt lebenden Waorani in die Mehrheitsgesellschaft zu projizieren.

7.1 Translation als Brücke ins Nirgendwo?

Das in Folge beschriebene Translationsszenario ereignete sich am 15.02.2013. Gemeinsam mit einem Menschenrechtsexperten und einem zweiköpfigen Fernsehteam, das Kurzdokumentationen für den staatlichen Sender *Teleamazonas* drehen wollte, war ich in die Comunidad Baameno gereist. Unser Aufenthalt wurde durch den Líder Penti legitimiert und es wurde vereinbart, am Folgetag zu drehen (IBID). Im Zuge des Filmdrehs befragte das Fernsehteam Kemperi zu den Visionen, die dieser bekomme und mit welchen er zukünftige Ereignisse deutet. Vor allem in Bezug auf das Wahren des Territoriums stellt der Jaguar für die Waorani eine wesentliche Verbindung über den Meñera zu in Abgeschiedenheit lebenden Tagaeri-Taromenani her. Dies verdeutlicht folgender Auszug aus dem vom Líder Penti gedolmetschten Interview mit Kemperi:

> [A]ntes vivía sin enfermedad solamente tenían el fiebre normal. Cuando el contacto se llegó e a él cogió como diarréa, vómito y otra enfermedad desconocida, ¿no? Razón de él preocupa que lo mismo puede pasar Tagaeri. Y él es por eso […] matan que no entran mas mas territorio, que no venga a explotar y esto es razón de él piensa que como ellos también que defendieron para que nadie entra ellos mataron

por el contacto ellos salieron o cuando este territorio quedó como abandona, razón de por eso él comprende muy bien qué qué pasó desde si situación, ¿no? Del contacto. Razón de que Tagaeri va a pasar por ese el e visión tigre han dicho que va a pasar. (INTERVIEW IND63) [Früher lebten sie ohne Krankheiten, bekamen nur normales Fieber. Mit dem Kontakt bekam er [Kemperi] Durchfall, Erbrechen und andere unbekannte Krankheiten. Er befürchtet daher, dass dasselbe auch den Tagaeri passieren kann. Und deshalb töten sie [die Tagaeri-Taromenani], damit [die Kowore] nicht weiter ins Territorium kommen, damit sie es nicht ausbeuten. Er denkt also, so wie sie [die Waorani vor dem Kontakt das Territorium] verteidigten und [Kowore] töteten, gingen sie durch den Kontakt aus dem Territorium und das Territorium blieb verlassen zurück, er versteht also sehr gut, was da passiert ist, mit dem Kontakt. Das wird auch den Tagaeri passieren, die Vision des Tigers [Jaguars] hat gesagt, dass es passieren wird.]

Aus der Äußerung Kemperis sind insbesondere soziokulturelle Veränderungen hervorzuheben, die auf die erzwungene Kontaktierung der Waorani ab 1958 bis in die 1980er-Jahre folgten und somit auch den in Abgeschiedenheit lebenden Waorani bevorstehen. Die Übermittlung ihrer Botschaften durch den Jaguar kann also nebst ihrer rituellen Bedeutsamkeit und Eingebundenheit in traditionelle Praktiken als weiterer translatorischer Akt des Widerstandes gegen Erdölförderung und Vereinnahmung des Territoriums gedeutet werden.

Es folgt eine detailreiche dichte Beschreibung eines Translationsvorgangs, im Zuge dessen über die Go-Between Figuren Jaguar und Kemperi Botschaften der Tagaeri-Taromenani vermittelt wurden. Um die Dolmetschungen ins Waoterero nachvollziehen zu können und sprachliche Zusatzbemerkungen der Bedolmetschten auf Waoterero zu erfassen, spielte ich am 22.02.2015 die Videoaufnahmen einem jungen Wao (Ind2) vor, der den Inhalt der Waoterero-Dolmetschungen zurück ins Spanische dolmetschte.

Nach Bezug unserer Unterkunft und der Planung des Drehs saßen wir mit Penti zusammen. Das Gespräch drehte sich um die anstehenden Präsidentschaftswahlen, Pentis Sorgen über eine Zunahme der Erdölförderung und seine vielen Auslandsreisen, um auf die Problematik aufmerksam zu machen. Dann kam Kemperis Enkel angelaufen. Er berichtete, sein Großvater habe eine Vision und wies uns an, in Kemperis Haus mitzukommen, wo sich folgende Szene darbot:

> Kemperi liegt mit einem Baumwollband (*Kome*) bekleidet auf dem Rücken in seiner Hängematte, seine Augen sind halb geöffnet und er singt immer wieder laut die gleichen Lieder und schaukelt dabei hin und her. Neben ihm ist die ganze Familie versammelt, sie beobachten ihn mit neugierigen Blicken. Als wir ankommen, dolmetscht Kemperis Enkel von selbst, was er sagt, die Kamera wird angeworfen und mit einer starken Lampe wird für künstliches Licht gesorgt. Kemperi wird immer wieder angeleuchtet, was mich mit der Zeit sehr zu stören beginnt und ich versuche es, dem Kameramann mitzuteilen. (FELDTAGEBUCH 14, 15. 02. 2013)

In Folge werden zunächst Dolmetschung und Zusatzerläuterungen durch Ind2 angeführt, der sich das Video der Vision etwa zwei Jahre später ansah: der Jaguar/Kemperi hätte, so Ind2, zunächst einen Gesang darüber intoniert, dass die Tagaeri-Taromenani ihre Speere vorbereiteten. Diese würden ankündigen, jeden Eindringling in ihr Territorium abzuwehren – seien es Erdölkonzerne oder andere Menschen. In Folge hätte der Jaguar/Kemperi seine Vision beschrieben: Er sah, wie die Tagaeri-Taromenani angriffen und einige Personen töteten. Mit lautem Geschrei tauchten sie aus dem Wald auf und kehrten wieder dorthin zurück. Ein junger Tagaeri sang darüber, dass sich die »Aislados« wie Ameisen ihren Weg bahnen und sich wieder im Dickicht des Regenwaldes verlieren (DOLMETSCHUNG IND2). Den Gesang des Tagaeri stimmte auch der Jaguar/Kemperi an. Die darin enthaltene Botschaft verbalisierte Ind2 (IBID) auf folgende Weise:

No importa que era bravo, tenía armas el que ingresó al territorio el enemigo era enemigo del grupo, pero yo lo destruí. Y veo que en si necesitaba que la selva sea libre. A mí no me pasó ni una mancha o lastima (IBID). [Es war egal, dass er aggressiv war, dass er Waffen hatte. Der, der das Territorium betrat, war der Feind, er war der Feind der Gruppe, aber ich habe ihn vernichtet. Und ich sehe, dass es wichtig war, dass der Wald frei ist. Ich habe nicht einen Kratzer oder eine Verletzung abbekommen.]

In Folge drückte der Jaguar/Kemperi in Gesängen aus, wie der junge Tagaeri heißen würde und welcher Familie die Angreifer angehörten. Zudem beschrieb er singend, wie die »Aislados« einen Hubschrauber gesehen hatten, ihre Speere gen Himmel gereckt und als der Hubschrauber von dannen zog, wie Papageien gesungen hätten (IBID). Da sich die Gesänge des Jaguars/Kemperis oft mit der Dolmetschung durch dessen Enkel vermischten, konnte Ind2 nicht alles verstehen. Dennoch konnte er mir genauer als bei der vor-Ort-Dolmetschung, berichten, wer wann durch welches Medium sprach.

Der Enkel wiederum begann seine Dolmetschung damit, dass die Tagaeri-Taromenani ihre Speere vorbereiteten, da sie Hubschrauberlärm gehört hatten. Sie wollten angreifen, da sie der Meinung waren, erläuterte der Enkel, ein Erdölkonzern komme in das Territorium. Während dieser Abschnitt referierend und erklärend gedolmetscht wurde, ohne auf die vielen kulturellen Referenzen und Zwischenebenen Bezug zu nehmen, dolmetschte Kemperis Enkel in Folge scheinbar ähnlich wie Ind2 nahe am vom Jaguar/Kemperi in Waoterero Gesungenen und Gesagten: »Seguramente que ellos también están viendo su tienes como yo visión ellos tiene como meñera« (VIDEO DOLMETSCHUNG JAGUAR/KEMPERI) [Sicherlich sehen auch sie wie ich, wie ich meine, so haben sie ihre Vision als Meñera]. Diese Aussage ist nur nachvollziehbar, wenn sich Adressat:innen in Prozessen der (Selbst-)Translation auf die Verständnisebene der Meñera begeben. So beruht die Aussage darauf, dass in der Kosmovision der Waorani

Meñera der Tagaeri-Taromenani ebenso wie Meñera der kontaktierten Waorani andere in Visionen sehen können. Diese Kommunikation auf einer zwischenweltlichen Ebene erfolgt ohne physischen Kontakt oder Hilfsmittel (Rival 2015, 309). In Folge konkretisierte der dolmetschende Enkel die Aussage des Jaguars/Kemperis, es werde fünf Tote geben, indem er eine Ortsangabe (»Armadillo«) hinzufügte, die für westliches Publikum geografisch zuordnabar ist. Ebenso beantwortete er die Frage des Produktionsverantwortlichen, wo sich Gruppen der »Aislados« aufhielten, mit Ortsangaben und Himmelsrichtungen (Video Dolmetschung Jaguar/Kemperi).

Kemperis Enkel führte in seiner Dolmetschung ins Spanische wie der später das Video erneut dolmetschende Ind2 an, dass der Jaguar/Kemperi den Gesang des jungen Tagaeri wiedergegeben hatte, der eine wesentliche Rolle in den Angriffen spielen werde. Im Versuch von Kemperis Enkel, diese Vision ausführlich zu schildern, treten jedoch vielschichtige kulturelle Eigenheiten in den Vordergrund, die sich auf das Verständnis des Produktionsverantwortlichen auswirken zu scheinen, was im Video an dessen fragender Mimik abzulesen ist. Die Erzählungen des in der Gestalt des jungen Tagaeri sprechenden Jaguars/Kemperis, die der Enkel weitergab, enthielten animalistische Transformationsprozesse: Eine fremde Person wäre mit scheinbar feindlichen Absichten ins Haus des Tagaeri gekommen, woraufhin dieser sie getötet hätte. Hierbei erwähnte der dolmetschende Enkel erneut, dass Jaguare nie sterben, sondern ihre Seelen weiterwandern. Es blieb durch die fehlenden Referenzen zu beteiligten Personen oder Zeitangaben in der Dolmetschung unklar, ob der Feind in der Gestalt des Jaguars gekommen war, ob der junge Tagaeri sich während seinem Angriff in den Jaguar verwandelt hatte, oder ob allgemein davon die Rede war, wie über den Jaguar Ereignisse vorausgesagt werden können. Zudem fehlte ein für westliches Publikum nachvollziehbarer Zeitrahmen, in den diese Geschehnisse eingeordnet werden können.

Abschließend beschrieb der dolmetschende Enkel, wie nach den Tötungen der Feinde wieder ruhiges Leben herrschen werde und hob mehrmals hervor, der angreifende Tagaeri würde sich durch das

Beschützen des Territoriums auf die Handlungen seiner Vorfahren besinnen (IBID). Hier blieb jedoch erneut unklar, wer der Sender dieser Aussage war. Eine letzte Warnung schien der Jaguar/Kemperi direkt an uns versammelte *Kowore* zu richten. Seine Enkel erzählten, der Jaguar hätte gesagt, er würde, wenn wir mit dem Kanu nach draußen fahren, auf einem Baumstamm sitzen und aus der Ferne beobachten, wie wir sein Territorium wieder verließen. Dies war jedoch in der Situation in Kemperis Haus nicht für uns gedolmetscht worden, weshalb nicht nachvollziehbar ist, wann genau die Aussage getätigt wurde (FELDTAGEBUCH 14, 15. 02. 2013).

Vor einer weiterführenden Interpretation werden zunächst die unterschiedlichen Translationsvorgänge dieses Dolmetschszenarios aufgeschlüsselt. Grob erfolgt die Translation der Botschaften über folgende Kanäle: Die Botschaften der Tagaeri-Taromenani gelangen über die Mittlerfigur des Jaguars, die Mittlerfigur des *Meñera* – vor allem über dessen Körper und seine Fähigkeit zu sprechen – und über Kemperis Enkel als Dolmetschender an das Fernsehteam, den Menschenrechtsexperten und mich, wodurch potenziell die Möglichkeit eröffnet wird, diese an weitere Vertreter:innen der westlichen Welt weiterzugeben.

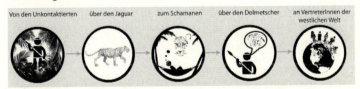

Abb. 4: Translation von den Tagaeri-Taromenani über den Jaguar, den Meñera, den Dolmetscher an Vertreter:innen der »westlichen« Welt (von Julián Murillo und mir erstellt, 2017)

Bereits die Frage, wer hier überhaupt gedolmetscht wird, gestaltet sich als schwer zu beantworten. Sprechen die Tagaeri, spricht der Jaguar, spricht Kemperi oder spricht der Jaguar-Kemperi, der den Körper des Schamanen eingenommen hat? Selbst wenn meine Beschreibung neben dem Jaguar den von mir als Sprechenden wahrgenommenen Kemperi als Sprecher kennzeichnet, ist fraglich, ob eine westliche

Zuordnung überhaupt nötig oder sinnvoll ist. Ein Wao-Informant aus dem Yasuní erklärte mir diesbezüglich, Kemperi sei wie ein Übersetzer zu verstehen. Er sehe alles, was geschehen werde, in Gestalt des Jaguars. Es sei also keine Person, die in diesem Moment spricht, sondern die Vision des Jaguars durch den Körper des Kemperi. Der Meñera könne sich nach einer solchen Episode für gewöhnlich an nichts mehr erinnern, außer, dass ihm schwindelig wurde (Persönliches Gespräch am 09. 01. 2024 mit Victor Ronny Cahuiya Tega). Diese Interpretation würde also Kemperi als Sprecher ausschließen und nur seinen Körper und seine Sprache als Translationsmedium verwenden. Dennoch wird in der Dolmetschung des Enkels durch die Verwendung westlicher Referenzpunkte und in der direkten Ansprache des Jaguars an uns, die wir sein Territorium wieder verlassen sollen, die Botschaft als Warnung an die Mehrheitsgesellschaft politisiert und verlässt dadurch den innergemeinschaftlichen Wirkungskreis schamanischer Visionen. Die Darstellung wird durch die später erfolgende Dolmetschung und Interpretation durch Ind2 komplexer. Zusätzlich interpretiere ich als Forscherin das Dolmetschszenario, die beiden Dolmetschungen und die Botschaft der Tagaeri-Taromenani ebenfalls vor meinem spezifischen Hintergrund und gebe es in der ethnographischen Form der dichten Beschreibung weiter. Somit fungiere ich im Sinne der *Writing-Culture*-Debatte (Kapitel 2.2) als weitere Sprecherin und Translatorin.

7.2 Was uns der Jaguar sagen will

Am Dolmetschen des Jaguars sind nicht nur der körperlich anwesende Kemperi, sein Enkel und der Produktionsverantwortliche als Ansprechpartner beteiligt, sondern es sind darin auch der Jaguar, verschiedene Akteur:innen der Tagaeri-Taromenani, der Kameramann und der Menschenrechtsexperte sowie in weiterer Folge ich als Übersetzerin in eine westliche Repräsentation involviert. Auch der dolmetschende Enkel sowie der später das Video dolmetschende Ind2 werden als Interpretierende und Interagierende zu weiteren Sprechern und Empfängern. Durch die auf vielen Ebenen gleichzeitig geäußerten

7. Den Jaguar dolmetschen

Botschaften, und da Gesänge nicht als direkte Dialoge zu verstehen sind, erfahren die in einer Dolmetschung zu übermittelnden Aussagen darüber hinaus selbst Transformationen. Der dolmetschende Enkel entschied sich dafür, zunächst die vielen zusätzlichen Kanäle und auch die Kommunikationsform des Gesangs grundlegend in eine für westliche Adressat:innen verständliche Botschaft umzuwandeln. Dies erhöht zwar die Verständlichkeit des Inhaltes, mindert aber zugleich deutlich die Komplexität der Botschaften. Vergrößert der Enkel wie im Beispiel zu den tierischen Transformationsprozessen den soziokulturellen Kontext und bleibt näher am Inhalt des Gesanges, leidet für westliches Publikum die Verständlichkeit.

Durch die Gleichzeitigkeit von Äußerungen ist zumindest zwischen den Tagaeri-Taromenani, dem Jaguar/Kemperi und Kemperis dolmetschendem Enkel kein *Turn-Taking* im westlichen Sinne beobachtbar. Zudem bezwecken die Gesänge, wenn nicht die ganze Botschaft, keine dialogische Antwort des Westens in der direkten Kommunikationssituation. Es geht vielmehr darum, der Botschaft der Tagaeri-Taromenani in der Mehrheitsgesellschaft Gehör zu verschaffen, was Rival (1996, 447) für Gesänge allgemein festhält: »Con el solo hecho de escuchar el canto, los residentes del nanicabo comparten el ánimo y los pensamientos de cualquier persona que canta« [Die Bewohner:innen des Nanicabo teilen allein durch das Hören der Gesänge die Stimmung und die Gedanken jeder singenden Person]. Dies verkompliziert die Frage, zwischen wem denn eigentlich gedolmetscht wird und lässt Dolmetschen unilateral in die Mehrheitsgesellschaft ausgerichtet erscheinen.

Wie durch den Vergleich der Dolmetschungen durch den Enkel Kemperis und Ind2 deutlich wurde, werden Gesänge immer etwas anders gesungen und interpretiert, nur die Grundstruktur bleibt dieselbe. Sänger:innen können zudem persönliche Erlebnisse einfließen lassen und den Inhalt abändern, obgleich mitunter bedeutende Persönlichkeiten als Urheber:innen mancher Lieder anerkannt werden. Trotzdem können auch diese Gesänge erweitert werden (Rival 1996, 445f), was für eine Dolmetschung wiederum genaue Kenntnisse der ursprünglich beschriebenen Vorkommnisse voraussetzt. Ähnliches beschreibt MONTENEGRO (2021, 27) für Geschichten, die ebenfalls nicht als abgeschlossen zu betrachten sind und die unterschiedliche Waorani immer anders erzählen können; vgl. dazu auch HERMANS (2019, 38) zur Provisionalität von Translation. Für eine Analyse der Dolmetschbarkeit dieser Gesänge ist somit relevant, dass Gesänge und damit verbundene Aussagen keiner Person exklusiv »gehören«. Dies lässt auf ein wesentliches Charakteristikum von Translation in Comunidades der Waorani schließen: Im Dolmetschen vor einer Gemeinschaft können auch Bedeutungszusammenhänge gemeinsam erschlossen und eventuell abgeändert oder erweitert werden. Durch die Vielzahl an soziokulturellen Nuancen, die notwendig sind, um Gesänge zu verstehen, interpretieren und dolmetschen zu können, ergibt sich Widerstandspotenzial. Die vielen Bedeutungsebenen eines Gesanges und die durch den elliptischen Aufbau fehlenden Inhalte sind nur Waorani selbst zugänglich. Sie haben gerade aufgrund der für die Mehrheitsgesellschaft nahezu unmöglich nachvollziehbaren Bedeutungsebenen von Gesängen absolute Deutungshoheit über den Inhalt der Botschaft, die sie schließlich, vereinfacht oder nicht, weitergeben.

Wie RIVAL (1996, 441) feststellte, werden Gesänge[18] von den Waorani in Comunidades mit geringem westlichem Einfluss häufiger und lauter angestimmt als in Comunidades mit missionarischem oder schulischem Einfluss. Bei meinem erneuten Aufenthalt in Bataboro beobachtete ich 2022, dass nach dem Abzug des Erdölkonzerns die Gesänge der Ältesten wieder deutlich zugenommen hatten. Wie FAVARON (2017, 39) für die Shipibo konstatiert, könnten jedoch regionale dialektale Unterschiede im Territorium und die Tatsache, dass es sich

---

18 RIVAL (1996, 441–444) beobachtete Gesänge der Männer über aus List und Geschick resultierende Jagderfolge, Gesänge über die Eigenschaften, die sie als gute Jäger charakterisieren und Gesänge über Tierarten. Frauen sangen weniger und zwar vor allem beim Pflanzen der *Yuca*, Anfertigen von Tontöpfen oder bei Festen (HIGH 2010, 762). Kriegsgesänge unterstützen auch die Transformation in den für das Töten wesentlichen Zustand *pii* als Zeichen höchster Erregtheit (COLLEONI 2016, 77).

bei den Waorani nicht um eine homogene Gemeinschaft handelt, Interpretationen von Gesängen erschweren. Kemperis Gesänge und die Lebendigkeit seiner fortwährenden seherischen Handlungen unterstreichen die im Falle der im Yasuní gelegenen Comunidad Baameno größere Verbundenheit zu den Praktiken der Ältesten und der Tagaeri-Taromenani als Sinnbilder für eine ursprünglichere Lebensweise (RIVAL 2015, 309) und gegen die Vereinnahmung ihres Territoriums. SEMPÉRTEGUI (2020, 125) sieht in diesem Zusammenhang vor allem eine Verbindung zwischen von Waorani-Frauen intonierten Gesängen, die den Wald zu einem lebendigen Ort machen, und ihren politischen Kämpfen um Territorialrechte. Frauen reproduzieren auf diese Weise, wie auch der Jaguar/Kemperi, Beziehungen zu »extra humans«.

Während ich unsere Anwesenheit als Eindringen in eine zu intime Situation empfand, ist die Präsenz von Familienmitgliedern, die die Geschehnisse mit Witzen und Lachen begleiten, in spirituellen Reisen die Norm, was die Häufigkeit der Vorkommnisse für die Gemeinschaft weiter unterstreicht (RIVAL 2015, 222). Dieser Austausch mit dem Unberührbaren und Ungreifbaren stellt für die westliche Mehrheitsgesellschaft jedoch meist etwas eher Außergewöhnliches dar. Umgekehrt sind in Interviews mit den ECORAE-Dolmetscher:innen, dem Vizepräsidenten der NAWE, einem Lehrenden, Schüler:innen und einer Dorfbewohnerin aus Toñampari genannte Termini wie *hidrocarburos* (»Kohlenwasserstoffe«), *revolución* (»Revolution«), *hipotécas* (»Hypotheken«), Gefühlszustände wie *terror* (»große Angst«) oder selbst der Begriff »Dolmetscher:in« für das Leben in den Comunidades wenig vertraut oder relevant und werden entweder umschrieben oder im Spanischen belassen. Dies trifft ebenso auf Zahlenangaben wie zwei Millionen Dollar zu, die in Translationsvorgängen aufgrund kultureller Disparitäten nur mit ungefähren Angaben wie *inko* (»ziemlich viel«) auf Waoterero wiedergegeben, oder wie im Falle von Prozentangaben im Spanischen belassen werden (INTERVIEW IND25; INTERVIEW IND26; INTERVIEW IND28; INTERVIEW IND34; INTERVIEW IND44; INTERVIEW IND45; INTERVIEW IND64).

Die Ausführungen illustrieren, dass die komplexe Weitergabe der Botschaft der Tagaeri-Taromenani zahlreiche Translationsprozesse enthält. Die kosmovisionsbedingten Transformationen in Tiere als Mittler:innengestalten ebenso wie die unterschiedlichsten Übermittlungsformen, beispielsweise über Gesänge oder über das angefertigte Video, stellen vielfältige Formen von Translation dar und finden mitunter auf unterschiedlichen Weltenebenen statt. Es ist davon auszugehen, dass mit der Welt Amazoniens und den Waorani nicht vertraute Personen und politische Entscheidungsträger:innen beispielsweise die Symbolkraft des Jaguars nicht verstehen und damit den Kern der Botschaften nicht erfassen können. In diesem Fall ist es schwer möglich, sprachlich und kulturell vermittlerisch irgendeine Art von Brücke(n) zu bauen. Die vielen Figuren, Kanäle und Weltenebenen, die hier zusammenkommen, können eine Sinnstiftung auf gleicher Höhe, also ein Treffen des Anfangs und des Endes begonnener Brücken unmöglich machen. Diese führen alsdann an beiden Enden schlichtweg ins Nirgendwo und die durch das Echolot der Translation ausgesandte Botschaft verhallt (auch WOLF, 2006b). In KORAK (2020) erteile ich eine dezidierte Absage an das Brückenkonzept und setze mich mit dem Un_übersetzten[19] als politisches Konzept auseinander. Laut WOLF bedingt Postulierung von Un_übersetzbarem Exotisierung und Extrapolierung des Differenten, weshalb weder vollkommene Übersetzbarkeit noch Unübersetzbarkeit anzunehmen ist, sondern Aushandlungsprozesse um vermeintlich (Un)Übersetzbares fokussiert werden sollten (persönliche Kommunikation am 14. 05. 2018). Der Unterstrich im Ausdruck des Un_übersetzten verweist somit auf die transkulturellen Zwischenräume, in denen Aushandlungen zwischen Übersetztem und Unübersetzten stattfinden.

Un_übersetzbarkeit kann zwar kulturelle und politische Fronten verhärten, da Kommunikations- und Translationsakte gänzlich oder teilweise fehlschlagen. Die Warnung der »Aislados« kann aufgrund von

---

19 Vgl. VENUTI (2016, 186–204), für einen Überblick über translations- und literaturwissenschaftliche Auseinandersetzungen zum Thema (Un)Übersetzbarkeit und Kritik an APTER (2013).

Unverständnis von Vertreter:innen des Westens nicht ernst genommen werden und ernsthafte Folgen für Amazonien und indigene Territorialrechte haben. Dass die Waorani sich jedoch dafür entschieden, über eine Dolmetschung an in ihrer Comunidad anwesenden westlichen Vertreter:innen eine Warnung überhaupt auszusprechen, zeugt von eventuell äußerst bewusst genutztem Widerstandspotenzial durch Translation. Angehörige der Gemeinschaft, wie der dolmetschende Enkel Kemperis oder der später dolmetschende Ind2, bestimmen wie genau sie die Botschaft weitergeben und haben die absolute Entscheidungsmacht über deren Inhalt und somit auch über einen potenziell un_übersetzten Rest.

Die bewusst vorgenomme Unterteilung in Un_übersetzbares und Un_übersetztes fußt auf weiteren Gedanken zur Handlungskraft durch Translation: Die vielbemühte konzeptuelle Brückenmetapher von Translation beruht unter anderem darauf, dass davon ausgegangen wird, dass alle Parteien in einer sprachlich und kulturell zu vermittelnden Kontaktsituation gedolmetscht oder übersetzt werden *wollen* und sprachliche und kulturelle Vermittlung als gemeinsames Grundziel erachten. Vor diesem Hintergrund wird Un_übersetzbarkeit Translator:innen zumeist als Mangel erzeugender Fehlschlag angelastet. Im Fall der Waorani stellt sich jedoch die grundlegende Frage, ob aus der Warte der Beteiligten überhaupt alles gedolmetscht und übersetzt werden *soll*. Beim Dolmetschen der Botschaft des Jaguars ist somit auch die thematisierte Widerstandskraft durch Nicht-Translation mitzudenken und mit Territorialrechten der in Abgeschiedenheit lebenden Gruppen zu verbinden. Die Entscheidung zum Un_*übersetzten* könnte somit als politische Möglichkeit für einen Rückzug vor der vollkommenen Ausleuchtung soziokultureller Eigenheiten und einer folgenden Invasion des Territoriums gedeutet werden. Das würde historisch mit der Theorie zusammenfließen, dass sich die Waorani in Nischenregionen einer Vereinnahmung widersetzten und Formen von *indigenous secrecy* der Tagaeri-Taromenani beinhalten, die geographische mit sprachlicher Abgeschiedenheit verbinden (Kapitel 1.3 und 2.3).

Wie VILAÇA (2016, 3) auf Basis ihrer langjährigen Forschung bei den Wari' des brasilianischen Amazoniens festhält und durch das Dolmetschen des Jaguars verdeutlicht wird, beinhaltet Translation in indigenen Gemeinschaften oftmals nicht »the search for new words to designate the same things, but different worlds designated by the same words« [die Suche nach neuen Worten um dieselben Dinge zu bezeichnen, sondern unterschiedliche Welten, die von denselben Worten bezeichnet werden]. Damit proklamiert sie keineswegs universelle Übersetzbarkeit, sondern schafft vielmehr ein Verständnis von auf der Existenz unterschiedlicher Welten basierendem Leben und nicht, wie in westlichen Gesellschaften, die Existenz unterschiedlicher Kulturen mit unterschiedlichen Perspektiven auf dieselbe Welt. Angereichert um die Erkenntnisse zur transkulturellen Hybridität der dolmetschenden Waorani und der Mittlerfiguren wie Jaguar und Schamane Kemperi, die Translation auf vielfältige Spielarten einsetzen, zeigt »den Jaguar dolmetschen« wie sich *Go-Betweens* mitunter erfolgreich in die Welten der Mehrheitsgesellschaft übersetzen, sich aber auch mit ebenfalls im Wandel begriffenen anzestralen Welten verbinden. Die durch den Jaguar ebenso mehrfach ausgesprochene Botschaft, das durch extraktivistische Tätigkeiten und (neo-)koloniale Einflüsse schwer gezeichnete Territorium zu verlassen oder in Ruhe zu lassen verdeutlicht die Dringlichkeit der Wahrung der Unberührbarkeit der Territorien von in Abgeschiedenheit lebenden Indigenen im Sinne eines in Kapitel 2.6 thematisierten Prinzips der Nicht-Kontaktierung und das Thematisieren des Rechts auf Nicht-Translation auf Basis des Schutzes indigener Selbstbestimmung als daraus abzuleitende Erweiterung. Unter welchen Einschränkungen, Simplifizierungen oder Abgrenzungen Entscheidungsträger:innen schlussendlich die Existenz unterschiedlicher Arten und Weisen, die Welt zu verstehen und in ihr zu handeln auch rechtlich anerkennen wollen, bleibt ein Politikum.

8. Des Jaguars Spuren

Die gravierenden sozioambientalen Auswirkungen des Ressourcenextraktivismus beeinflussen die Waorani massiv in ihrer gewählten Lebensführung als Jäger:innen und Sammler:innen, die ein ausgedehntes und intaktes Territorium voraussetzt. Ihre systematische Kontaktierung ab 1958 durch das evangelikale Summer Institute of Linguistics (SIL) war begleitet von geographischer und kultureller Reduzierung in einem Reservat, in dem Bibelübersetzungen und -unterricht in ihrer Sprache Waoterero maßgeblich den Erfolg tiefgreifender Evangelisierungsmaßnahmen unterstützten. Zugleich ermöglichte der erzwungene Kontakt den Einzug von Erdölkonzernen mit Folgeerscheinungen wie Siedlungsbau oder Holzschlag. Obgleich die heute etwa 5.000 Waorani der Erdölförderung ambivalent gegenüberstehen und manche von ihnen sich durch eine Beteiligung an den Einnahmen oder dem Bau von Zugangsstraßen größere Partizipation am Leben der Mehrheitsgesellschaft erhoffen, während andere Förderung im Territorium vehement ablehnen, ist in allen nach der Ausweisung des SIL aus Ecuador gegründeten Dorfgemeinschaften (Comunidades) ein akzentuierter Rückgang des Gebrauches ihrer Sprache Waoterero zusammen mit an Kosmovision und Territorium gekoppelten Praktiken zu verzeichnen. Mein Ansinnen, engagiert zu forschen erklärt sich aufgrund der historischen und gegenwärtigen Eingriffe in Selbstbestimmung und Territorialrechte der Waorani sowie einer künftig drohenden Kontaktierung der in Abgeschiedenheit lebenden Gruppen der Waorani, bezeichnet als Tagaeri-Taromenani, und hierbei insbesondere durch die gewichtige Rolle, die Translation für erzwungenen Kontakt und Evangelisierung spielte und spielt.

Translation ist vor diesem Hintergrund als Aushandlungsprozess zwischen Akteur:innen mit unterschiedlichen Interessen und Arten und Weisen, die Welt zu begreifen und in ihr tätig zu werden, zu verstehen. Daher stellte sich die Frage, inwieweit Translation als politische Handlung kulturelles Überleben und Wahrung von Rechten fördert aber auch beeinträchtigt. Im Zentrum der Arbeit standen somit die wechselseitigen Einwirkungen von im Zuge von Zwei- und Mehrsprachigkeit auftretenden soziokulturellen, (sprach-)politischen und ökonomischen Einflussfaktoren auf Dolmetschen und Übersetzen in Comunidades der Waorani des Amazonasgebietes Ecuadors. Insbesondere wurde erschlossen wie Politiken der Zwei- und Mehrsprachigkeit Ecuadors sowie Akteur:innen mit unterschiedlichen Interessen und Vorstellungen von Welt – einschließlich der Waorani selbst – konkrete Dolmetsch- und Übersetzungshandlungen, den Sprachgebrauch und auf übergeordneter Ebene die kollektiven Rechte der Waorani beeinflussen. Konkret wurden sprachliche, kulturelle und territoriale Rechte in den Blick genommen.

Eine grundlegende These der Studie lautete, dass nicht nur »Translation« für die Indigenen der Waorani konzeptuell anders als im sogenannten Westen besetzt ist, sondern auch »Sprechen« in mehrsprachigen indigenen Gemeinschaften unterschiedliche Grundzüge und Funktionen aufweist. So wurden die Verflechtungen von Sprechen mit indigener Kosmovision und schlussendlich dem Territorium als Handlungs- und Ausdrucksraum von Arten und Weisen thematisiert, die Welt zu verstehen. Die sich daraus ergebene ökosystemische Eingebundenheit der Waorani und vor allem der Tagaeri-Taromenani bedingt Kommunikation zwischen Mensch und Welt. Insbesondere die Figur des Meñe (Jaguars) und die Übermittlung von Botschaften durch den Meñe in seiner Gebundenheit an Sprache und Körper des:der Meñera (Schamanen:in) wurden als wesentlicher Ausdruck des Zusammenhangs zwischen Kosmovision, Sprache und Territorium aber auch einer eventuell politisch nutzbaren Handlungskraft durch Translation erkannt.

Die Analyse dieses engen Zusammenhangs zwischen Sprache, Kosmovision und Territorium vor dem staatlich-rechtlichen Bezugsrahmen in Kapitel 3 zeigte erhebliche Diskrepanzen zwischen bahnbrechenden Verankerungen wie jene der Natur als Rechtsträgerin oder dem umfassenden Grundsatz eines gesellschaftlichen Sumak Kawsays und der tatsächlichen Realität in indigenen Gemeinschaften und im Umgang mit der Mehrheitsgesellschaft. Translation als politisches

Instrument der Teilhabe, das beispielsweise grundlegend ist, um die in der Verfassung in Aussicht gestellte Kommunikation in indigenen Sprachen in allen Medien zu gewährleisten, bleibt im rechtlichen Regelwerk bis auf das Recht auf Translation in Gerichtsverfahren unberücksichtigt. Dolmetsch- und Übersetzungshandlungen von Regierungsinstitutionen oder Erdölkonzernen werden in der Praxis oftmals nur zur Zurschaustellung eines »sauberen« Images oder Beeinflussung indigener Gemeinschaften eingesetzt, von mir als Prestige-Translation bezeichnet. Translation dient lediglich als Dekor und der politischen Rechtfertigung, ohnedies genug für sprachliche und kulturelle Minderheiten im Land zu unternehmen. Dolmetschen und in geringerem Maße Übersetzen für Gemeinschaftsmitglieder zu organisieren, bleibt also weitgehend Aufgabe der Indigenen selbst.

Eine Auseinandersetzung, der sich die Translationswissenschaft und praktizierende Translator:innen im Umkehrschluss auch in europäischen Migrationsgesellschaften stellen sollten, ist jene mit gesellschaftspolitischen Entwicklungen, die Translation nicht nur für institutionelles Prestige nutzen, sondern ein Recht auf Translation zu einem zu erstreitenden Privileg verkommen lassen. Im Umgang mit Migrant:innen im so genannten Westen wird durchaus ähnlich wie für indigene Nacionalidades in Ecuador von mehrheitsgesellschaftlichen Akteur:innen verlautbart, Translation sei nicht notwendig, da Migrant:innen bereits die Sprache der Mehrheitsgesellschaft sprechen würden. Wie die Fragebogenergebnisse zur Zwei- und Mehrsprachigkeit der Waorani in Toñampari und die Feldbeobachtungen zum Dolmetschen in der Consulta Previa (KORAK/PICHILINGUE RAMOS, 2023) veranschaulichen, bedeutet die Fähigkeit, eine Sprache zu sprechen, jedoch nicht zugleich, sämtliche kulturelle Eigenheiten der Mehrheitsgesellschaft oder sprachpolitische und rechtliche Finessen zu verstehen: »Nontranslation is itself a translation policy« (GENTZLER 2008, 183) [Nicht-Translation selbst ist bereits eine Translationspolitik].

Es wurde gezeigt, dass sozioökonomische, sprachpolitische und kulturelle Spannungsfaktoren und Akteur:innen mit unterschiedlichen Interessen die Lebensführung der Waorani je nach Expositionsgrad und Charakteristika der Comunidades relativ sanft bis äußerst gewaltvoll beeinflussen. Aus diesen Wechselwirkungen und zusammen mit dem Erwerb von Sprach- und Kulturkenntnissen ergaben sich transkulturelle Hybridisierungsprozesse junger Waorani, die ihr Leben als Sein in mehreren Welten beschrieben. Einerseits ist mit transkultureller Hybridität der Rückgang oder Verlust kulturtypischer Elemente verbunden, was sich auf individueller Ebene im Zerrissen-Werden zwischen Welten ausdrückt. Machtpolitische Unterschiede zwischen der spanischsprechenden Vertretung der Waorani in Städten und der Basis in Dörfern sowie Machtvorteile von kulturellen Líderes:as in den Comunidades, die mitunter gezielt von außenstehenden Akteur:innen vereinnahmt werden, um sprachliche und kulturelle Neuerungen voranzutreiben, wurden diesbezüglich ebenso konstatiert. Andererseits ist die aus dem Sein in mehreren Welten resultierende Fluidität des Selbst Ausgangspunkt für dynamisch-schöpferische Entfaltung, indem sich Waorani durch staatlich institutionalisierte Bildung und Sprache Wissen über westliche Funktionsweisen aneignen. Hierauf aufbauend wurde herausgearbeitet, dass auf diese Weise in der Mehrheitsgesellschaft »Sprechen können« dazu befähigen kann, politisch aktiv zu sein und gemeinschaftsintern informierte Entscheidungen zu treffen. »Sprechen können« bedeutet die Sprache, Funktionsweise und verborgenen Gesetze der Mehrheitsgesellschaft zu verstehen und sich in diese im Sinne einer »double translation« (MIGNOLO/SCHIWY, 2003) [doppelten Übersetzung] einzuschreiben.

In der Comunidad Toñampari sind Sprachkenntnisse zwischen den Generationen ungleich verteilt, wie meine Interviews und Fragebogenerhebungen auf Mikroebene verdeutlichen. Die jüngere und mittlere Generation ist zwei- und mehrsprachig in indigenen und westlichen Sprachen, während Älteste und verstärkt Frauen eine oder mehrere indigene Sprachen sprechen. Diese Verteilung der Zwei- und Mehrsprachigkeit führt im Zusammenspiel mit Schulbildung und den erörterten Spannungsfaktoren im Territorium zu tiefgreifenden innergemeinschaftlichen Schichtungsprozessen. Monolinguale Gemeinschaftsmitglieder oder jene, die die Sprache der Mehrheitsgesellschaft unzureichend sprechen, sehen sich einer großen Zahl an zwei- und mehrsprachigen Gemeinschaftsmitgliedern gegenüber. Sie sind in sprachlichen und kulturellen Kontaktsituationen mit der Mehrheitsgesellschaft vom (politischen) Willen ihrer eigenen Gemeinschaftsmitglieder abhängig, für sie als Partner:innen in Aushandlungsprozessen zwischen Akteur:innen mit unterschiedlichen Interessen und Arten und Weisen, die Welt zu begreifen, translatorisch tätig zu werden. Auch zeigten sich Reibungspunkte um Sprache und Territoriumsnutzung durch politisch aktive Männer, die aufgrund der Gründungsgeschichte der politischen Organisation NAWE und gezielten Beeinflussungen der Erdölförderung offener gegenüberstehen als die Líderesas, die die Frauenorganisation AMWAE ins Leben riefen und sich gegen (sprach-)politischen Ausschluss der Männer aus territorialen Entscheidungen zur Wehr setzen.

Aus den Analysen der innergemeinschaftlichen Stratifizierungen ist des Weiteren abzuleiten, dass sich das in den Comunidades im Unterricht vermehrt gesprochene Spanisch und damit zusammenhängende kulturelle Handlungen künftig durch Einwirkung von Lehrenden und Persönlichkeiten mit westlichen Ämtern wie Presidentes, aber auch durch indigene Kichwa und Akteur:innen der Mehrheitsgesellschaft im Alltag in den Comunidades weiter verankern werden. All diese Personen haben Einfluss darauf, in welchen gesellschaftlichen Zusammenhängen welche Sprache gesprochen wird und ob für wenig oder nicht Spanisch-sprechende Gemeinschaftsmitglieder gedolmetscht wird. Die Institutionalisierung des Spanischen und mehrheitsgesellschaftlicher Artefakte und Praktiken begünstigt den Ersatz der Pikenani (Ältesten) als Träger:innen und Vermittler:innen kulturellen Wissens und indigener Kosmovision durch Lehrende. Letztere können sich dazu entscheiden, eng an das Territorium und Konzeptionen von Welt gebundenes Wissen im Curriculum der zweisprachigen interkulturellen Bildung neu zu besetzen oder aber auch nicht mehr zu vermitteln. Zudem wird die Partizipation von Ältesten in gemeinschaftlichen Entscheidungsprozessen durch Spanisch-Sprechen und Nicht-Dolmetschen von Seiten der Comunidades selbst erschwert.

Zugleich nutzen die Ältesten aber auch selbst das schöpferisch-widerständische Potenzial von (Nicht-) Translation und die weiterhin große Vitalität des Waoterero, was sich in von den Pikenani unternommenen Wortkreationen für Artefakte der Gegenwart in Waoterero widerspiegelt und in ihrer Weigerung, Termini im Spanischen zu übernehmen. Die Analysen eines in Toñampari abgehaltenen Workshops ergaben, dass die Kenntnisse und Fertigkeiten der Ältesten weiterbestehen, auf Basis der Oralität vermittelt, und an gegenwärtige Gegebenheiten angepasst werden. Diese Aspekte schaffen wiederum eine solide Basis für Initiativen von Waorani der jüngeren und mittleren Generation. Beispielhaft angeführte Verschriftlichungen des Wissens der Ältesten durch die Transkulturation westlicher Artefakte wie Radios, Kameras und Bücher oder Videoaufnahmen kultureller Praktiken tragen maßgeblich zur Förderung von Sprachen und Gebräuchen bei und befeuern durch die Rückführung von Sprach- und Kulturkenntnissen der Mehrheitsgesellschaft in die eigene Gemeinschaft das Entwickeln einer Handlungskraft zur Wahrung von Rechten und Territorium.

Die Tätigkeit des Dolmetschens vollzieht sich schließlich innerhalb eines konzeptuellen Spektrums, das von an Neutralitätsvorstellungen orientierten Vorgehen durch institutionelle Anbindung bis hin zu, weitaus häufigerem, volatilem Handeln im Sinne eines Going-Between reicht. Auffallend ist die aus der Fragebogenbefragung hervorgehende Alltäglichkeit translatorischer Handlungen in einer zwei- und mehrsprachigen Gemeinschaft, in der die große Mehrheit der Mitglieder potenziell auch dolmetscht. Andere Gemeinschaftsmitglieder verstehen in Spanisch und in einer oder mehrerer indigener Sprachen getätigte Äußerungen und können die Performanz der Dolmetschenden »überwachen«. Diese Vielfalt an möglichen Dolmetscher:innen führt dazu, dass neben durch eine Institution oder die Comunidad beauftragten Dolmetscher:innen weitere Personen in der Gesprächssituation oder im Nachhinein translatorisch tätig werden. Im Idealfall könnten vermittelte Botschaften gemeinschaftlich interpretiert und diskutiert werden, wodurch Dolmetschen zu einem Dolmetschen *für* die Gemeinschaft wird.

Dolmetschen *in* einer Gemeinschaft bedeutet dennoch nicht automatisch auch *gemeinschaftliches* Agieren. Der gemeinschaftlichen Deutung wirken die Vereinnahmung, Interpretation und fallweise Abänderung der Aussagen durch das aktive Going-Between mancher Dolmetscher:innen entgegen. Dadurch wird Vermittlung durch Translation mitunter zur alleinigen Botschaft von Personen mit guten Beziehungen zur Mehrheitsgesellschaft und Sprachkenntnissen. Diese Botschaft wird zudem mitunter zeitversetzt und je nach translatorischer Willkür verkürzt, verändert oder erweitert vermittelt, was eine aktive und zeitnahe Partizipation an gemeinschaftlichen Entscheidungen für schlecht oder nicht spanischsprechende Gemeinschaftsmitglieder deutlich erschwert. Ein Agieren als Go-Between ohne Einbindung der Gemeinschaft ist besonders folgenschwer, da im Sinne zentralpolitischer und westlicher Vorgaben mit einzelnen Waorani getroffene Entscheidungen die gesamte Comunidad oder gar die Waorani als Nacionalidad betreffen können. Translatorische Handlungskraft wird somit für eigenes Wohlergehen, das Wohlergehen der Gemeinschaft, das Wohlergehen der mehrheitsgesellschaftlichen Akteur:innen und in vielen anderen Spielarten genutzt.

Dolmetschen und Übersetzen *in* einer Gemeinschaft bringt aber auch mit sich, dass Familienbeziehungen, sozialer Status und bis zu einem gewissen Grad auch politische Haltungen der Dolmetscher:innen den Beteiligten an Dolmetschhandlungen bekannt sind. Dadurch wird Dolmetschen *in* einer Gemeinschaft zu Dolmetschen *vor* einer Gemeinschaft, die Intentionen und Manipulationsversuche aufgrund der außerordentlichen Nähe zu den Dolmetscher:innen vorhersehen und allzu aktivem Going-Between entgegenwirken kann. Nicht gedolmetscht für die Comunidad werden darüber hinaus manche westliche Ausdrucksweisen wie Prozentangaben und Technizismen oder spezifische Gefühlszustände für die es keine Entsprechung im Waoterero gibt.

Im Gegenzug erlangt die Frage nach Dolmetschen oder Nicht-Dolmetschen eine dezidiert widerständische Form, wenn indigene Líderes:as oder eine Comunidad es ablehnen, für Mitglieder der

Mehrheitsgesellschaft zu dolmetschen, bewusstes Sprechen der indigenen Sprache als identitätsstärkenden Marker im politischen Aktivismus einsetzen oder Warnungen und Zusatzinformationen an Gemeinschaftsmitglieder vermitteln, die Kommunikationspartner:innen ohne Waoterero-Kenntnisse nicht verstehen. Durch diese Sprach- und Translationshandlungen kann die Basis für ein aufgrund ihrer Geschichte und der zahlreichen Fremdbeeinflussungen für die Waorani eher ungewöhnliches geeintes Agieren geschaffen werden. Durch Rückbesinnung auf den Auftrag der Ältesten zum Schutz des Territoriums trug Alicia Hueiya Kawiya beispielsweise ihre politische Überzeugung als translatorisches Going-Against in die Mehrheitsgesellschaft und verlieh in Abgeschiedenheit lebenden Indigenen eine Stimme, die in ihrem Recht auf Selbstbestimmung und Unberührbarkeit ihres Territoriums akut durch aktuelle Förderung und zukünftige Förderpläne bedroht sind.

Im Zuge der Dolmetschhandlungen über die Mittlerfiguren Jaguar und Meñera zeigte sich die Verwobenheit indigener Kosmovision mit Sprache und Translation als Gemeinschaft stiftende soziale Praktiken und schlussendlich mit dem Territorium und allen darin vorkommenden Lebewesen besonders deutlich. Schaman:innen wie der Meñera Kemperi sind versiert in der Vermittlungs- und Beziehungsarbeit zwischen Menschen und »extra humans« (VIVEIROS DE CASTRO, 1998). Zugleich umfasst den Jaguar in die Mehrheitsgesellschaft zu dolmetschen das Nutzen translatorischer Handlungskraft für die Überbringung einer politischen Botschaft. Dies spiegelte sich deutlich in der durch den Jaguar vermittelten Warnung an den Westen wider, das Territorium zu verlassen. Diese Art der politischen Translation zielt weniger auf eine dialogische Antwort durch Entscheidungsträger:innen ab, sondern fordert ihr entschiedenes rechtliches und politisches Handeln für den Schutz indigener Lebensführung und Territorien.

Das Dolmetschen des Jaguars ist somit als politischer Aushandlungsprozess im Territorium der Waorani zu verstehen, in dem der Ressourcenextraktivismus bereits deutliche Spuren hinterlassen hat und das zugleich Rückzugsort für weiterhin in Abgeschiedenheit lebende indigene Gruppen ist. Verhandelt wird letztendlich auf einer Makroebene die Bedeutung dieses Habitats und das sprachliche und kulturelle Überleben Indigener inmitten unterschiedlicher Arten und Weisen, die Welt zu begreifen und in ihr tätig zu werden und zwischen Akteur:innen mit oftmals disparaten Interessen.

Die Geschichte der Zwangskontaktierung der Waorani durch das evangelikale Summer Institute of Linguistics zeigt eindringlich, wie Missionar:innen und Erdölkonzerne Sprache und Translation ebenfalls politisch nutzen, um Zwangskontaktierung und drastische Eingriffe in Territorialrechte und indigene Selbstbestimmung zu ermöglichen und rechtfertigen. Alicia Hueiya Kawiya berichtete mir beispielsweise von der Zerstörung der Ruhestätte ihrer Ahn:innen durch Erdölkonzerne. Folglich ist ein Recht auf Nicht-Translation zu diskutieren, das erzwungene Kontaktierung durch sprachliche und translatorische Handlungen und Auswirkungen auf indigene Kosmovision und Territorien im Zuge der Evangelisierung mithilfe von Sprache und Translation in eine ausdifferenziertere Charakterisierung des in Ecuador strafrechtlich verankerten Ethnozids einschließt. Ein solches in Zukunft eingehender aufzufächerndes Recht auf Nicht-Translation ist in einen engen Zusammenhang mit *indigenous secrecy* zu setzen, beispielsweise ausgedrückt im mir in Sarayaku berichteten Nicht-Veräußern von Wirkungsweise von Heilkräutern und Verarbeitungsmethoden gegenüber Pharmakonzernen. Bei künftigen Analysen ist mitzudenken, dass vor allem die Auslegung von Rechten ebenfalls einen Translationsakt zwischen unterschiedlichen Vorstellungen von Welt und Handeln in Welt darstellt: Dieser »Translationsfaktor zwischen Kosmovisionen« leistet einem Verständnis von Recht als diskursiv verhandeltes, kulturelles Phänomen folge und müsste unterschiedliche Vorstellungen von Eigentumsdefinitionen, Religionsfreiheit und Rechtspluralismus und damit auch eine differenzierte Beweiserbringung (Narrativstrukturen, Einbezug der erwähnten Akteur:innen der extra humans, Darbietungsformen wie Gesänge, etc.) in Gerichtsverfahren zulassen, um interkulturelles Rechtsverständnis unter Berufung auf in Ecuador bereits verfassungsrechtlich bestehende und solide völkerrechtliche

Standards wie dem ILO-Abkommen 169 aus dem Jahr 1989 oder die Erklärung über die Rechte indigener Völker aus dem Jahr 2007 maßgeblich weiter zu entwickeln (auch Kuppe, 2014; Namakula, 2014). Nicht-Translation im Zusammenspiel mit dem in dieser Arbeit mehrfach behandelten Prinzip der Nicht-Kontaktierung bedeutet Grenzen der Übersetzbarkeit zu respektieren und setzt schlussendlich auch den Respekt der geographischen und sprachlichen Abgeschiedenheit der Tagaeri-Taromenani voraus.

Im Antrag des durch das 1000-Ideen-Programm des FWF als radikale Neuerungen versprechende Grundlagenforschung geförderten Projekts »Towards a Cosmovision Turn: Challenging Basic Translation Theory« forderte ich die Reviewer:innen auf, sich dem Gedankenexperiment zu öffnen, selbst Teil einer in Abgeschiedenheit lebenden indigenen Gemeinschaft zu sein. Das Leben der Waorani wurde durch das Agieren der Missionar:innen des Summer Institute of Linguistics auf eine tiefgreifende Weise geändert, die unsere Vorstellungskraft sprengt:

> The intruders listen to your stories in your language, they tell you about their god and replace your stories with theirs, they persuade you and other groups (your former enemies) to move into one reserve. You are made to use foreign clothes, artefacts and food, relinquish your beliefs, gods and spirits. They translate their scriptures into your language and have daily reading sessions and resort to punishment whenever your old beliefs resurface. Your group members are crippled by previously unknown diseases, your land is occupied by oil companies making profits by polluting water reserves, dispersing hunting populations and creating devastating social impacts. You are now part of a nation and a global market economy, you are forced to go to school and learn the language of the colonizers. Some goods and changes make your life more convenient, others eradicate your cultural identity. (Korak/Schögler, 2021). [Die Eindringlinge hören sich

eure Geschichten in eurer Sprache an, sie erzählen euch von ihrem Gott und ersetzen eure Geschichten durch die ihren, sie überreden euch und andere Gruppen (eure ehemaligen Feinde), in ein Reservat zu ziehen. Sie zwingen euch, fremde Kleidung, Artefakte und Nahrungsmittel zu benutzen, euren Glauben, eure Götter und Geister zu verleugnen. Sie übersetzen ihre Schriften in eure Sprache, halten tägliche Lesungen ab und greifen zur Bestrafung, wenn euer alter Glaube wieder auftaucht. Bisher unbekannte Krankheiten dezimieren die Mitglieder deiner Gruppe, dein Land wird von Ölkonzernen besetzt, die aus der Verschmutzung von Wasserreserven, der Vertreibung von Jagdpopulationen und verheerenden sozialen Auswirkungen Profit schlagen. Du bist nun Teil einer Nation und einer globalen Marktwirtschaft, wirst gezwungen, zur Schule zu gehen und die Sprache der Kolonisator:innen zu lernen. Einige Güter und Veränderungen machen dein Leben angenehmer, andere vernichten deine kulturelle Identität.]

Die Translationswissenschaft hat es bislang vermieden, sich mit dieser unbequemen Wahrheit von Dolmetschen und Übersetzen als Teil historischer und gegenwärtiger ethnozidaler Vorgänge durch Missionsorganisationen in indigenen Gemeinschaften eingehend zu befassen. Zwangskontaktierungen indigener Völker in Abgeschiedenheit sind kein Produkt der Vergangenheit. In den Wäldern Amazoniens leben noch weiterhin geschätzte 200 indigene Gemeinschaften in selbstbestimmter Abgeschiedenheit von der westlichen Welt. Die Tagaeri-Taromenani, Gruppen der Waorani, sind eine dieser Gemeinschaften. Die Wälder Amazoniens, die Waorani, die Tagaeri-Taromenani, unsere Vielweltlichkeit und Plurikulturalität, sollen bleiben.

Literaturverzeichnis

ACNUDH (2012) *Directrices de Protección para los Pueblos Indígenas en Aislamiento y Contacto Inicial de la Región Amazónica, el Gran Chaco y la Región Oriental de Paraguay. Resultado de las consultas realizadas por OACNUDH en la región: Bolivia, Brasil, Colombia, Ecuador, Paraguay, Perú y Venezuela.* Genf: ACNUDH.

Acosta, Alberto (2003) »Preparémonos para lo que se avecina«, in: CEP/Friedrich Ebert Stiftung/FLACSO Sede Ecuador/GTZ-Gesoren/PICCSA (eds.) *El Oriente es un mito.* Quito: Abya-Yala, 19–50.

Acosta, Alberto (2010) *El Buen Vivir en el camino del post-desarrollo. Una lectura desde la Constitución de Montecristi. Policy Paper 9:* Friedrich Ebert Stiftung.

Agence Latino-americaine d'information (1978) »El Instituto Lingüístico de verano, instrumento del Imperialismo«, in: *Nueva Antropología,* 3:9, 117–142.

Aldridge, Boone/ Simmons, Gary (2018) »Kenneth Pike and the Making of Wycliffe Bible Translators and SIL International«, in: https://www.christianitytoday.com/history/2018/february/kenneth-pike-sil-wycliffe.html [21.01.2024].

Alianza Ceibo (2017) »Programas«, in: https://www.alianzaceibo.org/alianza/ [21.01.2024].

Almeida, Ileana/Arrobo, Nidia (2005) »Primera Parte«, in: Almeida, Ileana/Arrobo, Rodas Nidia/Ojeda, Segovia Lautaro (eds.) *Autonomía indígena frente al estado nación y a la globalización neoliberal.* Quito: Abya-Yala, 15–141.

Alvarado Cerda, Geovanny Wilfrido/Alvarado Cerda, Ramiro Raúl (2014) *El impacto económico generado por la empresa Cantárida incide en el acceso a la educación de los jóvenes al colegio Waodani. Ome kete iy Cantárida ente poo edenenani menkayonta akiyomo abe tawenanipa ome kete enketante.* Universidad de Cuenca: Diplomarbeit.

Álvarez, Catalina (2012) »A. Semiótica general. La importancia de la interpretación de los signos naturales en la vida de las comunidades«, in: Universidad de Cuenca/UNICEF/DINEIB (eds.) *Sabiduría de la Cultura Waodani de la Amazonía Ecuatoriana.* Quito: Universidad de Cuenca/Facultad de Filosofía, Letras y Ciencias/Departamento de Estudios Interculturales/Subsecretaría de Educación Intercultural Bilingüe/DINEIB/UNICEF/Gobierno de Finlandia, 231–245.

Álvarez, Rodriguez Roman/Vidal, Carmen-África (eds.) (1996a) *Translation, power, subversion.* Clevedon/Philadelphia: Multilingual Matters (Topics in Translation 8).

Álvarez, Rodriguez Roman/Vidal, Carmen-África (1996b) »Translating. A Political Act«, in: Álvarez, Rodriguez Roman/Vidal, Carmen-África (eds.) *Translation, power, subversion.* Clevedon/Philadelphia: Multilingual Matters (Topics in Translation 8), 1–9.

American Bible Society (2022) »Nida Institute«, in: https://ministry.americanbible.org/nida-institute [21.01.2024].

AMWAE (2008) *Carta de las Mujeres Waorani al gobierno de Rafael Correa en Ecuador,* 06.11.2008, Lago Agrio: Kommuniqué.

AMWAE (2009) *Onkiyenani Tededanipa. Las voces de las mujeres.* Quito: Corporación Humanas/Asociación de Mujeres Waorani del Ecuador/Ministerio de Cultura del Ecuador.

Anderson, R. Bruce W. (1976/2002) »Perspectives on the role of the interpreter«, in: Pöchhacker, Franz/Shlesinger, Miriam (eds.) *The Interpreting Studies Reader.* London/New York: Routledge, 208–218.

Angelelli, Claudia (2003) »The Interpersonal Role of the Interpreter in Cross-Cultural

Communication. A Survey of Conference, Court and Medical Interpreters«, in: Brunette, Louise/Bastin, Georges/Hemlin, Isabelle/Clarke, Heather (eds.) *The Critical Link 3. Interpreters in the Community. Selected papers from the Third International Conference on Interpreting in Legal, Health and Social Service Settings, Montréal, Québec, Canada 22–26 May 2001.* Amsterdam/Philadelphia: John Benjamins (Benjamins Translation Library 46), 15–27.

Antonini, Rachele (2011) »Natural Translator and Interpreter«, in: Gambier, Yves/van Doorslaer, Luc (eds.) *Handbook of Translation Studies. Volume 2.* Amsterdam/Philadelphia: John Benjamins, 102–104.

Antonini, Rachele/Cirillo, Letizia/Rossato, Linda/Torresi, Ira (2017) »Introducing NPIT studies«, in: Antonini, Rachele/Cirillo, Letizia/Rossato, Linda/Torresi, Ira (eds.) *Non-professional Interpreting and Translation. State of the art and future of an emerging field of research.* Amsterdam/Philadelphia: John Benjamins (Benjamins Translation Library 129), 1–26.

Apter, Emily (2013) *Against World Literature. On the Politics of Untranslatability.* London/New York: Verso.

Århem, Kaj (2001) »Ecocosmología y chamanismo en el Amazonas: variaciones sobre un tema«, in: *Revista Colombiana de Antropología*, 37, 268–288.

Asad, Talal (1993) »Übersetzen zwischen Kulturen. Ein Konzept der britischen Sozialanthropologie«, in: Berg, Eberhard/Fuchs, Martin (eds.) *Kultur, soziale Praxis, Text: die Krise der ethnographischen Repräsentation.* Frankfurt am Main: Suhrkamp, 300–335.

Asamblea Constituyente (2008) *Constitución de la República del Ecuador.* Quito: Verfassung.

Asamblea Nacional (2013) »SESIÓN 256 INTERVENCIÓN SRA. ALICIA CAHUILLA«, in: https://www.youtube.com/watch?v=oqqfjBCmxwI. [21.01.2024]

Bacevic, Jana (2019) »Knowing Neoliberalism«, in: *Social Epistemology*, 33:4, 380–392 https://doi.org/10.1080/02691728.2019.1638990

Bandia, Paul (2008) *Translation as Reparation: Writing and Translation in Postcolonial Africa.* Manchester/Kinderhook: Saint Jerome Publishing.

Barrera, Guarderas Augusto (2001) *Acción colectiva y crisis política. El movimiento indígena ecuatoriano en la década de los noventa.* Quito: Centro de Investigaciones CIUDAD/Abya-Yala/OSAL/CLACSO.

Barriga, López Franklin (1992) *Las culturas indígenas ecuatorianas y el Instituto Lingüístico de Verano.* Buenos Aires/Quito/Caracas/México: Ediciones Amauta.

Bartolomé, Miguel Alberto/Arevelo, de Jiménez Nelly/Bonfil, Batalla Guillermo/Mosonyi, Esteban Emilio/Bonilla, Víctor Daniel/Riveiro, Darcy/Cárdenas, Castillo Gonzalo/da Silva, Agostinho Pedro/Chase-Sardi, Miguel/Robinson, Scott S./Coelho dos Santos, Silvio/Várese, Stefano/Moreira, Neto Carlos/Grünberg, Georg (1971) *Primera Declaración de Barbados: Por la Liberación del Indígena*, 30.01.1971, Barbados.

Bassnett, Susan/Lefevere, André (1990) »Proust's Grandmother and the Thousand and One Nights: The ›Cultural Turn‹ in Translation Studies«, in: Bassnett, Susan/Lefevere, André (eds.) *Translation, History and Culture.* London: Pinter, 1–13.

Bastin, Georges L./Echeverri, Álvaro/Campo, Ángela (2010) »Translation and the Emancipation of Hispanic America«, in: Tymoczko, Maria (ed.) *Translation, Resistance, Activism.* Amherst/Boston: University of Massachusetts Press, 42–64.

Baumann, Peter/Patzelt, Erwin (1983) *Menschen im Regenwald. Expeditionen zu den Auka im wilden Osten Ecuadors.* Frankfurt am Main/Berlin/Wien: Safari bei Ullstein.

Baumgarten, Nicole, House, Juliane, & Probst, Juliane (2004) »English as lingua Franca in covert translation processes, in: *The Translator*, 10:1, 83–108. https://doi.org/1 0.1080/13556509.2004.10799169

Bennett, Karen (2015) »Towards an epistemological monoculture: mechanisms of epistemicide in European Research Publication«, in Alastrué, Ramón Plo/Pérez Llantada, Carmen (eds.), *English as a Scientific and Research Language. Debates and Discourses. Volume 2*. Berlin: De Gruyter Mouton, 9–35.

Berg-Seligson, Susan (2008) »Judicial systems in contact. Access to justice and the right to interpreting/translating services among the Quichua of Ecuador«, in: *Interpreting*, 10:1, 9–33.

Bery, Ashok (2007) *Cultural Translation and Postcolonial Poetry*. New York: Palgrave McMillan.

Bielsa, Esperanza (2021) »For a translational sociology: Illuminating translation in society, theory and research, in: *European Journal of Social Theory*, OnlineFirst. https://doi.org/10.1177/13684310211002132

Bielsa, Esperanza/Aguilera, Antonio (2017) »Cosmopolitismo y política de la traducción«, in: *Revista Internacional de Sociología*, 75:2, e057. https://doi.org/10.3989/ris.2017.75.2.15.58

Bielsa, Esperanza/Hughes, Christopher W. (eds.) (2009) *Globalization, Political Violence and Translation*. Basingstoke/New York: Palgrave MacMillan.

Blomberg, Rolf (1996) *Los Aucas Desnudos. Una reseña de los indios de Ecuador*. Quito: Abya-Yala (Tierra Incógnita 20).

Blumczynski, Piotr (2016) *Ubiquitous translation*. New York: Routledge.

Boéri, Julie (2008) »A Narrative Account of the Babels vs. Naumann Controversy. Competing Perspectives on Activism in Conference Interpreting«, in: *The Translator*, 14:1, 21–50.

Boéri, Julie (2012) »Translation/Interpreting Policy and Praxis: Engagement and professionalism revisited«, in: *The Translator*, 18:1, 269–290.

Boster, James S./Yost, James/Peeke, Catherine (2003) »Rage, Revenge, and Religion: Honest Signaling of Aggression and Nonaggression in Waorani Coalitional Violence«, in: *Ethos*, 31:4, 471–494.

Bot, Hanneke (2003) »The Myth of the Uninvolved Interpreter Interpreting in Mental Health and the Development of a Three-Person Psychology«, in: Brunette, Louise/Bastin, Georges/Hemlin, Isabelle/Clarke, Heather (eds.) *The Critical Link 3. Interpreters in the Community. Selected papers from the Third International Conference on Interpreting in Legal, Health and Social Service Settings, Montréal, Québec, Canada 22–26 May 2001*. Amsterdam/Philadelphia: John Benjamins (Benjamins Translation Library 46), 27–37.

Bourdieu, Pierre (1998) *Gegenfeuer. Wortmeldungen im Dienste des Widerstands gegen die neoliberale Invasion*. Konstanz: UVK.

Boyotai, Enomenga Juanita Tamaye (2014) *Elaboración de la hamaca Waodani. Badogi ñoo Waodani kii*. Universidad de Cuenca: Diplomarbeit.

Brackelaire, Vicent (2006) *Situación de los últimos pueblos indígenas aislados en América Latina (Bolivia, Brasil, Colombia, Ecuador, Perú, Venezuela). Diagnóstico regional para facilitar estrategias de protección*. Brasilia: OTCA/Mimeo.

Brandt, Elizabeth A. (1977) »The Role of Secrecy in a Pueblo Society«, in: Blackburn, Thomas C. (ed.) *Flowers of the Wind: Papers on Ritual Myth and Symbolism in California and the Southwest*. Socorro, New Mexico: Ballena Press, 11–28.

Bravo, Bravo Andrea (2021) »Nangui tereka, hablando duro en la vida política de las mujeres Waorani«, in: *Cadernos De Campo*, 30:2, e193463. https://doi.org/10.11606/issn.2316-9133.v30i2pe193463

Brown, Michael F. (1993) »Facing the State, Facing the World: Amazonia's Native Leaders and The New Politics of Identity«, in: *L'Homme*, 33:2–4, 307–326.

Brühwiller, Tjerk (2023) »Sohn des »Bananenkönigs« wird Präsident«, in: https://www.faz.net/aktuell/politik/ausland/daniel-noboa-gewinnt-praesidentenwahl-in-ecuador-19245872.html [21.01.2024].

Buden, Boris (2003) »Cultural Translation: Ein überforderter Begriff«, in: Nowotny, Stefan/Staudigl, Michael (eds.) *Grenzen des Kulturkonzepts. Meta-Genealogien.* Wien: Turia + Kant, 57–76.

Buden, Boris/Nowotny, Stefan (2009) »Cultural translation: An introduction to the problem«, in: *Translation Studies*, 2:2, 196–208.

Burns, Don (2012) »This is your life – Rachel Saint – Part 1«, in: https://www.youtube.com/watch?v=fcrRP3blAho [21.01.2024].

Cabellos, Esteban Abel (2010) »La iniciativa Yasuní-ITT«, in: *Ecologista*, 64, https://www.ecologistasenaccion.org/?p=18132 [21.01.2024].

Cabodevilla, Miguel Ángel (1994) *Los Huaorani en la historia de los pueblos del Oriente.* Coca: CICAME.

Cabodevilla, Miguel Ángel (2004) *El exterminio de los pueblos ocultos.* Quito: CICAME.

Cabodevilla, Miguel Ángel (2010) *La Nación Waorani: Noticias históricas y territorio.* Quito: Eu-Projekt »Pueblos Ancestrales«/Vicariato de Aguarico-CICAME/Fundación Alejandro.

Cabodevilla, Miguel Ángel (2013) »LA MASACRE ¿qué nunca existió?«, in: Cabodevilla, Miguel Ángel/Aguirre, Milagros (eds.) *Una tragedia ocultada.* Quito: CICAME/Fundación Alejandro Labaka, 21–139.

Cáceres, Würsig Ingrid (2017) »Interpreters in History: A Reflection on the Question of Loyalty«, in: Valero-Garcés, Carmen/Tipton, Rebecca (eds.) *Ideology, Ethics and Policy Development in Public Service Interpreting and Translation.* Bristol: Multilingual Matters, 3–20.

Cano, Ginette/Neufeldt, Karl/Schulze, Heinz/Schulze-Vogel, Waltraud/Georg, Norbert/Van de Loo, José/Meentzen, Kaethe (1981) *Los nuevos conquistadores: El Instituto Lingüístico de Verano en América Latina.* Quito: CEDIS, FENOC.

Caputo-Jaffe, Alessandra (2017) »Coexistencia de cosmovisiones en la Comunidad Eñepá de la Batea a partir del impacto evangelizador de Misión Nuevas Tribus (Amazonas Venezolano), in: *Chungara Revista de Antropología Chilena*, 49:3, 445–460.

Carcelen-Estrada, Antonia (2010) »Covert and Overt Ideologies in the Translation of the Bible into Huaoterero«, in: Tymoczko, Maria (ed.) *Translation, Resistance, Activism.* Amherst/Boston: University of Massachusetts Press, 65–89.

Cardoso, Sergio/Alfonso-Sánchez, Miguel Ángel/Valverde, Laura/Sánchez, Dora/Zarrabeitia, Maria Teresa/Odriozola, Adrian/Martínez-Jarreta, Begoña/de Pancorbo, Marian (2012) »Genetic uniqueness of the Waorani tribe from the Ecuadorian Amazon«, in: *Heredity*, 108, 609–615.

Carr, Silvana E. (1997) »A three-tiered health care interpreter system«, in: Carr, Silvana E./Roberts, Roda P./Dufour, Aideen/Steyn, Dini (eds.) *The Critical Link: Interpreters in the Community. Papers from the First International Conference on Interpreting in Legal, Health and Social Service Settings (Geneva Park, Canada,*

June 1–4, 1995). Amsterdam/Philadelphia: John Benjamins (Benjamins Translation Library 19), 271–276.

CDESecuador (2013)» Reportaje *Día a Día:* Omatoke, la mujer Taromenane«, in: https://www.youtube.com/watch?v=rYMF9frxqok [21.01.2024].

Centro de Derechos Económicos y Sociales (2013) *Plan C: Redistribución de la riqueza para no explotar el Yasuní y salvaguardar a las indígenas aislados. Cuadernos de Debate*. Quito: CDES, https://vdocumento.com/plan-c-redistribucin-de-la-riqueza-para-no-explotar-cdesorgecwebwp-contentuploads201601planc-1pdf.html?page=4 [21.01.2024].

Chamberlain, Lori (1988) »Gender and the Metaphorics of Translation«, in: *Signs*, 13:3, 454–472.

Chávez, Gina (2003) »Muerte en la zona Tagaeri-Taromenane: justicia occidental o tradicional«, in: *ÍCONOS – Revista de FLACSO – Sede Ecuador*, 17, 31–36.

Chávez, Gina/Melo, Mario (2005) »Pueblos en aislamiento del Ecuador«, in: Cabodevilla, Miguel Ángel/Berraondo, Mikel (eds.) *Pueblos no contactados ante el reto de los Derechos Humanos: Un camino de esperanza para los Tagaeri y Taromenani*. Quito: CDES, CICAME, 105–143.

Chesterman, Andrew (2001) »Proposal for a Hieronymic Oath«, in: *The Translator*, 7:2, 139–154.

Chirif, Alberto (2012) »El Libro Azul Británico de Roger Casement sobre el Putumayo«, in: Servindi (ed.) *Boletín temático Servindi 67: La fiebre del caucho y los crímenes del Putumayo*. Lima: Servindi, 22–26.

Cipoletti, María Susana/Abram, Matthias (eds.) (2012) *Noticias Americanas de Quito y de los Indios Braves del Marañón. Edición crítica, traducción y notas de Franz Niclutsch S. J. »Amerikanische Nachrichten von Quito und den wilden Indianern in Maragnon« (1781)*. Quito: CICAME/Fundación Alejandro Labaka.

Cipolletti, María Susana (2002) »El testimonio de Joaquina Grefa, una cautiva quichua entre los huaorani (Ecuador, 1945)«, in: *Journal de la société des américanistes*, 88, 111–135.

Clifford, James (1986) »Introduction: Partial Truths«, in: Clifford, James/Marcus, George E. (eds.) *Writing Culture. The Poetics and Politics of Ethnography. A School of American Research. Advanced Seminar*. Berkeley/Los Angeles/London: University of California Press, 1–27.

Clifford, James/Marcus, George E. (eds.) (1986) *Writing Culture. The Poetics and Politics of Ethnography. A School of American Research. Advanced Seminar*. Berkeley/Los Angeles/London: University of California Press.

Codenpe (2013) »Mapa del territorio de nacionalidades y pueblos del Ecuador«, in: http://www.territorioindigenaygobernanza.com/ecu_07.html [21.01.2024].

Colegio de Etnólogos y Antropólogos Sociales A. C. (1979) *Dominación ideológica y Ciencia Social. El I. L. V. en México*, 07.09.1979, Declaración José C. Mariategui.

Colleoni, Paola (2016) »Becoming Tamed. The Meaning of ›Becoming Civilized‹ among the Waorani of Amazonian Ecuador«, in: *Tipití: Journal of the Society for the Anthropology of Lowland South America*, 14:1, 72–101.

Comité de Profesores de Antropología de la Universidad Nacional (1975) »De como se atropella un país. (O el Instituto Lingüístico de Verano en Colombia)«, in: »*El Pueblo*«, Estravagario, 25, 123–139.

Comunidad de Baameno (2013) *Me dijeron los Taromenani*. Transkript des im Februar

2012 angefertigten Videos, https://www.youtube.com/watch?v=qcYpj9cOrI8 [21. 01. 2024].

CONAIE (1994) *Proyecto político de la CONAIE*. Quito: Consejo de Gobierno de la CONAIE.

CONAIE (2007) *Propuesta de nueva constitución – desde la CONAIE – para la construcción de un ESTADO PLURINACIONAL, UNITARIO, SOBERANO, INCLUYENTE, EQUITATIVO Y LAICO*. Quito: Consejo de Gobierno de la CONAIE.

CONAIE (2022) »La CONAIE se pronuncia sobre el Censo Ecuador 2022«, in: https://conaie.org/2022/11/09/la-conaie-se-pronuncia-sobre-el-censo-ecuador-2022/#:~:text=En%20el%20marco%20del%20Estado%20Plurinacional%20e%20Intercultural%2C,genocidio%20estad%C3%ADstico%2C%20ni%20una%20herramienta%20pol%C3%ADtica%20o%20judicial [21. 01. 2024].

Conklin, Beth/Graham, Laura (1995) »The Shifting Middle Ground: Amazonian Indians and Eco-Politics«, in: *American Anthropologist. New Series*, 97:4, 695–710.

Consejo Regional Indígena del Cauca (2004) *¿Qué pasaría si la escuela …? 30 años de construcción de una educación propia*. Popayan: Programa de Educación bilingüe e intercultural/Consejo Regional Indígena del Cauca.

Coordinadora Andina de Organizaciones Indígenas (2012) *Informe alternativo presentado por la Coordinadora Andina de Organizaciones Indígenas – CAOI ante el Comité para la eliminación de todas las formas de discriminación racial – CERD*. Lima: CAOI.

Cordero, Cueva Fernando (2010) *Ecuador LLaktapak Mamakamachiy. Übersetzung der Verfassung Ecuadors ins Kichwa*. Übersetzt von José Caiza Caiza/Dirección Nacional de Educación Intercultural Bilingüe. Quito: Asamblea Nacional.

Corte IDH (2020) »Caso Nº 12.979 Pueblos Indígenas Tagaeri y Taromenane (en aislamiento voluntario) Ecuador«, in: https://www.oas.org/es/cidh/decisiones/corte/2020/EC_12.979_NdeREs.PDF [21. 01. 2024].

Crapanzano, Vincent (1986) »Hermes' Dilemma: The Masking of Subversion in Ethnographic Description«, in: Clifford, James/Marcus, George E. (eds.) *Writing Culture. The Poetics and Politics of Ethnography. A School of American Research. Advanced Seminar*. Berkeley, Los Angeles, London: University of California Press, 51–76.

Cronin, Michael (2006) *Translation and Identity*. Abingdon/New York: Routledge.

Cronin, Michael (2017) *Eco-Translation. Translation and Ecology in the Age of the Anthropocene*. Abingdon/New York (New Perspectives in Translation and Interpreting Studies): Routledge.

Cuesta, Salomón (1999) »Los Huaorani y el reto de la ›civilización‹«, in: Trujillo, Patricio/Cuesta, Salomón (eds.) *De Guerreros a Buenos Salvajes Modernos: Estudios de dos grupos étnicos en la Amazonia ecuatoriana*. Quito: FIAAM, Abya-Yala, 27–55.

Dall' Alba, Leonir (1992) »Relatos de Colonos e Indígenas sobre los Wao«, in: Tassi, Giovanna (ed.) *Náufragos del Mar Verde. La Resistencia de los Huaorani a una Integración Impuesta*. Quito: Abya-Yala, 95–123.

Danius, Sara/Jonsson, Stefan/Spivak, Gayatri Chakravorty (1993) »An Interview with Gayatri Chakravorty Spivak«, in: *boundary*, 2:20, 24–50.

Davidson, Brad (2000) »The interpreter as institutional gatekeeper: The social-linguistic role of interpreters in Spanish-English medical discourse«, in: *Journal of Sociolinguistics*, 4:3, 379–405.

De Manuel, Jerez Jesús/López Cortés, Juan/Brander de la Iglesia, María (2004) »Traducción e interpretación: Voluntariado y compromiso social El compromiso social en traducción e interpretación: Una visión desde ECOS, traductores e intérpretes por la solidaridad«, in: *Puentes,* 4, 65–72.

Descola, Philippe (1994) *In the society of nature: A native ecology in Amazonia.* New York/Melbourne/Paris: Cambridge University Press.

Devereux, George (1984) *Angst und Methode in den Verhaltenswissenschaften. Übersetzt von Caroline Neubaur und Karin Kersten.* Frankfurt am Main: Suhrkamp.

Di Marchi, Massimo (2013) »Prólogo«, in: Cabodevilla, Miguel Ángel/Aguirre, Milagros (eds.) *Una tragedia ocultada.* Quito: CICAME/Fundación Alejandro Labaka, 9–19.

Diriker, Ebru (2004) *De-/re-contextualizing Conference Interpreting: Interpreters in the Ivory Tower?* Amsterdam/Philadelphia: John Benjamins.

Doerr, Nicole (2018) *Political Translation.* Cambridge: Cambridge University Press.

Doerr, Nicole (2021) »Social Movements and Translation« in: Capan, Zeynep Gulsah/Dos Reis, Filipe/ Grasten, Maj (eds.) *The Politics of Translation in International Relations. Palgrave Studies in International Relations.* Cham: Palgrave Macmillan, 151–171.

Drennan, Gerard/Swartz, Leslie (1999) »A concept over-burdened. Institutional roles for psychiatric interpreters in post-apartheid South Africa«, in: *Interpreting,* 4:2, 169–198.

Drumond, Mendes Barros Maria Cândida (2004)« O contexto político e intelectual da entrada do Summer Institute of Linguistics na América Latina (1930–1960)« in: *Revista Internacional de Lingüística Iberoamericana,* 2:2 (4), 149–208.

Du Plessis, Theo/Wiegand, Chris (1998) »Interpreting at the hearings of the Truth and Reconciliation Commission: April 1996 to February 1997«, in: Kruger, Alet/ Wallmach, Kim/Boers, Marion (eds.) *Language Facilitation and Development in South Africa. Papers presented at an International Forum for Language Workers on 6–7 June 1997.* Pretoria: South African Translators Institute, 25–30.

Ecociencia (2016) »Chocolate para la conservación«, in: http://ecociencia.org/portfolio-item/chocolate-para-la-conservacion/ [21.01.2024].

El Comercio (2018) »Petroamazonas comenzó a perforar el campo Tambococha en el Yasuní«, in: https://www.elcomercio.com/actualidad/negocios/petroamazonas-sep-perforacion-petroleo-tambococha-yasuni.html [21.01.2024].

El Comercio (2022a) »Operaciones en el primer pozo de petróleo en Ishpingo se iniciaron«, https://www.elcomercio.com/actualidad/negocios/inicio-operaciones-pozo-petroleo-ishpingo.html [21.01.2024].

El Comercio (2022b) »Corte declara la inconstitucionalidad a artículos del decreto 751 que permitían explotación en el Yasuní«, https://www.elcomercio.com/actualidad/politica/corte-constitucional-inconstitucionalidad-explotacion-yasuni.html [21.01.2024].

El Telégrafo (2015) »El Enlace Ciudadano se traduce a 9 lenguas amazónicas«, in: El Telégrafo, 10.12.2015, https://www.eltelegrafo.com.ec/noticias/2015/7/el-enlace-ciudadano-se-traduce-a-9-lenguas-amazonicas [21.01.2024].

El Universo (2012) »Defensoría del Pueblo denuncia extracción ilegal de ADN de pueblo waorani«, in: https://www.eluniverso.com/2012/07/12/1/1447/defensoria-pueblo-denuncia-uso-ilegal-adn-pueblo-waorani-II.html [21.01.2024].

El Universo (2016) »Ecuador inicia fase de producción en bloque petrolero ITT«, in: *El Universo,* 07.09.2016, https://www.eluniverso.com/noticias/2016/09/07/nota/5787927/ecuador-inicia-fase-produccion-bloque-petrolero-itt [21.01.2024].

El Universo (2017a) »Pueblos ocultos se mueven en un radio de 40 km«, in: *El Universo,*

09. 07. 2017, https://www.eluniverso.com/noticias/2017/07/09/nota/6269830/pueblos-ocultos-se-mueven-radio-40-km [21. 01. 2024].

El Universo (2017b) »Sabatina 523 pone hoy fin al ciclo de Rafael Correa«, in: *El Universo*, 20. 05. 2017, https://www.eluniverso.com/noticias/2017/05/20/nota/6190564/sabatina-523-pone-hoy-fin-ciclo-rafael-correa [21. 01. 2024].

Elliot, Elisabeth (42003) *Im Schatten des Allmächtigen. Aufzeichnungen des Jimmy Elliot. Übersetzt von E. Gauthe und E. Frick.* Pößneck: R. Brockhaus Verlag.

Enqueri, Iteca Ramón Gayaque/Yeti, Nihua Pedro Reinaldo (2014) *Elaboración de la cerbatana waodani. Waodani omene badongi ante.* Universidad de Cuenca: Diplomarbeit.

Erasmus, Mabel (2002) »Making multilingualism work in South Africa. The establishment of translation and interpreting services for local government«, in: Hung, Eva (ed.) *Teaching Translation and Interpreting 4: Building bridges.* Amsterdam/Philadelphia: John Benjamins, 197–210.

Fabre, Alain (2005) »Diccionario etnolingüístico y guía bibliográfica de los pueblos indígenas sudamericanos. WAORANI«, in: http://www.academia.edu/3611576/Alain_Fabre_2005-_Diccionario_etnoling%C3%BC%C3%ADstico_y_gu%C3%ADa_bibliogr%C3%A1fica_de_los_pueblos_ind%C3%ADgenas_sudamericanos._WAORANI_1_%C3%9Altima_modificaci%C3%B3n_30_07_12 [21. 01. 2024].

Favaron, Pedro (2017) *Las visiones y los mundos. Sendas Visionarias de la Amazonía Occidental.* Lima/Pucallpa: Centro Amazónico de Antropología y Aplicación Práctica/Universidad Nacional de Ucayali.

Federici, Fedrico Marco/O'Brien Sharon (2020) »Crisis translation: considering language needs in multilingual disaster settings«, in: *Disaster Prevention and Management*, 29:2, 129–143.

Feldt, Heidi (2008) *Konfliktregelung in der Erdölindustrie am Beispiel der Vorhaben im ecuadorianischen Amazonasgebiet und dem venezolanischen Orinokobecken. Bedingungen, Regeln und Instrumente für die Konfliktregelung zwischen indigenen Völkern, Erdölunternehmen und Staat zur Ressourcennutzung auf indigenen Territorien.* Kassel: kassel university press (Entwicklungsperspektiven 96).

Feser, Volker (2000) *Die Huaorani auf den Wegen ins neue Jahrtausend.* Münster: LIT (Ethnologische Studien 35).

FIDH/CEDHU/INREDH (2015) *Criminalización de la protesta social frente a proyectos extractivos en Ecuador. Misión internacional de investigación.* Paris: FIDH.

Fierro, Gustavo A. (1991) »Prólogo«, in: Orr, Carolyn/Levinsohn, Stephen H./Peeke, Catherine M. (eds.) *Estudios gramaticales en Napo Quichua y Huaorani 3.* Quito: Instituto Lingüístico de Verano.

Fiola, Marco (2000) »The Challenge of Accrediting Aboriginal Interpreters«, in: Roberts, R./Carr, S./Abraham, D./Dufour, A. (eds.) *The Critical Link 2: Interpreters in the Community. Selected Papers from the 2nd International Conference on Interpreting in Legal, Health and Social Service Settings, Vancouver, BX, Canada, 19–23 May, 1998.* Amsterdam/Philadelphia: John Benjamins (Benjamins Translation Library 31), 121–130.

Franco, Juan Carlos (2013) »Territorio waoraní: problemática y el proceso extractivo en el Yasuní«, in: Narváez, Iván/De Marchi, Massimo/Pappalardo, Salvatore Eugenio (eds.) *Yasuní zona de sacrificio: análisis de la iniciativa ITT y los derechos colectivos indígenas.* Quito: FLACSO, 141–173.

Frank, Volker/Cisneros, Paul (2009) *Buenas Prácticas. La CONFENIAE – Un actor indígena en procesos de concertación nacional – Experiencias de la cooperación con la Confederación de las Nacionalidades Indígenas de la Amazonía Ecuatoriana.* Frankfurt: Deutscher Entwicklungsdienst/Gesellschaft für technische Zusammenarbeit.

Froschauer, Ulrike/Lueger, Manfred (2003) *Das qualitative Interview.* Wien: Facultas.

Fuchs, Anna (2005) *Die Bedeutung des Dolmetschens für indigene Sprachen in Guatemala. Entwicklung seit den Friedensverträgen von 1996.* Karl-Franzens-Universität Graz: Diplomarbeit.

Fundación Sinchi Sacha (2007) *Arte étnico Waorani. Fundamentos culturales.* Quito: Fundación Sinchi Sacha.

Gaba, Caiga Rosa Mimaa/ Huamoni, Coba Juan Moises (2014) *La influencia de la alimentación en el rendimiento académico de los niños de quinto año de educación básica del centro educativo comunitario (CECIB) »9 de octubre« de la comunidad Toñampade. Kengi beye akki ébnao adani ante weñwnani emepoke wadepo inani minkayonta gameno nani ayomo emepoke go mea mea bobeka tere Toñampade.* Universidad de Cuenca: Diplomarbeit.

García, Lorenzo (21999) *Historia de las misiones en la Amazonía ecuatoriana.* Quito: Abya-Yala.

Geertz, Clifford (1983) *Dichte Beschreibung: Beiträge zum Verstehen kultureller Systeme.* Übersetzt von Brigitte Luchesi und Rolf Bindemann. Frankfurt am Main: Suhrkamp.

Gentzler, Edwin (2008) *Translation and Identity in the Americas. New Directions in Translation Theory.* London/New York: Routledge.

Gläser, Jochen/Laudel, Grit (42010) *Experteninterviews und qualitative Inhaltsanalyse als Instrumente rekonstruierender Untersuchungen.* Wiesbaden: VS Verlag für Sozialwissenschaften.

Goldáraz, José Miguel (2004) »Introducción. Parque Nacional Yasuní: Desarrollo o Personas«, in: Villaverde, Xavier/Marcial, Verónica/Hormaza, Fernando/Jorgenson, Jeffrey (eds.) *Parque Nacional y Reserva de Biósfera Yasuní: historia, problemas y perspectivas.* Quito: Abya-Yala, 27–32.

Goldberg, Chad Alan (2012) »Robert Park's Marginal Man: The Career of a Concept in American Sociology«, in: *Laboratorium: Russian Review of Social Research,* 2, 199–217.

Gondecki, Philip (2015) *Wir verteidigen unseren Wald. Vom lokalen Widerstand zum globalen Medienaktivismus der Waorani im Konflikt zwischen Erdölförderung und Umweltschutz im Yasuni im ecuadorianischen Amazonastiefland.* Rheinische Friedrich-Wilhelms-Universität Bonn: Dissertation.

Gondecki, Philip/Ima, Nenquimo Irumenga Fabian (2009) »Wenonga Meñe: El guerrero jaguar. Tradición oral y patrimonio cultural del Yasuní.«, in: *Oralidad,* 16, 6–14.

González, Mario Alexis (2017) »Lenín Moreno juró como presidente de Ecuador; Correa le puso la banda«, in: *El Comercio,* 24.05.2017, https://www.elcomercio.com/actualidad/leninmoreno-juramento-presidente-ecuador-bandapresidencial.html [21.01.2024].

González-Martínez Nelson Fernando (2017) »De los ›chasquis‹ de Nueva España: la participación de los indios en la movilización de correo y la reforma del aparato postal novohispano (1764–1780)«, in: *Indiana,* 34:2, 85–109.

Gordillo, Ramiro (2004) »Petróleo y medio ambiente en el Ecuador«, in: Fontaine,

Guillermo (ed.) *Petróleo y desarrollo sostenible en Ecuador 2. Las apuestas.* Quito: FLACSO Sede Ecuador, 45–57.

Graham, Laura R. (2003) »6. HOW SHOULD AN INDIAN SPEAK? Amazonian Indians and the Symbolic Politics of Language in the Global Public Sphere«, in: Warren, Kay B./Jackson, Jean E. (eds.) *Indigenous Movements, Self-Representation, and the State in Latin America.* Austin: University of Texas Press, 181–228.

Gray, Andrew (1986) *And after the gold rush ...? Human rights and self-development among the Amarakaeri of Southeastern Peru.* Kopenhagen: International Work Group for Indigenous Affairs (IWGIA Documents 55).

Grbić, Nadja (2017) »Beyond the professional scope? Sign language translation as a new challenge in the field«, in: Antonini, Rachele/Cirillo, Letizia/Rossato, Linda/Torresi, Ira (eds.) *Non-professional Interpreting and Translation. State of the art and future of an emerging field of research.* Amsterdam/Philadelphia: John Benjamins, 213–229.

Greenblatt, Stephen (1998) *Wunderbare Besitztümer. Die Erfindung des Fremden: Reisende und Entdecker.* Berlin: Wagenbach.

Grupo Synergy E&P/Petrobell Inc. Grantmining S. A. (2012) *Los hijos del sol Waorani – Tiwino, Bataboro.* Quito: imprefepp.

Gualinga, Betsy Santi (2008) »Ecuador: La lucha de Sarayaku contra las petroleras«, in: Agencia Latinoamericana de Información/Broederlijk Delen (eds.) *Territorios y recursos naturales: el saqueo versus el buen vivir.* Quito: Agencia Latinoamericana de Información/Broederlijk Delen, 112–114.

Guzmán, María Constanza (2008) »Thinking Translation as Cultural Contact: The Conceptual Potential of ›Transculturación‹«, in: *Mutas Mutandis*, 1:2, 246–257.

Haboud, Marleen (2009) »Ecuador amazónico«, in: Sichra, Inge/UNICEF/FUNPRO-EIB Andes (eds.) *Atlas sociolingüístico de pueblos indígenas de América Latina.* Cochabamba: UNICEF/FUNPROEIB Andes, 333–359.

Haboud, Marleen/Ortega, Fernando (2023) »The Waotededo language and the effects of intense contact«, in: Derhemi; Eda/Moseley, Christopher (eds.) *Endangered Languages in the 21st Century.* London/New York: Routledge, 284–303.

Harris, Brian (1973) »La traductologie, la traduction naturelle, la traduction automatique et la sémantique«, in: McA'Nulty, Judith (ed.) *Problèmes de sémantique. Cahier de linguistique 2.* Montreal: Presses de l'Université du Québec, 133–146.

Hart, Laurie (1973) »La historia de los traductores Wycliffe pacificando las últimas fronteras«, in: *NACLA's Latin America & Empire Report*, 7:10, 147–186.

Heimburger, Franziska (2012) »Of Go-Betweens and Gatekeepers: Considering disciplinary biases in Interpreting History through exemplary metaphors«, in: Fischer, Beatrice/Jensen, Mathilde Nisbeth (eds.) *Translation and the Reconfiguration of power relations. Revisiting role and context of translating and interpreting.* Wien: LIT, 21–34.

Henitiuk, Valerie/Mahieu, Marc-Antoine (2023) »Tangled lines: what might it mean to take Indigenous languages seriously?« in: *Translation Studies*, 16, https://doi.org/10.1080/14781700.2023.2270551

Hermans, Theo (2003) »Cross-cultural Translation Studies as Thick Translation«, in: *Bulletin of the School of Oriental and African Studies*, 66:3, 380–389.

High, Casey Ray (2006) *From Enemies to Affines: Conflict and Community among the Huaorani of Amazonian Ecuador.* London School of Economics, University of London: Dissertation.

High, Casey (2006/2007) »Oil development, indigenous organisations, and the politics of egalitariasm«, in: *The Cambridge Journal of Anthropology*, 26:2, 34–46.

High, Casey (2013) »›Lost and Found‹: Contesting Isolation and Cultivating Contact in Amazonian Ecuador«, in: *HAU: Journal of Ethnographic Theory*, 3:3, 195–221.

High, Casey (2018) »Bodies that speak: Languages of differentiation and becoming in Amazonia«, in: *Language & Communication*, 63, 65–75.

High, Casey (2020) »›Our Land Is Not for Sale!‹ Contesting Oil and Translating Environmental Politics in Amazonian Ecuador, in: *The Journal of Latin American and Caribbean Anthropology*, 25:2, 301–323.

Hill, David (2012) »Perenco's environmental consultancy buried evidence of Amazon tribe«, in: *The Guardian*, 16. 05. 2012, https://www.theguardian.com/world/2012/may/16/perenco-consultancy-amazon-tribe [21. 01. 2024].

Hill, David (2013) »Why Ecuador's president is misleading the world on Yasuní-ITT«, in: *The Guardian*, 15. 10. 2013, https://www.theguardian.com/environment/andes-to-the-amazon/2013/oct/15/ecuador-president-misleading-yasuni [21. 01. 2024].

Hill, David (2014) »Ecuador pursued China oil deal while pledging to protect Yasuni, papers show«, in: *The Guardian*, 19. 02. 2014, https://www.theguardian.com/environment/2014/feb/19/ecuador-oil-china-yasuni [21. 01. 2024].

Howard, Rosaleen/De Pedro, Ricoy Raquel/Andrade, Ciudad Luis (2018) »Translation policy and indigenous languages in Hispanic Latin America«, in: *International Journal of the Sociology of Language*, 251, 19–36. https://doi.org/10.1515/ijsl-2018-0002

Huerga, Álvaro (1998) *Fray Bartolomé de las Casas. Obras completas 1. Vida y obras.* Madrid: Alianza.

Huertas, Beatríz (2010) »Pueblos Indígenas Aislados y en Contacto Inicial en la Amazonía y el Gran Chaco«, in: Ministerio del Ambiente de Ecuador/Plan de Medidas Cautelares para la Protección de los Pueblos Indígenas Aislados/Programa para la Conservación y Manejo Sostenible del Patrimonio Natural y Cultural de la Reserva de la Biósfera Yasuní/Poema Carrión, Alejandro/Aguirre, Alejandra Adoum (eds.) *Pueblos Indígenas Aislados en la Amazonía y el Gran Chaco Diciembre 2008. Ponencias del Encuentro Regional sobre Indígenas Aislados. Un Aporte de Ecuador a la Construcción de una Política Regional.* Quito: Ministerio del Ambiente de Ecuador/Plan de Medidas Cautelares para la Protección de los Pueblos Indígenas Aislados/Programa para la Conservación y Manejo Sostenible del Patrimonio Natural y Cultural de la Reserva de la Biósfera Yasuní, 6–14.

Hvalkof, Søren/Aaby, Peter (1982) *Is God an American? An Anthropological Perspective on the Missionary Work of the Summer Institute of Linguistics.* Kopenhagen/London: IWGIA/Survival International.

Illius, Bruno (2006) »Feldforschung«, in: Beer, Bettina/Fischer, Hans (eds.) *Ethnologie. Einführung und Überblick.* Berlin: Dietrich Reimer, 73–101.

Ima, Manuela (2012) *Carta abierta de Manuela Ima, Presidenta de la AMWAE a la Secretaria de Hidrocarburos*, 10. 12. 2012, Puyo: Offener Brief.

Ima, Nenquimo Fabian (2010) *Tome Waorani Ponino: Nenki Wenga Itota Tono Waorani Beye/El Origen de los Waorani: Los cuatro Dioses de los Waorani y el Hijo del Sol/ The Origen of the Waorani: The four Gods of the Waorani and the Child of the Sun.* Quito: MAE-PRAS, MDG-F.

Inghilleri, Moira (2010) »›You Don't make War Without Knowing Why‹. The Decision to Interpret in Iraq«, in: *The Translator*, 16:2 (Translating Violent Conflict), 175–196.

Instituto Lingüístico de Verano (1990) *Informe de actividades. Edición especial.* Quito: Fondo Abya-Yala.

Instituto Nacional de Estadística y Censos (2012) *Las cifras del pueblo INDÍGENA. Una mirada desde el Censo de Población y Vivienda 2010.* Quito: INEC/CODENPE/CODAE/CODEPMOC/CONEPIA.

Instituto Nacional de Estadística y Censos (2023) »Resultados«, in: https://www.censoecuador.gob.ec// [21.01.2024]

International Labour Organization (2017) *Indigenous and Tribal Peoples Convention, 1989 (No. 169),* 27.06.1989, http://www.ilo.org/dyn/normlex/en/f?p=NORMLEXPUB:12100:0::NO::P12100_ILO_CODE:C169 [21.01.2024].

Iturralde, Pablo (2013) »Parte II«, in: Ruiz, Miguel/Iturralde, Pablo (eds.) *La alquimia de la riqueza. Estado, petróleo y patrón de acumulación en Ecuador.* Quito: Centro de Derechos Económicos y Sociales, 139–176.

Johannes Gutenberg Universität Mainz (2013) »2nd International Conference on Non-Professional Interpreting and Translation (NPIT2)«, in: http://www.fb06.uni-mainz.de/ikk/402.php [21.01.2024].

Kairski, Mariusz (1998) *La actual situación etno-cultural de los grupos etno-lingüísticos nativos del América del Sur. Tomo II. Apéndices.* Quito: Abya-Yala.

Kalina, Sylvia (1998) *Strategische Prozesse beim Dolmetschen. Theoretische Grundlagen, empirische Untersuchungen, didaktische Konsequenzen.* Tübingen: Gunter Narr (Language in Performance 18).

Kelley, Patricia M. (1988) *Issues for literacy materials development in a monolingual Amazonian culture: The Waodani of Ecuador.* Vancouver: University of British Columbia.

Kenya News Agency (2019) »Samburu Language Bible Launched«, in: https://www.kenyanews.go.ke/samburu-language-bible-launched/ [21.01.2024].

Kingsland, Rosemary (1980) *A Saint among Savages.* Mit Fotografien von John Wright. London: Collins.

Kléber, Antonio Bravo (2001) *BANDIDO'S. Una biografía indiscreta del subdesarrollo Ecuatoriano.* Quito: Abya-Yala.

Knoblauch, Hubert (2003) *Qualitative Religionsforschung. Religionsethnographie in der eigenen Gesellschaft.* Paderborn/München/Wien/Zürich: Ferdinand Schöningh.

Kolowratnik, Nina (2022) »The Dilemmas of Silence: Evidence, Indigenous Traditional Knowledge and Secrecy in Four Cases Involving Indigenous Peoples in Cultural and Territorial Isolation«, in: *Andares: Revista de Derechos Humanos y de la Naturaleza,* 2, 26–39.

Korak, Christina (2013) *Identificación de los puntos de mejoramiento del acceso a alimentos de las comunidades Waorani.* Quito: Bericht für die Deutsche Gesellschaft für Internationale Zusammenarbeit.

Korak, Chistina (2015) »Indigenous Multilingualism and Translation: The Creation of Intraand Intersocial Hierarchies in the Communities People of Ecuador«, in: *Tusaaji: A translation review,* 4:4, 60–81.

Korak, Christina (2020) »Brücken ins Nirgendwo Das Un_Übersetzte! in der Kommunikation zwischen Indigenen der Waorani und der Mehrheitsgesellschaft Ecuadors«, in: Grbić, Nadja/Korbel, Susanne/Laister, Judith/Schögler, Rafael/Terpitz, Olaf/Wolf, Michaela (Hrsg.) *Übersetztes und Unübersetztes,* Bielefeld: transcript, 83–108.

Korak, Christina/Pichilingue, Eduardo (2013) »In die Enge getrieben«, in: *bedrohte Völker*, 1, 22–23.
Korak, Christina/Pichilingue, Eduardo (2014) »Amazonien: Was soll uns bleiben?«, in: *bedrohte Völker*, 2, 16–17.
Korak, Christina/Pichilingue Ramos, Eduardo (2023) »Mira este papel Presidente en tu idioma porque estamos lejos y tú no entiendes nuestra lengua«, in: Haboud, Bumachar Marleen/Morgenthaler, Laura (eds.) *Voces indígenas amenzadas y el despertar de las lenguas* (Desafíos en la diversidad, 3), Quito: Ediciones Abya-Yala/ Pontificia Universidad Católica del Ecuador/Ruhr-Universität Bonn/Programa de Investigación Interdisciplinaria Oralidad Modernidad, 433–490.
Korak, Christina/Schögler, Rafael [2024] »Translational Moments identified. Deliberating translation in qualitative research«, in: Bading, Cornelia/Kazzazi, Kerstin/ Wintzer, Jeannine (eds.) *(Fremd-)Sprache und Qualitative Sozialforschung*. Berlin: Springer, im Druck.
Krainer, Anita (2010) »La Educación Intercultural en Ecuador: logros, desafíos y situación actual«, in: Ströbele-Gregor, Juliana/Kaltmeier, Olaf/Giebeler, Cornelia (eds.) *Fortalecimiento de Organizaciones Indígenas en América Latina: Construyendo Interculturalidad: Pueblos Indígenas, Educación y Políticas de Identidad en América Latina. Grupo de Investigación: E Pluribus Unum? Ethnic Identities in Transnational Integration Processes in the Americas. Universität Bielefeld*. Frankfurt: GTZ-ZIF, 38–44.
Krainer, Anita (2012) »Sensibilización intercultural«, in: Krainer, Anita (ed.) *Educación, interculturalidad y ambiente. Experiencias prácticas en centros educativos en Ecuador*. Quito: FLACSO, 27–47.
Krysińska-Kałużna, Magdalena (2016) »La actividad misionera de unas misiones de fe entre los grupos indígenas de la región amazónica y los intereses políticos de los gobiernos latinoamericanos«, in: *Anuario Latinoamericano – Ciencias Políticas y Relaciones Internacionales*, 3:71, 71–87.
Kuppe, René (2014) »Der Schutz von ›Sacred Sites‹ traditioneller indigener Religionen und die Dekolonisierung des Grundrechts auf Religionsfreiheit«, in: Schinkele, Brigitte/Kuppe, René/Schima, Stefan/Synek, Eva/Wallner, Jürgen/Wieshaider, Wolfgang (eds.) *Recht Religion Kultur. Festschrift für Richard Potz zum 70. Geburtstag*, Wien: Facultas wuv, 335–368.
Kuppe, René (2021) »Von Raubbau und indigener Weltsicht. Indigene Völker Lateinamerikas durch Religionsfreiheit schützen«, in: *Forum Weltkirche*, 6, 23–28.
Land is Life/Fundación Alejandro Labaka/Acción Ecológica (2017) »INFORME. Tala Ilegal de Madera Zona Intangible Tagaeiri Taromenane Yasuní Ecuador«, in: https:// ia800606.us.archive.org/28/items/INFORMEFINAL5DEJUNIO1/iNFORME%20 fINAL%205DEJUNIO%20%281%29.pdf [21.01.2024].
Lewin, Kurt (1947) »Frontiers in Group Dynamics. II. Channels of Group Life; Social Planning and Action Research«, in: *Human Relations*, 1:2, 143–153.
Liss, Robert (2009) »Frontier Tales: Tokugawa Japan in Translation«, in: Schaffer, Simon/Roberts, Lissa/Raj, Kapil/Delbourgo, James (eds.) *The Brokered World: Go-Betweens and Global Intelligence, 1770–1820*. Sagamore Beach: Watson Publishing International LLC, 1–47.
López, Abad Joaquín (2016) *La consulta libre, previa e informada en el Ecuador*. Quito: Centro de Derechos Económicos y Sociales.
Lu, Flora E./Silva, Néstor L. (2015) »Imagined Boders: (Un)Bounded Spaces of Oil

Extraction and Indigenous Sociality in »Post-Neoliberal« Ecuador«, in: *social sciences*, 4:2, 434–458.

Manyoni, Thabo (1999) »Interpreting and translation services for local government in South Africa«, in: Erasmus, Mabel/Mathibela, Lebohang/Hertog, Erik/Antonissen, Hugo (eds.) *Liaison interpreting in the community*. Pretoria: Van Schaik, 123–130.

Marais, Kobus (2014) *Translation Theory and Development Studies. A Complexity Theory Approach*. New York/London: Routledge (Routledge Advances in Translation Studies 4).

Marais, Kobus/Feinauer, Ilse (2017) »Introduction«, in: Marais, Kobus/Feinauer, Ilse (eds.) *Translation Studies beyond the Postcolony*. Newcastle upon Tyne: Cambridge Scholars Publishing, 1–6.

Martínez-Domínguez, María Teresa (2008) »Oil Politics in the Amazon: From Ethnocide to Resistance and Survival«, in: *eSharp*,11 (Social Engagement, Empowerment and Change), 1–24.

Melo, Mario (2010) *Consentimiento previo informado: un derecho para el Buen Vivir*. Quito: Fundación Pachamama.

Metcalf, Alida C. (2008) »Hans Staden: The consummate go-between«, in: Obermeier, Franz/Schiffner, Wolfgang (eds.) *Die Warhaftige Historia von 1557-das erste Brasilienbuch, Akten des Wolfhager Kongresses zu 450 Jahren Hans-Staden-Rezeption*. Kiel: Westensee-Verlag, 71–87.

Meyer, Bernd/Pawlack, Birte/Kliche, Ortrun (2010) »Family interpreters in hospitals: Good reasons for bad practice?«, in: *mediAzioni* 10, http://mediazioni.sitlec.unibo.it/index.php/no-10-special-issue-2010.html [21.01.2024].

Mignolo, Walter D. (2009) »Epistemic Disobedience, Independent Thought and Decolonial Freedom.«, in: *Theory, Culture & Society*, 26:8, 159–181. https://doi.org/10.1177/0263276409349275

Mignolo, Walter D./Schiwy, Freya (2003) »Double Translation: Transculturation and the Colonial Difference«, in: Maranhão, Tulio/Streck, Bernhard (eds.) *Translation and Ethnography. The Anthropological Challenge of Intercultural Understanding*. Tucson: University of Arizona Press, 3–30.

Minicaro, Boya Cahuo/Omaca, Yeti Ángel/Tañi, Yogui German/Ñame, Ganquimi/Enqueri, Ehenguime/Montenegro, Cristian (eds.) *Los Jaguares y los Picaflores también cantan. TOMENANI MEÑEIDI AYE TOMENANI MIGOIDI ANOBAI AMITAMINI ANANIPA. MITOS WAORANI: Cosmoexistencia Waorani desde la palabra de sus Pikenanis*. Quito: Proyecto Protección y Promoción de los Derechos Humanos de los Pueblos Indígenas en Aislamiento voluntario y de los Pueblos Colindantes de los Waorani.

Ministerio de Educación del Ecuador (2013) *MOSEIB. Modelo del Sistema de Educación Intercultural Bilingüe. Kausay munay ruray muskuy*. Quito: Ministerio de Educación.

Montaluisa, Chasiquiza Luis (2012) »C. Semiótica Intercultural. Introducción«, in: Universidad de Cuenca/UNICEF/DINEIB (eds.) *Sabiduría de la Cultura Waodani de la Amazonía Ecuatoriana*. Quito: Universidad de Cuenca/Facultad de Filosofía, Letras y Ciencias/Departamento de Estudios Interculturales/Subsecretaría de Educación Intercultural Bilingüe/DINEIB/UNICEF/Gobierno de Finlandia, 267–301.

Montenegro, Cristian (2021) »Introducción«, in: Minicaro, Boya Cahuo/Omaca, Yeti Ángel/Tañi, Yogui German/Ñame, Ganquimi/Enqueri, Ehenguime/Montenegro, Cristian (eds.) *Los Jaguares y los Picaflores también cantan. TOMENANI MEÑEIDI*

AYE TOMENANI MIGOIDI ANOBAI AMITAMINI ANANIPA. MITOS WAO-RANI: Cosmoexistencia Waorani desde la palabra de sus Pikenanis. Quito: Proyecto Protección y Promoción de los Derechos Humanos de los Pueblos Indígenas en Aislamiento voluntario y de los Pueblos Colindantes de los Waorani, 11–32.

MOSEIB (1988) *Modelo del Sistema de Educación Intercultural Bilingüe. Ecuador mama llakta shimi rimaykunamanta, kawsaykunamanta yachay.* Quito: Ministerio de Educación/DINEIB.

Moser, Walther (2014) »Amazonien – was soll uns bleiben?«, Sendung der Reihe *COCOYOC* auf Radio Helsinki mit Alicia Weiya Kawiya, Christina Korak, Eduardo Pichilingue und Regina Rogl, 08. 06. 2014, in: https://cba.fro.at/270126 [21. 01. 2024].

Muñoz, Angélica/Vaca, Belia/Aldaz, Carlos/Valladares, Carolina/Yépez, Armanda/Herms, Pere (2010) *La Feria de Pompeya. Mercado, indígenas y petroleras.* https://www.clinicambiental.org/wp-content/uploads/docs/estudios_comunitarios/INFORME_POMPEYA.pdf [21. 01. 2024].

Muratorio, Blanca (21998) *Rucuyaya Alonso y la historia social y económica del Alto Napo 1850–1950.* Quito: Abya-Yala.

Nadig, Maya (21997) *Die verborgene Kultur der Frau. Ethnopsychoanalytische Gespräche mit Bäuerinnen in Mexiko.* Frankfurt am Main: Fischer (Die Frau in der Gesellschaft).

Namakula, Catherine S. (2014) *Language and the Right to Fair Hearing in International Criminal Trials.* Cham: Springer International Publishing. DOI: 10.1007/978-3-319-01451-7

Narváez, Iván (1996) *Huaorani vs. Maxus: Poder Étnico vs. Poder Transnacional.* Quito: Fundación Ecuatoriana de Estudios Sociales.

Narváez, Iván (2008) »Huaorani: mundos paralelos, mundos superpuestos y submundos«, in: Fontaine, Guillermo/Puyana, Alicia (eds.) *La guerra del fuego. Políticas petroleras y crisis energética en América Latina.* Quito: FLACSO Ecuador/Ministerio de Cultura, 257–282.

Narváez, Iván (2009a) *Petróleo y Poder: el colapso de un lugar singular Yasuní.* Quito: FLACSO/GTZ.

Narváez, Iván (2009b) *El Petróleo en el Ecuador. Entre un presente con rostro del pasado y un futuro sin rostro ¿Es posible la transición energética? (Elementos para el análisis).* Facultad Latinoamericana de Ciencias Sociales. Observatorio Socioambiental. Documento de Trabajo No 14. Quito: FLACSO.

Narváez, Iván (2013) »Los waorani en el Yasuní: contrapoder de los ›poderes salvajes‹«, in: Narváez, Iván/De Marchi, Massimo/Pappalardo, Salvatore Eugenio (eds.) *Yasuní zona de sacrificio: análisis de la iniciativa ITT y los derechos colectivos indígenas.* Quito: FLACSO, 29–55.

Nida, Elena (2009) »A profile of Eugene Nida«, in: Dimitriu, Rodica/Shlesinger, Miriam (eds.) *Translators and Their Readers In Homage to Eugene A. Nida*, 15–22.

North, James (2015) »Ecuador's Battle for Environmental Justice Against Chevron«, in: *The Nation*, 22–29 Juni 2015, https://www.thenation.com/article/archive/ecuadors-battle-environmental-justice-against-chevron/ [21. 01. 2024].

Nuñez, Fernanda/Aguirre, Alejandra/Sánchez, Carolina/Ibarra, Jerónimo (2023) *LAS PARADOJAS DE LA EXPLOTACIÓN PETROLERA EN LA AMAZONÍA: POBREZA Y DESIGUALDAD Datos para el debate en torno a la consulta sobre el Bloque ITT.* Quito: Pontificia Universidad Católica del Ecuador/OPSA/Friedrich-Ebert-Stiftung.

OAS/CIDH (2013) *PUEBLOS INDÍGENAS EN AISLAMIENTO VOLUNTARIO Y CONTACTO INICIAL EN LAS AMÉRICAS: RECOMENDACIONES PARA EL PLENO RESPETO A SUS DERECHOS HUMANOS*. 30.12.2013. Guidelines. In: https://www.oas.org/es/cidh/indigenas/docs/pdf/Informe-Pueblos-Indigenas-Aislamiento-Voluntario.pdf [21.01.2024].

OAS (2016) *American Declaration on the Rights of Indigenous Peoples*. 15.06.2016. Santo Domingo: Erklärung. In: https://www.oas.org/en/sare/documents/decamind.pdf [21.01.2024].

OHCHR (2007) *United Nations Declaration on the Rights of Indigenous Peoples, UNDRIP*. 13.09.2007. New York/Genf: Erklärung. In: https://www.ohchr.org/sites/default/files/Documents/Publications/Declaration_indigenous_en.pdf [21.01.2024].

OHCHR (2022) *International Convention on the Elimination of All Forms of Racial Discrimination*, 21.12.1965, https://www.ohchr.org/en/instruments-mechanisms/instruments/international-convention-elimination-all-forms-racial [21.01.2024].

Oilwatch (2005) *Explotación petrolera en la reserva de la biósfera Yasuní*. Quito: Mimeo.

Olohan, Maeve (2021) *Translation and practice theory*. London: Routledge. https://doi.org/10.4324/9781315514772

Omaca, Samuel (2014) *El matrimonio Waodani en el Yasuní. Mongi beye Waodani yawatibe kewenani*. Universidad de Cuenca: Diplomarbeit.

Ome Yasuní (2011) »Message from Huaorani of Yasuni Part 2: Kemperi«, in: https://www.youtube.com/watch?v=nCUXyzk863A [21.01.2024].

Oróstegui, Durán Sandra Liliana (2008) »Traducción de la Constitución colombiana de 1991 a siete Lenguas Vernáculas«, in: *Reflexión Política*, 10:19, 164–175.

Orr, Carolyn/Levinsohn, Stephen H./Peeke, Catherine M. (1991) *Estudios gramáticales en Napo Quichua y Huaorani*. Quito: Instituto Lingüístico de Verano (Cuadernos Etnolingüísticos 16).

Orrego Carmona, David/ Lee, Yvonne (2017) »Non-Professional Subtitling«, in: Orrego Carmona, David/Lee, Yvonne (eds.), *Non-Professional Subtitling*. Newcastle upon Tyne: Cambridge Scholars Publishing, 1–12.

Ortíz, Fernando (1940/2002) *Contrapunteo cubano del tabaco y el azúcar*. Madrid: Ediciones Cátedra.

Ortíz, Pablo (2010) »Entre la cooptación y la ruptura: la lucha por el derecho a la autodeterminación de las nacionalidades indígenas del centro sur amazónico del Ecuador«, in: González, Miguel/Burguete Cal y Mayor, Araceli/Ortíz, Pablo (eds.) *La autonomía a debate. Autogobierno indígena y Estado plurinacional en América Latina*. Quito: FLACSO/GTZ/IWGIA/CIESAS/UNICH, 455–509.

Ortíz, Pablo (2014) »El Laberinto De La Autonomía Indígena En El Ecuador: Las Circunscripciones Territoriales Indígenas En La Amazonía Central, 2010–2012«, in: *Latin American and Caribbean Ethnic Studies. Dossier Especial*, 1, 2–45.

Park, Robert (1928) »Human Migration and the Marginal Man«, in: *American Journal of Sociology*, 33:6, 881–893.

Pedraza, Silvia (2000) »Beyond Black and White: Latinos and Social Science Research on Immigration, Race, and Ethnicity in America«, in: *Social Science History*, 24:4, 697–726.

Peeke, Catherine (1968) *Preliminary Grammar of Auca (Ecuador)*. Indiana University: Dissertation.

Peeke, Catherine M. (1979) *El idioma huao. Gramática pedagógica. Tomo 1*. Quito: Instituto Lingüístico de Verano (Cuadernos Etnolingüísticos 3).

Penney, Christine/Sammons, Susan (1997) »Training the community interpreter: the Nunavut arctic college experience«, in: Carr, Silvana E./Roberts, Roda P./Dufour, Aideen/Steyn, Dini (eds.) *The Critical Link: Interpreters in the Community. Papers from the First International Conference on Interpreting in Legal, Health and Social Service Settings (Geneva Park, Canada, June 1–4, 1995).* Amsterdam/Philadelphia: John Benjamins (Benjamins Translation Library 19), 65–76.
Pérez-González, Luis/Susam-Saraeva, Şebnem (2012) »Non-Professionals Translating and Interpreting. Participatory and Engaged Perspectives«, in: *The Translator*, 18:2, 149–165.
Perkins, John (2004) *Confessions of an Economic Hitman.* San Francisco: Berrett-Koehler.
Pichilingue, Ramos Eduardo (2010) »El Plan de Medidas Cautelares como parte de la política específica de protección a los Pueblos Indígenas Aislados en Ecuador«, in: Ministerio del Ambiente de Ecuador/Plan de Medidas Cautelares para la Protección de los Pueblos Indígenas Aislados/Programa para la Conservación y Manejo Sostenible del Patrimonio Natural y Cultural de la Reserva de la Biósfera Yasuní/ Poema Carrión, Alejandro/Aguirre, Alejandra Adoum (eds.) *Pueblos Indígenas Aislados en la Amazonía y el Gran Chaco Diciembre 2008. Ponencias del Encuentro Regional sobre Indígenas Aislados. Un Aporte de Ecuador a la Construcción de una Política Regional.* Quito: Ministerio del Ambiente de Ecuador/Plan de Medidas Cautelares para la Protección de los Pueblos Indígenas Aislados/Programa para la Conservación y Manejo Sostenible del Patrimonio Natural y Cultural de la Reserva de la Biósfera Yasuní, 68–78.
Pichilingue, Ramos Eduardo (2021) »El abandono de los pueblos indígenas aislados del Ecuador«, in: *IWGIA. Debates Indígenas,* https://debatesindigenas.org/notas/115-abandono-de-pueblos-indigenas-ecuador.html [21.01.2024]
Pichilingue, Ramos Eduardo/Korak, Christina (2015) »Amazonien soll uns bleiben! Zur Situation der Indigenen der Waorani und der Tagaeri-Taromenane. Amazona treba ostati nama!«, Übersetzt von Matko Dežulović, Nachwort in: Dežulović, Matko. *Opijum.* Zagreb: Izvori«, 202–207.
Pichilingue, Ramos Eduardo/Loayza, Gisela (2023) »Yasunicémos las Cuencas Sagradas Amazónicas.«, in: *Le Monde Diplomatique. Edición Chilena,* 26.09.2023, https://www.lemondediplomatique.cl/yasunicemos-las-cuencas-sagradas-amazonicas-por-guisela-loayza-y-eduardo.html#partage [21.01.2024].
Placencia, María Elena (2008) »›Hola María‹: racismo y discriminación en la interacción interétnica cotidiana en Quito«, in: *Discurso & Sociedad,* 2:3, 573–608.
Pöchhacker, Franz (1997) »›Is there anybody out there?‹ Community Interpreting in Austria«, in: Carr, Silvana E./Roberts, Roda P./Dufour, Aideen/Steyn, Dini (eds.) *The Critical Link: Interpreters in the Community. Papers from the First International Conference on Interpreting in Legal, Health and Social Service Settings (Geneva Park, Canada, June 1–4, 1995).* Amsterdam/Philadelphia: John Benjamins (Benjamins Translation Library 19), 215–225.
Pöllabauer, Sonja (2012) »Gatekeeping Practices in Interpreted Social Service Encounters«, in: *Meta: Translators' Journal,* 57:1, 213–234.
Pratt, Mary-Louise (1991) »Arts of the Contact Zone«, in: *Profession,* 91, 33–40.
Pratt, Mary-Louise (2010) »Translation Studies Forum: Cultural Translation. Response«, in: *Translation Studies,* 3:1, 94–97.
Presidencia de la República de Ecuador (2011) *Ley Orgánica de Eduación Intercultural,*

31. 03. 2011, Quito: Gesetz. In: https://www.educacion.gob.ec/wp-content/uploads/downloads/2021/11/LOEI.pdf [21. 01. 2024].

Presidencia de la República del Ecuador (2015) *Código Orgánico de Organización Territorial, Autonomía y Descentralización, COOTAD.* 16. 01. 2015. Quito: Gesetz. In: https://www.gob.ec/sites/default/files/regulations/2020-10/CODIGO-ORGANICO-DE-ORGANIZACION-TERRITORIAL-COOTAD.pdf [21. 01. 2024].

Price, Joshua Martin (2023) *Translation and Epistemicide? Racialization of Languages in the Americas.* Tucson: University of Arizona Press.

Prunč, Erich (1997) »Versuch einer Skopostypologie«, in: Grbić, Nadja/Wolf, Michaela (eds.) *Text – Kultur Kommunikation. Translations als Forschungsaufgabe. Festschrift aus Anlaß des 50jährigen Bestehens des Instituts für Übersetzer- und Dolmetscherausbildung an der Universität Graz.* Tübingen: Stauffenburg, 33–52.

Prunč, Erich (2011a) *Entwicklungslinien der Translationswissenschaft. Von den Asymmetrien der Sprachen zu den Asymmetrien der Macht.* Berlin: Frank&Timme (TransÜD. Arbeiten zur Theorie und Praxis des Übersetzens und Dolmetschens 4).

Prunč, Erich (2011b) »Neutralität in der Krise. Tarafsizlik Krizde«, in: Eruz, Sâkine/Şan, Filiz (eds.) *Çeviribilimden Kesitler. Turgay Kurultay'a Bir Armağan. Ein Kaleidoskop der Translationswissenschaft. Festschrift für Turgay Kurultay.* Istanbul: Multilingual, 130–142.

Puente, Eduardo (2005) *El Estado y la interculturalidad en el Ecuador.* Quito: Universidad Andina Simón Bolívar/Ediciones Abya-Yala/Corporación Editora Nacional (Magíster 65).

Pym, Anthony (2009) »›All things to all people‹. On Nida and involvement«, in: Dimitriu, Rodica/Shlesinger, Miriam (eds.) *Translators and Their Readers In Homage to Eugene A. Nida*, 319–332.

Quizhpe, Edy/Ñauta, Gladys/Córdoba-Doña, Juan Antonio/Teran, Enrique (2016) »Five-Year Eradication of Hepatitis B Infection after an Outreach Immunization Program in the Waorani Population in the Ecuadorian Amazon«, in: *The American Journal of Tropical Medicine and Hygiene*, 95:3, 670–673.

Reichel-Dolmatoff, Gerardo (1976) »Cosmology as Ecological Analysis: A View from the Rain Forest«, in: *Man*, 11:3, 307–318.

República del Ecuador Asamblea Nacional (2021) *Código Orgánico Penal Integral, COIP.* 17. 02. 2021. Quito: Gesetz. In: https://www.defensa.gob.ec/wp-content/uploads/downloads/2021/03/COIP_act_feb-2021.pdf [21. 01. 2024].

Rinke, Stefan (2010) *Geschichte Lateinamerikas. Von den frühesten Kulturen bis zur Gegenwart.* München: C. H. Beck.

Rival, Laura (1993) »The Growth of Family Trees: Understanding Huaorani Perceptions of the Forest«, in: *Man. New Series*, 28:4, 635–652.

Rival, Laura (1994) »Los indígenas Huaorani en la conciencia nacional. Alteridad representada y significada«, in: Muratorio, Blanca (ed.) *Imágenes e imagineros: Representaciones de los indígenas ecuatorianos, siglos XIX. y XX.* Quito: FLACSO Sede Ecuador, 253–292.

Rival, Laura (1996) *Hijos del Sol, Padres del Jaguar: Los Huaorani de ayer y hoy.* Quito: Abya-Yala.

Rival, Laura (2002) *Trekking through history. The Huaorani of Amazonian Ecuador.* New York: Columbia University Press.

Rival, Laura (2005) »The attachment of the soul to the body among the Huaorani of Amazonian Ecuador«, in: *Ethnos: Journal of Anthropology*, 70:3, 285–310.

Rival, Laura (2012) »Planning development futures in the Ecuadorian Amazon: the expanding oil frontier and the Yasuní-ITT-Initiative«, in: Bebbington, Anthony (ed.) *Social Conflict, Economic Development and Extractive Industry: Evidence from South America*. Abingdon/New York: Routledge, 152–171.

Rival, Laura (2015) *Transformaciones huaoranis. Frontera, cultura y tensión*. Übersetzt von Gonzalo Ortíz Crespo. Quito: Universidad Andina Simón Bolívar Sede Ecuador/Abya-Yala.

Rivas, Alex/Lara, Rommel (2001) *Conservación y Petróleo en la Amazonia Ecuatoriana: Un acercamiento al caso huaorani*. Quito: EcoCiencia/Abya-Yala.

Rivas, Toledo Alex (2017) *Los Pueblos Indígenas Aislados de Yasuní, Amazonía de Ecuador. Una estrategia de protección integral y de Educación Ambiental*. Universidad Autónoma de Madrid: Dissertation.

Robarchek, Clayton A./Robarchek, Carole J. (1992) »Cultures of War and Peace: A Comparative Study of Waorani and Semai«, in: Silverberg, James/Gray, Patrick (eds.) *Aggression and Peacefulness in Humans and Other Primates*. New York/Oxford: Oxford University Press, 189–213.

Rodriguez, Caguana Adriana (2019) *Los derechos humanos lingüísticos de los pueblos indígenas*. Quito: Universidad Andina Simón Bolívar Ecuador/CEP.

Rogl, Regina (2016) »No Work and All Play: The Intersections Between Labour, Fun and Exploitation in Online Translation Communities, in: *European Journal of Applied Linguistics*, 4:1, 117–138.

Roy, Cynthia B. (1993/2002) »The problem with definitions, descriptions, and the role metaphors of interpreters«, in: Pöchhacker, Franz/Shlesinger, Miriam (eds.) *The Interpreting Studies Reader*. London/New York: Routledge, 344–354.

Rudvin, Mette (2002) »How neutral is ›neutral‹? Issues in interaction and participation in Community Interpreting«, in: Garzone, Giuliana/Mead, Peter/Viezzi, Maurizio (eds.) *Perspectives on Interpreting*. Bologna: CLUEB, 217–233.

Rudvin, Mette (2007) »Professionalism and ethics in community interpreting. The impact of individualist versus collective group identity«, in: *Interpreting*, 9:1, 47–69.

Ruiz Mantilla, Lucy (2000) *Amazonía ecuatoriana: escenario y actores del 2000*. Quito: EcoCiencia.

Ruiz, Miguel (2013) »Capítulo 1. La perspectiva teórica-histórica de interpretación«, in: Ruiz, Miguel/Iturralde, Pablo (eds.) *La alquimia de la riqueza. Estado, petróleo y patrón de acumulación en Ecuador*. Quito: Centro de Derechos Económicos y Sociales, 21–47.

Rusho, Dima (2023) »First Nations interpreters cannot be neutral and should not be invisible«, in: *Translation & Interpreting*, 15:1, 120–134. DOI: 10.12807/ti.115201.2023.a06

Saint, Rachel/Pike, Kenneth L. (1959) »Notas sobre fonémica Huarani (Auca)«, in: Ministerio de Eduación/Instituto Lingüístico de Verano (ed.) *Estudios acerca de las lenguas Huarani (Auca), Shimigae y Záparo*. Quito: Publicaciones Científicos del Ministerio de Educación del Ecuador, 4–17.

Salama-Carr, Miriam (ed.) (2007) *Translating and Interpreting Conflict*. Amsterdam/New York: Rodopi (Approaches to Translation Studies 28).

Sammons, Susan (1993) »Challenges in minority language programming in Canada's eastern arctic: The training of aboriginal language interpreter-translators«, in: *Meta: Translators' Journal*, 38:1, 45–50.

Santos, Granero Fernando (1992) »Anticolonialismo, mesianismo y utopía en la sublevación de Juan Santos Atahuallpa, siglo XVIII«, in: Santos Granero, Fernando (ed.)

Opresión colonial y resistencia indígena en la Alta Amazonía. Quito: Abya-Yala/Cedime, 103–135.

Santos, Granero Fernando (1996) »Introducción«, in: Santos, Granero Fernando (ed.) *Globalización y cambio en la amazonía indígena.* Quito, 7–43.

Sarmiento, Manolo (2021) »La gran farsa de la anulación de las firmas de la consulta por el Yasuní«, in: https://www.planv.com.ec/investigacion/investigacion/la-gran-farsa-la-anulacion-firmas-la-consulta-el-yasuni [21.01.2024].

Schaffer, Simon/Roberts, Lissa/Raj, Kapil/Delbourgo, James (2009) »Introduction«, in: Schaffer, Simon/Roberts, Lissa/Raj, Kapil/Delbourgo, James (eds.) *The Brokered World: Go-Betweens and Global Intelligence, 1770–1820.* Sagamore Beach: Watson Publishing International LLC, IX–XXXVIII.

Schieffelin, Bambi B. (2014) »Christianizing Language and the Dis-placement of Culture in Bosavi, Papua New Guinea«, in: *Current Anthropology*, 55:10, 226–237.

Schlehe, Judith (2008) »Formen qualitativer ethnographischer Interviews«, in: Beer, Bettina (ed.) *Methoden ethnologischer Feldforschung.* Berlin: Reimer, 119–142.

Schmidt-Lauber, Brigitta (2001) »Das qualitative Interview oder: Die Kunst des Reden-Lassens«, in: Götsch, Silke/Lehmann, Albrecht (eds.) *Methoden der Volkskunde. Positionen, Quellen, Arbeitsweisen der Europäischen Ethnologie.* Berlin: Dietrich Reimer, 169–188.

Schögler, Rafael (2022) »The translational in transnational and transdisciplinary epistemologies. Reconstructing translational epistemologies in The Great Regression«, in: Baker, Mona (ed.) *Unsettling Translation. Studies in Honour of Theo Hermans.* London/New York: Routledge, 29–47.

Schützhofer, Timm (2023) »Ecuador zwischen Hoffnung, Gewalt und Verfassungskrise«, in: https://amerika21.de/analyse/264327/ecuador-hoffnung-gewalt-verfassungskrise [21.01.2024].

Secretaría de Pueblos, Movimientos Sociales y Participación Ciudadana (2012) »Organizaciones Sociales en RIO + 20«, in: *Pueblo en Acción*, 5, 14–15.

Sempértegui, Andrea (2020) »Decolonizing the Anti-Extractive Struggle: Amazonian Women's Practices of Forest-Making in Ecuador.«, in: *Journal of International Women's Studies*, 21:7, 118–134.

SIL International (2022) »Impact Report«, in: https://indd.adobe.com/view/6178c809-7b07-4bb8-a7f1-84774a507180 [21.01.2024].

Simeoni, Daniel (2005) »Translation and Society: The Emergence of a Conceptual Relationship«, in: St-Pierre, Paul/Kar, Prafulla C. (eds.) *In Translation. Reflections, Refractions, Transformations.* New Delhi: Pencraft International, 3–15.

Simon, Sherry (1987) »Délivrer la Bible: la théorie d'Eugène Nida«, in: *Meta*, 32:4, 429–437.

Smith, Randy (1993) *Drama bajo el manto amazónico. El turismo y otros problemas de los Huaorani en la actualidad. Crisis under the canopy. Tourism and Other Problems Facing the Present-Day Huaorani.* Quito: Abya-Yala/Centro de Investigación de los Bosques Tropicales/Rainforest Information Centre.

Speed the Need (1997) »The waorani new testament dedication service ›Palm beach‹. Interview series. Verschriftlicht von Judy Maxwell«, in: Centro de Documentación Indígena (ed.) *Tema: Waorani. Amazonía Ecuatoriana.* Quito: Abya-Yala, 28–38.

Stahuljak, Zrinka (2010) »War, translation, transnationalism: interpreters in and of the war (Croatia, 1991–1992)«, in: Baker, Mona (ed.) *Critical Readings in Translation Studies.* London/New York: Routledge, 391–414.

Stoll, David (1985) *¿Pescadores de hombres o fundadores de imperio?* Quito: Abya-Yala.
Summer Institute of Linguistics (1970) »Wycliffe World News. Ecuador«, in: *Translation. The Wycliffe Bible Translators Magazine*, July-Sept 1970, 12.
Susam-Sarajeva, Şebnem (2002) »A ›Multilingual‹ and ›International‹ Translation Studies?«, in: Hermans, Theo (ed.) *Crosscultural Transgressions. Research Models in Translation Studies II: Historical and ideological issues*. Manchester/Northampton: St. Jerome Publishing, 193–207.
Tocari, Ahua Norma Cawo (2014) *Preparación y uso de la medicina natural con el ajo de monte. Omede biimo badonte aye bikimpa wiyeñao*. Universidad de Cuenca: Diplomarbeit.
Todorov, Tzvetan (1985) *Die Eroberung Amerikas. Das Problem des Anderen*. Aus dem Französischen von Wilfried Böhringer. Frankfurt am Main: Suhrkamp.
Trujillo, Patricio (1999) »El salto a la modernidad: los Huaorani y el juego de las misiones y el petróleo«, in: Trujillo, Patricio/Cuesta, Salomón (eds.) *De Guerreros a Buenos Salvajes Modernos: Estudios de dos grupos étnicos en la Amazonia ecuatoriana*. Quito: FIAAM, Abya-Yala, 13–26.
Trujillo, Patricio (2001) *Salvajes, civilizados y civilizadores. La amazonía ecuatoriana. El espacio de las ilusiones*. Quito: FIAAM/Abya-Yala.
Tryuk, Małgorzata (2010) »Interpreting in Nazi concentration camps during World War II«, in: *Interpreting*, 12:2, 125–145.
Tryuk, Małgorzata (2021) »Translating and interpreting in conflict and crisis«, in: Koskinen, Kaisa/ Pokorn Kocijančič, Nike (eds.), *The Routledge handbook of translation and ethics*. London/New York: Routledge, 398–414.
Tyler, Stephen (1993) »Zum ›Be-/Abschreiben‹ als ›Sprechen für‹. Ein Kommentar«, Übersetzt von Ulrike Bischoff, in: Berg, Eberhard/Fuchs, Martin (eds.) *Kultur, soziale Praxis, Text: die Krise der ethnographischen Repräsentation*. Frankfurt am Main: Suhrkamp, 288–296.
Tymoczko, Maria/Gentzler, Edwin (eds.) (2002) *Translation and power*. Amherst/ Boston: University of Massachusetts Press.
UNICEF (1981) *Unesco and the struggle against Genocide. Declaration of San José*. December 1981. San José: Erklärung. In: https://unesdoc.unesco.org/ark:/48223/ pf0000049951?posInSet=6&queryId=N-EXPLORE-ff503736-62b4-40f7-a2cf-be-0a35e66d13 [21.01.2024].
UNICEF (2008) *Enfoque pedagógico del aula unidocente en las nacionalidades amazónicas del Ecuador*. Quito: DINEIB/Universidad de Cuenca.
UNICEF (2011) *Innovaciones educativas. Apliquemos el Modelo de Educación Intercultural Bilingüe en los CECIBs de la Amazonía*. Quito: Ministerio Coordinador de Patrimonio Programa de Desarrollo y Diversidad Cultural/Ministerio de Educación/DINEIB/Universidad de Cuenca/UNICEF.
United Nations General Assembly (2007) *Declaration on the rights of indigenous peoples*, 13.09.2007, Erklärung. In: https://www.ohchr.org/EN/Issues/IPeoples/Pages/ Declaration.aspx [21.01.2024].
Varas, Eduardo (2022) »La sentencia de la consulta popular sobre el Yasuní, explicada«, in: https://gk.city/2022/09/07/sentencia-consulta-popular-yasuni/ [21.01.2024].
Varea, Anamaría/Ortíz, Pablo (1995) »Capítulo III. La explotación petrolera en el Ecuador. Historia e impactos socioambientales«, in: Varea, Anamaría (ed.) *Marea negra en la Amazonia: Conflictos socioambientales vinculados a la actividad petrolera en el Ecuador*. Quito: ILDIS, FTPP-FAO, IUCN, Abya-Yala, 71–88.

Vega, Franklin (2023) *El futuro del petróleo del Yasuní se decide en las urnas.* Quito: Fundación Rosa Luxemburg Oficina Región Andina.

Venuti, Lawrence (1995) *The Translator's Invisibility. A history of translation.* London/New York: Routledge.

Venuti, Lawrence (2016) »Hijacking Translation: How Comp Lit Continues to Suppress Translated Texts«, in: *boundary,* 2, 43:2, 179–204.

Viatori, Maximilian Stefan/Ushigua, Gloria (2007) »Speaking Sovereignty: Indigenous Languages and Self-Determination«, in: *Wicazo Sa Review,* 22:2, 7–21.

Vickers, William T. (1989) »Traditional Concepts of Power among the Siona-Secoya and the Advent of the Nation-State«, in: *The Latin American Anthropology Review,* 1:2, 55–60.

Vieira, Pires Else Ribeiro (1997) »Eine postmoderne Übersetzungstheorie«, in: Wolf, Michaela (ed.) *Übersetzungswissenschaft in Brasilien. Beiträge zum Status von »Original« und Übersetzung.* Tübingen: Stauffenburg, 103–116. Übersetzt von Annette Wußler

Vilaça, Aparecida (2016) »Versions versus bodies. Translations in the missionary encounter in Amazonia«, in: *Vibrant. Virtual Brazilian Anthropology,* 13:2, https://doi.org/10.1590/1809-43412016v13n2p001

Villaverde, Xavier/Marcial, Verónica/Hormaza, Fernando/Jorgenson, Jeffrey (2004) *Parque Nacional y Reserva de Biósfera Yasuní: historia, problemas y perspectivas.* Quito: Abya-Yala.

Viteri, Gualinga Carlos (2005) »Visión indígena del desarrollo en la Amazonía«, in: Küper, Wolfgang/Valiente-Catter, Teresa (eds.) *Pueblos Indígenas y Educación. Enero-Junio 2005.* Quito: GTZ/Abya-Yala, 25–33.

Viteri, Jorge Augusto (2008) *Petróleo, lanzas y sangre.* Quito: Ministerio de Minas y Petróleos de la República del Ecuador.

Viveiros de Castro, Eduardo (1998) »Cosmological Deixis and Amerindian Perspectivism«, in: *The Journal of the Royal Anthropological Institute,* 4:3, 469–488.

Von Flotow, Luise (1997) *Translation and Gender.* Manchester: St. Jerome.

Von Gleich, Utta (2007) »La lucha de ideologías lingüísticas en sistemas educativos: Tres décadas (1975–2005) de observación y análisis en los países andinos Bolivia, Ecuador y Perú«, in: *Pueblos Indígenas,* 59, 39–64.

Wadensjö, Cecilia (1993/2002) »The double role of a dialogue interpreter«, in: Pöchhacker, Franz/Shlesinger, Miriam (eds.) *The Interpreting Studies Reader.* London/New York: Routledge, 354–372.

Wadensjö, Cecilia (1998) *Interpreting as Interaction.* London/New York: Longman.

Wallis, Emily Ethel (1973) *Aucas Downriver. Dayuma's Story Today.* New York: Harper and Row.

Whitten, Norman E., JR. (1978) *Amazonian Ecuador: An Ethnic Interface in Ecological, Social and Ideological Perspectives.* IWGIA Dokument Nr. 34. Kopenhagen: IWGIA.

Wilner, Bryce (2022) »In their own language«, in: https://www.librarystack.org/in-their-own-language/ [21.01.2024].

Wolf, Michaela (1997) »Einleitung«, in: Wolf, Michaela (ed.) *Übersetzungswissenschaft in Brasilien. Beiträge zum Status von »Original« und Übersetzung.* Tübingen: Stauffenburg, 13–22.

Wolf, Michaela (ed.) (2006a) *Übersetzen – Translating – Traduire: Towards a »Social Turn«?* Wien/Münster: LIT (Repräsentation – Transformation 1).

Wolf, Michaela (2006b) »Übersetzung als ›Brücke zwischen Kulturen‹? Ein Plädoyer für die Sicht von Übersetzung als Beitrag zur Konstruktion von Kulturen«, in: *kuckuck. Notizen zur Alltagskultur, 21,* 10–15.

Wolf, Michaela (2008) »Translation – Transculturation. Measuring the perspectives of transcultural political action«. Übersetzt von Kate Sturge, in: *Transversal,* https://transversal.at/transversal/0608/wolf/en [21.01.2024].

Wolf, Michaela (2010) »›Kulturelle Übersetzung‹ – Spielwiese für übersetzerische Beliebigkeiten oder Spielarten von Übersetzung ›nach Babel‹?«, in: Yamamoto, Hiroshi/ Ivanovic, Christine (eds.) *Übersetzung – Transformation. Umformungsprozesse in/von Texten, Medien, Kulturen.* Würzburg: Königshausen & Neumann, 44–55.

Wolf, Michaela (2012) »The sociology of translation and its ›activist turn‹«, in: *Translation and Interpreting Studies. The Journal of the American Translation and Interpreting Studies Association,*7:2, 129–143.

Wolf, Michaela (2016) (ed.) *Interpreting in Nazi Concentration Camps. With an Essay by Primo Levi.* New York: Bloomsbury.

Wolf, Michaela/Fukari, Alexandra (eds.) (2007) *Constructing a Sociology of Translation.* Amsterdam/Philadelphia: John Benjamins.

Yeti, Caiga Cawetipe (2012) *Gramática Waodani Tededo para Nivel Básico.* Cuenca: Universidad de Cuenca/Facultad de Filosofía, Letras y Ciencias/Departamento de Estudios Interculturales/Subsecretaría de Educación Intercultural Bilingüe/DINEIB/UNICEF/Gobierno de Finlandia.

Yeti, Caiga Cawetipe/Tocari, Ahua Daniel Quimontari (2012a) »B. Semiótica Aplicada. Gastronomía Waodani«, in: Universidad de Cuenca/UNICEF/DINEIB (eds.) *Sabiduría de la Cultura Waodani.* Cuenca, 247–265.

Yeti, Caiga Cawetipe/Tocari, Ahua Daniel Quimontari (2012b) »Elementos para el desarrollo de la identidad de la nacionalidad waodani«, in: Universidad de Cuenca/UNICEF/DINEIB (eds.) *Sabiduría de la Cultura Waodani.* Cuenca, 305–315.

Yeti, Caiga Cawetipe/Tocari, Ahua Daniel Quimontari (2012c) »Historia Waodani«, in: Universidad de Cuenca/UNICEF/DINEIB (eds.) *Sabiduría de la Cultura Waodani.* Cuenca, 331–368.

Yost, James (1981) *Veinte años de contacto – Los mecanismos de cambio en la cultura huao (auca).* Quito: ILV/Ministerio de Educación y Cultura (Cuadernos Etnolingüísticos 9).

Yost, James A. (1991) »Los Waorani. Un pueblo de la selva«, in: Acosta-Solis, Misael/Basaglia, Piero/Bottasso, Juan/Hoeck, Hendrick/Ligabue, Giancarlo/Marcos, Jorge G./Norton, Presley/Patzelt, Erwin/Rallo, Giampaolo/Rossi-Osmida, Gabriele/Yost, James A. (eds.) *Ecuador a la sombra de los volcanes.* Quito: Libri Mundi Enrique Grosse-Luemern, 95–115.

Zerries, Otto (1983) »Nachwort. Die kulturgeschichtliche Stellung der Auka unter den Urwaldindianern Südamerikas«, in: Baumann, Peter/Patzelt, Erwin (eds.) *Menschen im Regenwald. Expeditionen zu den Auka im wilden Osten Ecuadors.* Frankfurt am Main/Berlin/Wien: Safari bei Ullstein, 179–185.

Ziegler-Otero, Lawrence (2004) *Resistance in an Amazonian Community. Huaorani Organizing against the Global Economy.* New York/Oxford: Berghahn.

Verzeichnis der Tagebucheinträge

Feldtagebuch 1: 16.02.2013, Comunidad Boanamo/ Comunidad Baameno.
Feldtagebuch 2: 21.02.2013, Comunidad Yawepare/Comunidad Bataboro.
Feldtagebuch 3: 04.02.2015, Coca/Shiripuno.
Feldtagebuch 4: 14.11.2012, Comunidad Toñampari.
Feldtagebuch 5: 22.09.2012, Comunidad Toñampari.
Feldtagebuch 6: 07.11.2012, Comunidad Toñampari.
Feldtagebuch 7: 18.09.2012, Comunidad Toñampari.
Feldtagebuch 8: 13.11.2012, Comunidad Toñampari.
Feldtagebuch 9: 08.11.2012, Comunidad Toñampari.
Feldtagebuch 10: 27.10.2012, Comunidad Toñampari.
Feldtagebuch 11: 17.09.2012, Comunidad Toñampari.
Feldtagebuch 12: 03.12.2012, Sarayaku.
Feldtagebuch 13: 07.02.2015, Coca.
Feldtagebuch 14: 15.02.2013, Comunidad Baameno.

Verzeichnis der Interviews und Videos

Dolmetschung Ind2: 15. 02. 2015, Puyo.
Interview Ind1: 24. 10. 2012, Comunidad Toñampari.
Interview Ind2: 26. 10. 2012, Comunidad Toñampari.
Interview Ind3: 13. 10. 2012, Comunidad Toñampari.
Interview Ind5: 28. 10. 2012, Comunidad Toñampari.
Interview Ind6: 03. 11. 2012, Comunidad Toñampari.
Interview Ind7: 27. 10. 2012, Comunidad Toñampari.
Interview Ind8: 04. 11. 2012, Comunidad Toñampari.
Interview Ind19: 11. 11. 2012, Comunidad Toñampari.
Interview Ind20: 13. 11. 2012, Comunidad Toñampari.
Interview Ind25: 25. 07. 2012, Puyo.
Interview Ind26: 25. 07. 2012, Puyo.
Interview Ind28: 25. 07. 2012, Puyo.
Interview Ind29: 07. 08. 2012, Puyo.
Interview Ind30: 03. 08. 2012, Puyo.
Interview Ind31: 15. 02. 2015, Puyo.
Interview Ind34: 02. 08. 2012, Puyo.
Interview Ind35: 25. 10. 2012, Comunidad Toñampari.
Interview Ind38: 26. 08. 2012, Puyo.
Interview Ind39: 15. 03. 2013, Comunidad Baameno.
Interview Ind44: 26. 10. 2012, Comunidad Toñampari.
Interview Ind45: 01. 11. 2012, Comunidad Toñampari.
Interview Ind48: 04. 11. 2012, Comunidad Toñampari.
Interview Ind59: 24. 10. 2012, Comunidad Toñampari.
Interview Ind60: 24. 10. 2012, Comunidad Toñampari.
Interview Ind62: 06. 11. 2012, Comunidad Toñampari.
Interview Ind63: 16. 03. 2013, Comunidad Baameno.
Interview Ind64: 10. 10. 2012, Comunidad Baameno.
Interview Ins1: 05. 04. 2013, Quito.
Interview Ins2: 06. 04. 2013, Quito.
Interview Ins5: 08. 04. 2013, Quito.
Interview Ins8: 25. 07. 2012, Puyo.
Interview Ins9: 26. 06. 2012, Quito.
Interview Ins10: 07. 04. 2013, Quito.
Video Dolmetschung Kemperi/Jaguar: 16. 02. 2013, Comunidad Baameno

Verzeichnis der Abbildungen

Abb. 1: Prestigeübersetzung
Abb. 2: Spannungsfaktoren um die Indigenen der Waorani
Abb. 3: Schild des Jaguarmanns Meñebai im Territorium
Abb. 4: Translation von den Tagaeri-Taromenani über den Jaguar, den Meñera, den Dolmetscher an Vertreter:innen der »westlichen« Welt

Dank

Un millón de gracias, wakebi, a los Waorani. Me han mostrado tantas cosas que nunca voy a olvidar y los llevo en mi corazón. Alicia Hueiya, eres una mujer valiente, te mando toda la energía del mundo para nunca dejar de luchar por tu casa, la Amazonía. Antonia y Tepeñe, *gracias por todo que hemos hecho juntos, las noches de cuentos, las caminatas y las plantas que sembramos. ¡Que estén siempre bien y sonriendo! Son tantos los y las Waos que me han llenado de alegría y a los que admiro que no tengo espacio para nombrarles a todos, pero pueden estar seguros:as de que están por siempre en mi corazón: Manuela, Mencay, Tiyane, Rosa, Elena, Mariana y todas mis chicas de la AMWAE, me hace tanta falta comer pastel y reírnos. Nanto, gracias por recibirme siempre como alguien de la familia. Yolanda, eres una mujer increíble y fuerte. A Moipa y a toda tu familia y sobre todo al gran Okata, sigan adelante, apoyaré su lucha. A Maañe, sigue luchando por el Yasuní, voto toniñavi e inspira al mundo con tu mensaje en tu música. Toca, hemos cocinado y compartido tanto; Zoila, me apoyaste siempre tanto, Ricardo, Bachita, Luis, Lisa y toda la comunidad de Toñampari, gracias por tenerme y por la confianza y la amabilidad. A Linda y toda la comunidad de Tiweno y a la amable comunidad de Meñepare: Gracias por recibirme y espero seguir trabajando juntos en el futuro. A todas y todos los pike, me honra que hayan compartido su sabiduría conmigo. ¡Gracias por todo y mucho más, toda mi gente Wao! Su lucha ha inspirado mis sueños y la manera de sobrepasar mis propios desafíos. Si ustedes cuidan del otro lado, yo cuidaré del mío.* Gracias Pichi, por explicarme tantas cosas y por ser una fuente inagotable de inspiración para este trabajo. Gracias Juan Carlos, por tu entusiasmo y amor increíble hacia los Waorani con el que me contagiaste desde nuestro primer viaje loco al territorio.

Ein herzliches Dankeschön an meine Betreuerin Michaela Wolf, die mich durch ihre Scharfsinnigkeit, ihren unermüdlichen translationswissenschaftlichen und gesellschaftspolitischen Einsatz und ihre inspirierenden Gedanken stets unterstützt und zum Weiterdenken angeregt hat. Ebenso möchte ich Helmut Eberhart danken, der durch seinen Enthusiasmus und seine Offenheit für Verknüpfungen zwischen Translationswissenschaft und Kulturanthropologie diese Arbeit wesentlich bereichert hat. Ich bin Anita Krainer und meinen Kolleg:innen in Quito dankbar für die Aufnahme in das Laboratorio de Interculturalidad, die so selbstverständlich und weitherzig erfolgte. Danke Philip, für deine großartige politische und inhaltliche Unterstützung. Dankeschön, Rafael, dafür, dass du es immer zu einer Ehrensache machst, unsere Projekte weiterzutragen und wir jede noch so groß erscheinende Anakonda stemmen. Ein großes Dankeschön auch an Stefan Kraft und Vivianne Pärli vom Promedia Verlag für die stets unterstützende und überaus angenehme Zusammenarbeit!

Gracias Kate y mi gran familia de amigos:as en Ecuador, Anahí, Petra, Jen, Edu, Raúl, Germán y Lego, por ser el punto clave para partir hacia allá y siempre tenerme un hogar. Meine kleine Familie, ihr habt mich in den irrwitzigsten Vorhaben bestärkt und seid mir sogar nach Ecuador gefolgt, um euch zu überzeugen, dass mich kein Jaguar gefressen hat. Mama, Ella, Leo, Peter, Omi, danke! Danke, Pedro, dafür, dass wir uns sehen. Immer. Danke, Karli, dafür, dass du mich immer daran erinnerst, dass wir machetieren wie sonst keine:r. Danke, Klausi, dafür, dass du immer da bist. Danke, Rini, für unsere immerwährende Begleitung. Danke, Sandra, für unsere Wild Women Sisterhood und dafür, dass wir immer klar bleiben werden. Danke, Elly, für sonnige Tage und skaten wie die wilden Hexen. Danke an all die starken Frauen um mich, ihr inspiriert mich und gebt mir Mut: Hanna, Karin, Inés, Julia, Peninah und Regina – you rock! Gracias an Walt für die immer sehr sensible und positive Begleitung auf deinen Radiowellen. An alle meine Grazer Freund:innen für euren Enthusiasmus für dieses Projekt, durchtanzte Nächte und durchdachte Tage. Gracias, Julián, mi esposo, rockero, punk y guerrero por apoyarme siempre cuando la selva me llama – y, sobre todo, por a veces ir conmigo dejando que los seres amazónicos también te encanten a ti.

Diese Publikation wurde ermöglicht durch Förderungen der Stadt Graz (Kulturamt Graz im Auftrag des Wissenschaftsreferenten der Stadt Graz, Herr Stadtrat Dr. Günter Riegler) und des Landes Steiermark (Abteilung 12: Wirtschaft, Tourismus, Wissenschaft und Forschung. Referat für Wissenschaft und Forschung unter der Leitung von Mag. Michael Teubl). Ich bedanke mich für die Unterstützung! Erkenntnisse aus der Feldforschung für das durch das FWF-Programm 1000-Ideen geförderte Projekt »Towards a Cosmovision Turn: Challenging Basic Translation Theory« (TAI 599-G, 2022–2024) unter der Leitung von Assoz. Prof. Mag. Dr. Bakk MA Rafael Schögler flossen in diese Studie ein.

Christian Greis

Zur Zukunft eines bedingungslosen Grundeinkommens

Eine soziologische Bestandsaufnahme

ISBN 978-3-85371-487-4, br., 176 Seiten, 20,00 €

Christina Halwachs

Manifest Destiny und die Indigenenpolitik der USA

Vom Indian Removal Act 1830 zum General Allotment Act 1887

ISBN 978-3-85371-431-7, br., 208 Seiten, 20,00 €

Simon Loidl

„Europa ist zu enge geworden"

Kolonialpropaganda in
Österreich-Ungarn 1885 bis 1918

ISBN 978-3-85371-432-4, br., 232 Seiten, 25,00 €

Eva Lindtner

Zwischen Nigeria und Europa

Schicksale von Migration
und Remigration

ISBN 978-3-85371-447-8, br., 224 Seiten, 20,00 €